500
Fragen & Antworten

500
Fragen & Antworten

Inhalt

Das Universum

Unser Sonnensystem
Der Mond
Meteoriten und Kometen
Die Sonne
Die Sterne
Die Galaxie
Die Geburt des Alls
Die Erforschung des Alls
Beobachtung des Alls

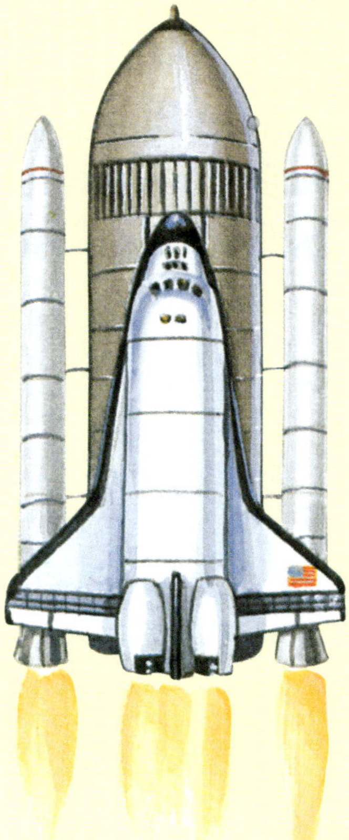

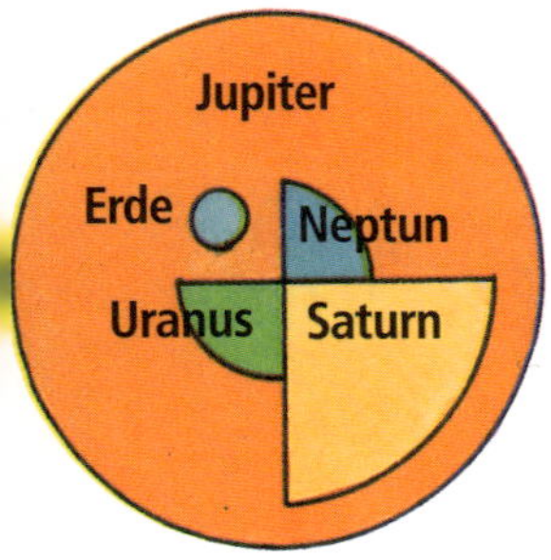

Die Planeten sind von sehr unterschiedlicher Größe. Links siehst du die größeren Planeten und im Vergleich dazu die Erde, rechts sind die kleineren Planeten abgebildet.

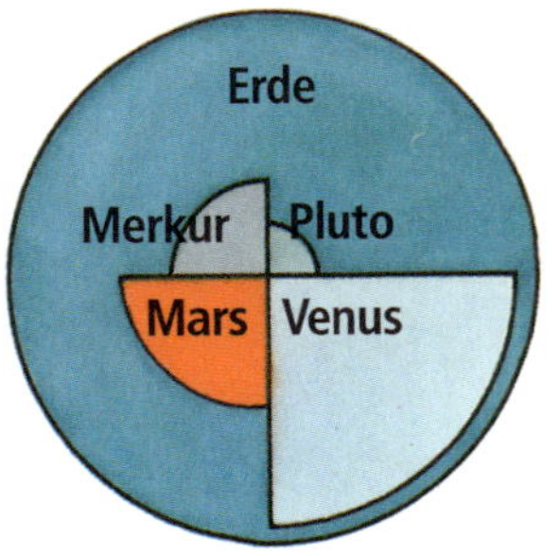

Innerhalb der Umlaufbahn des Mars und des Jupiter gibt es ganz kleine Himmelskörper, die man Asteroiden nennt. Ceres, der größte dieser Asteroriden, hat einen Durchmesser von 1000 Kilometern.

Nikolaus Kopernikus
Sehr lange Zeit glaubten die Menschen, dass die Erde still steht und dass sich der ganze Himmel um die Erde dreht. Erst Nikolaus Kopernikus bewies im 16. Jahrhundert, dass sich die Erde alle 24 Stunden um sich selbst dreht und dass sie in 365,25 Tagen einmal um die Sonne läuft. Das ist genau ein Jahr.

Unser Sonnensystem

Die Erde ist nicht allein im Weltall. Sie dreht sich um die Sonne.

Wie viele Planeten drehen sich um die Sonne?

Neun Planeten drehen sich um die Sonne. Die Sonne, die Planeten, ihre Monde, die Asteroiden, die Kometen und die Meteoriten bilden zusammen unser Sonnensystem.

Die Planeten drehen sich um die Sonne. Während der Merkur für eine Umdrehung nur 3 Monate braucht, dauert sie beim Planeten Pluto 250 Jahre. Auf dem Bild rechts wurden die Planeten millionenfach verkleinert, um sie auf ihrer Umlaufbahn zeigen zu können.

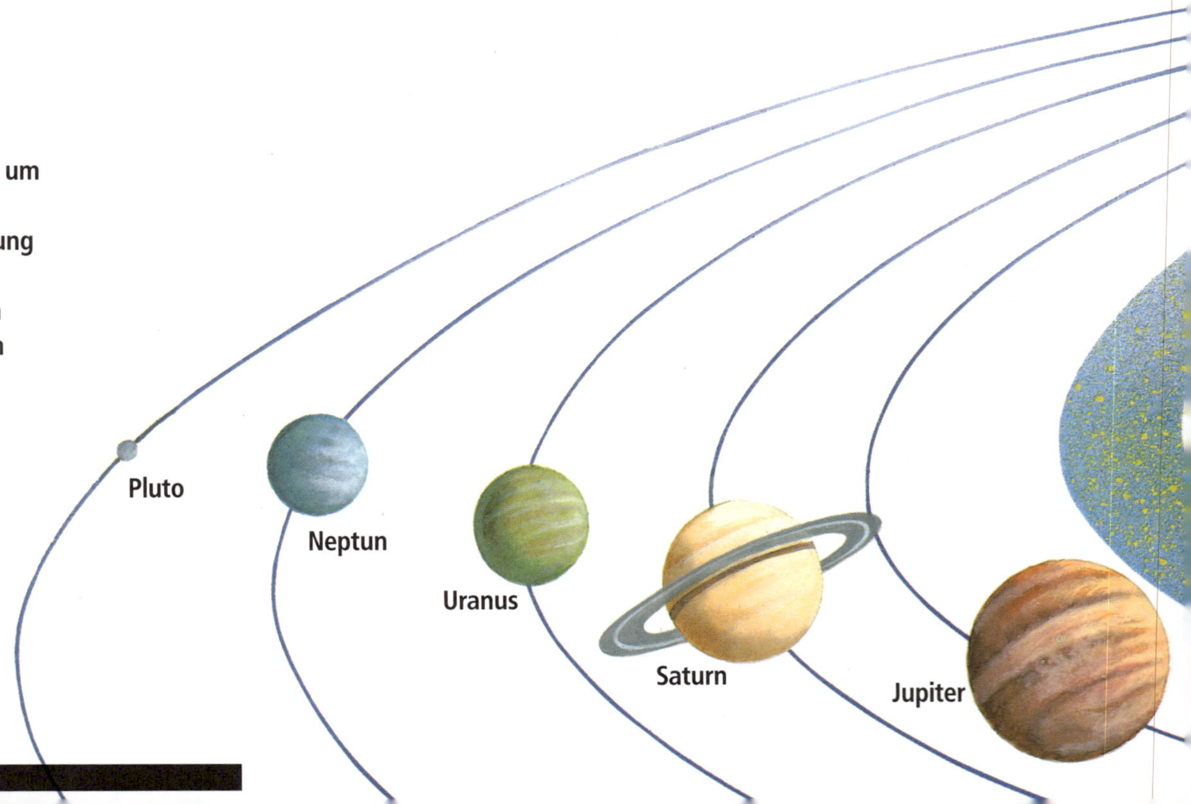

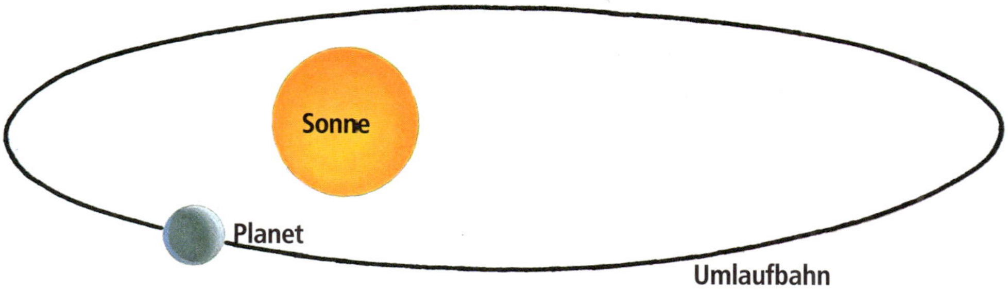

Einen Himmelskörper, der sich auf einer nahezu gleichbleibenden Kreisbahn oder Ellipse (etwa eiförmige Bahn) um einen Stern bewegt, nennt man „Planet".

Wie heißen die Planeten, die sich um die Sonne drehen?

Der Sonne am nächsten ist der Merkur. Dann folgen: Venus, Erde, Mars, Jupiter, Saturn, Uranus, Neptun und Pluto.

Kometen sind Himmelskörper, die die Sonne auf einer stark elliptischen Bahn umkreisen. Für kurze Zeit kommen sie der Sonne sehr nahe, bevor sie wieder im Sonnensystem verschwinden.

Warum drehen sich die Planeten um die Sonne?

Die Sonne ist der größte Stern unseres Sonnensystems. Wie ein riesiger Magnet zieht sie die Planeten an und verhindert, dass sie ins All davonfliegen. Die Planeten umkreisen die Sonne auf einer Umlaufbahn.

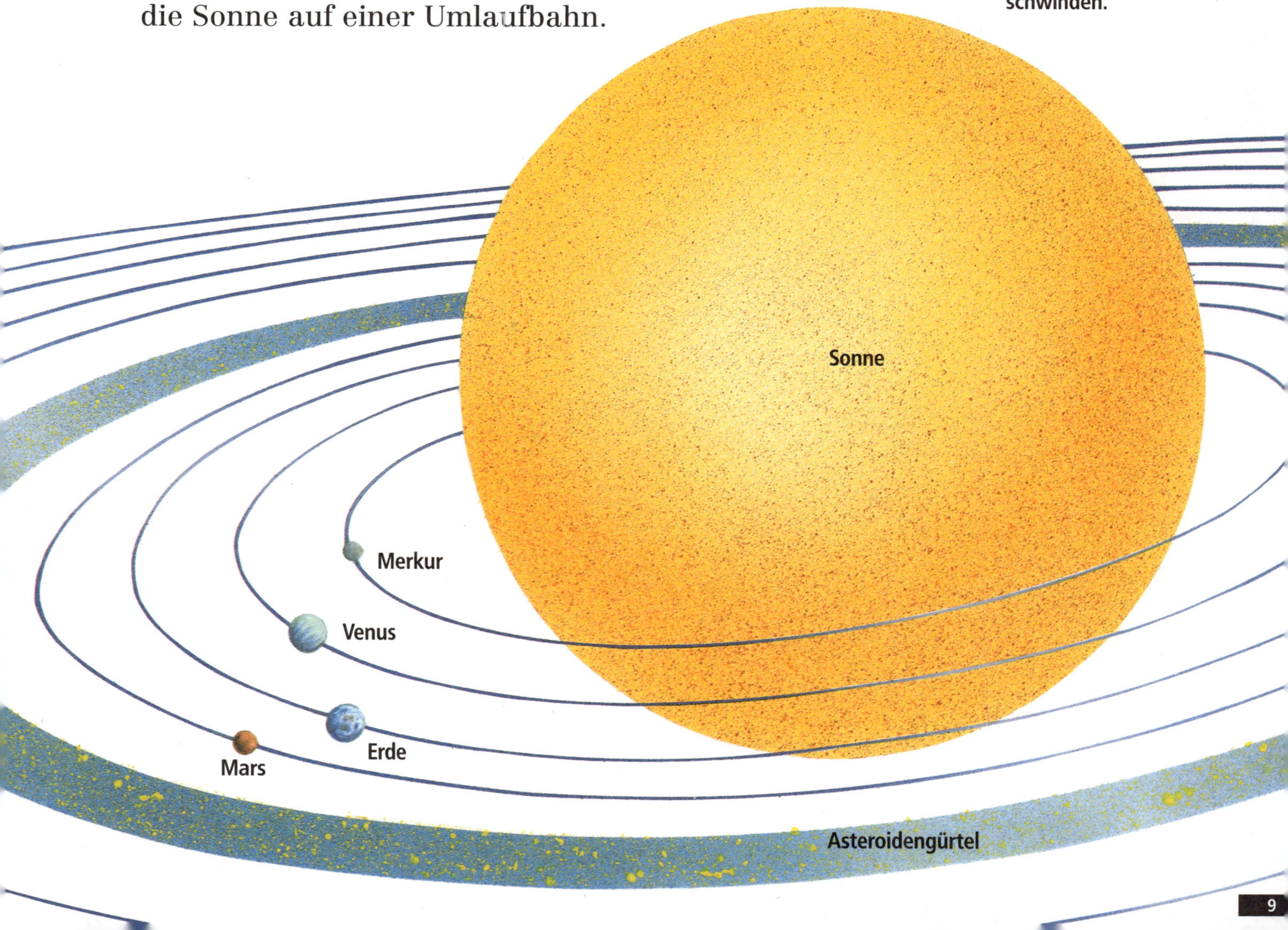

Der Saturn braucht für seine Bahn um die Sonne 29,5 Jahre. Je nach seiner Position sehen die Ringe unterschiedlich aus.

So sah Saturn 1980 aus.

Und so sah er 1989 aus.

Woraus bestehen die Ringe des Saturn?

Das Ringsystem gliedert sich in 7 Hauptbänder. Die Materie in der nur 30 Meter dicken Schicht der Ringe besteht aus kleinen Eispartikeln und eisumhüllten Felsstücken. Auch Brocken von der Größe eines Mehrfamilienhauses kommen vor.

Warum leuchten die Planeten wie Sterne?

In der Nacht leuchten die Planeten Merkur, Venus, Mars, Jupiter und Saturn wie Sterne, weil sie von der Sonne angestrahlt werden. Man kann sie mit bloßem Auge ohne Fernrohr sehen. Sterne wie die Sonne senden selbst Licht aus, während die Planeten nicht leuchten.

Jupiter ist der größte Planet des Sonnensystems. Er ist elfmal größer als die Erde und besteht aus den Gasen Wasserstoff, Helium, Stickstoff, Methan und Ammoniak.
Der Große Rote Fleck ist ein 300 Jahre altes Sturmgebiet, das den dreifachen Durchmesser der Erde erreicht.

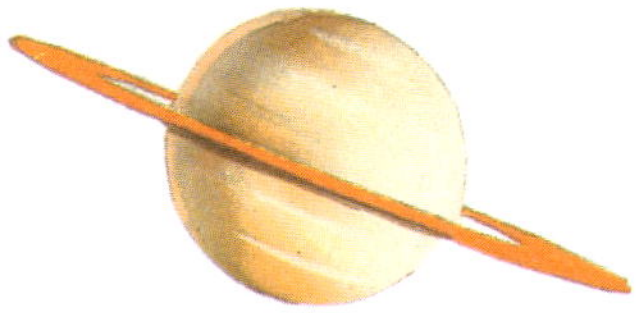

So sah er 1996 aus …

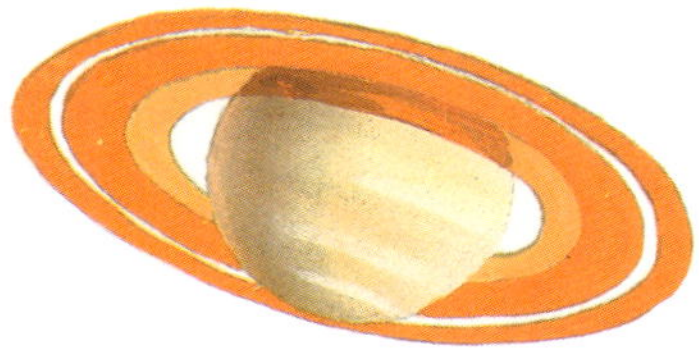

… und so wird er 2004 aussehen.

Gibt es Leben auf dem Mars?

Der Mars hat eine Lufthülle wie die Erde, die Kohlendioxid, Anteile an Stickstoff, Sauerstoff und Wasser enthält. Das sind die Stoffe, die Leben entstehen lassen können. Doch die Temperaturen auf dem Mars sind so lebensfeindlich, dass es dort kein Leben gibt: −85 °C herrschen in den Nächten des Winters, −20 °C an einem „Sommertag".

Planeten (in der Reihenfolge ihres Abstands zur Sonne)	Mittlere Entfernung zur Sonne in Millionen Kilometer	Dauer der Umlaufbahn um die Sonne	Dauer der Umdrehung um sich selbst	Durchmesser in Kilometer	Anzahl Satelliten (bis 1997 entdeckt)
Merkur	58	88 Tage	59 Tage	4900	0
Venus	108	225 Tage	243 Tage	12 100	0
Erde	150	365,25 Tage	24 Stunden	12 800	1 (der Mond)
Mars	230	687 Tage	25 Stunden	6800	2
Jupiter	780	12 Jahre	10 Stunden	143 000	16 und Ringe
Saturn	1430	29,5 Jahre	10 Stunden	120 000	18 und Ringe
Uranus	2900	84 Jahre	17 Stunden	52 500	15 und Ringe
Neptun	4500	165 Jahre	16 Stunden	49 500	8 und Ringe
Pluto	5900	248 Jahre	6,5 Stunden	2300	1

Schon im Altertum haben die Menschen den hellen Planeten Venus am Morgenhimmel bewundert und ihn „Morgenstern" genannt. Aber auch als „Abendstern" ist der Planet bekannt. Er wurde lange Zeit als Schwesterplanet der Erde angesehen, weil er fast genauso groß ist.

Große Ebenen, Gebirge, 25 Kilometer hohe erloschene Vulkane … Heute gibt es auf dem Mars nur noch ausgetrocknete Flussbetten, aber man nimmt an, dass es auf dem Planeten früher große Flüsse gab. Der Roboter „Sojourner", der im Rahmen der Marsmission „Pathfinder" von Juli bis September 1997 auf dem Mars ausgesetzt war, bestätigte diese Vermutung.

Totale Sonnenfinsternis am 11. August 1999
Jeder, der sich zum Zeitpunkt der Sonnenfinsternis im Gebiet des Kernschattens befand, konnte für einen kurzen Moment die Sonnenkorona sehen.

Himmelskörper, die sich um einen Planeten drehen, nennt man Monde oder Trabanten. Manche Planeten haben mehrere Monde. Wir wissen heute, dass der Mars 2 Monde hat, Jupiter 16, Saturn 18, Uranus 15, Neptun 8 und Pluto 1.

Der Mond

Die Erde hat nur einen einzigen Trabanten: den Mond.

Die Entfernung Erde–Mond
Der Mond ist durchschnittlich 384 000 Kilometer von der Erde entfernt. Die Entfernung verändert sich jedoch immer wieder.

Warum scheint der Mond?

Der Mond sendet kein Licht aus. Wir sehen ihn am Nachthimmel, weil ihn die Sonne anstrahlt.

Verändert der Mond seine Form?

Da der Mond das Licht der Sonne empfängt, ist eine Hälfte immer beleuchtet, während die andere im Schatten liegt. Je nach seiner Position auf der Umlaufbahn um die Erde sehen wir den Mond unterschiedlich von der Sonne beleuchtet und sein Bild ändert sich dadurch täglich.

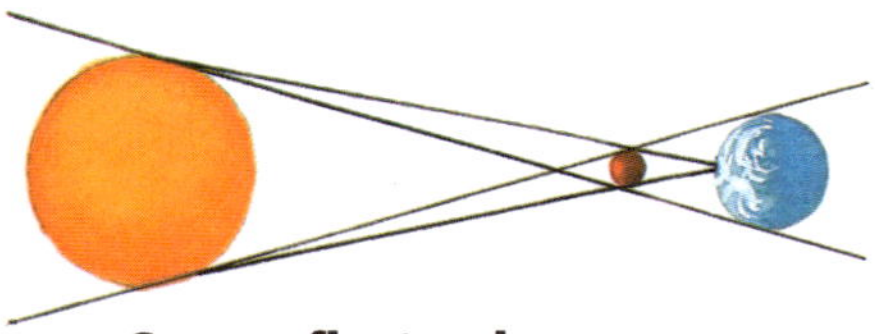

Sonnenfinsternis
Etwa jedes halbe Jahr schiebt sich der Mond zwischen Sonne und Erde.
Für die Menschen auf der Erde, die sich zu diesem Zeitpunkt im Schatten des Mondes befinden, ist die Sonne dann verdeckt. Es wird am helllichten Tag dunkel und für einige Minuten ist die Sonne vollkommen verschwunden. Man sieht nur noch einen riesigen Lichthof: die Sonnenkorona. Die letzte Sonnenfinsternis, die man in Europa sehen konnte, fand am Vormittag des 11. August 1999 statt.

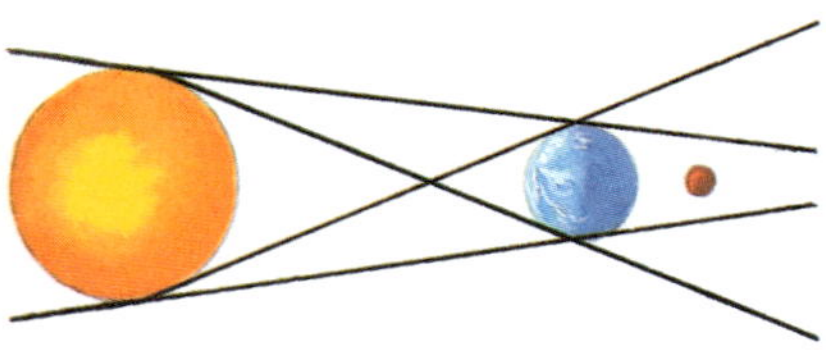

Es kann aber auch passieren, dass sich die Erde zwischen Sonne und Mond schiebt. Je mehr dann der Mond in den Schatten der Erde tritt, desto mehr verfinstert er sich. Das kann 1 Stunde und 45 Minuten dauern. Während dieser Zeit verschwindet der Mond nicht ganz, sondern nimmt eine schöne dunkelrote Farbe an.

Die ersten Schritte auf dem Mond
Am 21. Juli 1969 betrat der amerikanische Astronaut Neil Armstrong als erster Mensch den Mond. Ihm folgte sein Kollege Edwin Aldrin.

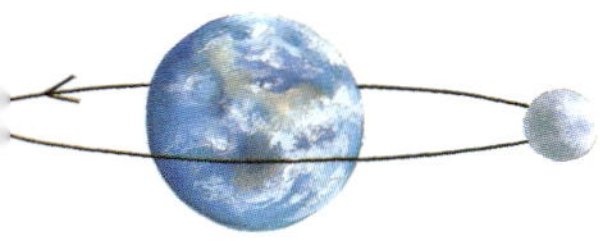

Der Mond braucht für seinen Weg um die Erde 27 Tage und 8 Stunden. In der selben Zeit dreht er sich auch einmal um sich selbst. Während der Mond die Erde umkreist, wendet er ihr immer dieselbe Seite zu. Noch niemand hat von der Erde aus die Rückseite des Mondes gesehen.

Neumond
Wenn der Mond zwischen Erde und Sonne steht, sehen wir nur eine schmale Sichel. Das Bild zeigt den Mond ungefähr 2 Tage nach Neumond.

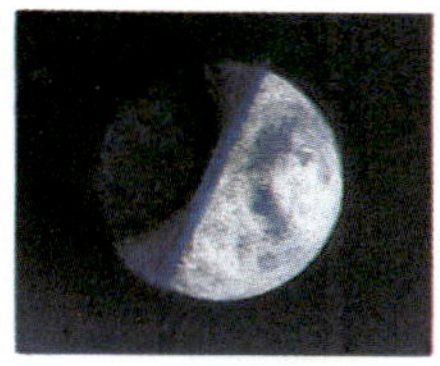

Erstes Viertel
Die Sichel wächst und wir sehen die Hälfte des Mondes („zunehmender Mond").

Wenn die gesamte, uns zugewandte Seite des Mondes von der Sonne angestrahlt wird, sehen wir ihn als runde Scheibe. Wir sagen, es ist Vollmond. Bei klarer Sicht ist es dann sehr hell draußen. Wenn nur die Hälfte der uns zugewandten Seite sonnenbeschienen ist, haben wir Halbmond. Die Mondphasen wiederholen sich regelmäßig.

Vollmond
Von der Erde aus gesehen stehen Sonne und Mond einander gegenüber.

Letztes Viertel
Der sichtbare Teil der beleuchteten Seite wird kleiner („abnehmender Mond"). Man erkennt nur noch die Hälfte der Mondscheibe.

Der Mond ist eine trockene Gesteinswelt ohne Lufthülle. Seine Oberfläche ist von „Mare" übersät. Diese „Mondmeere" sind dunkle ebene Gebiete, die durch Meteoriteneinschläge entstanden sind.

Hier siehst du:
A: Mare Frigoris
B: Mare Imbrium
C: Mare Serenitatis
D: Oceanus Procellarum
E: Mare Crisium
F: Mare Cognitum
G: Mare Tranquillitatis
H: Mare Fecunditatis
I: Mare Humorum
J: Mare Nubium
K: Mare Nectaris

Ein Meteoritenregen
Jedes Jahr im August rast die Erde durch einen Meteoritenschwarm. Dann kann man am Nachthimmel hunderte von Sternschnuppen entdecken.

Dieser Meteorit besteht aus Eisen. Er wurde von der Erde angezogen und ist bei seinem Fall durch die Erdatmosphäre äußerlich verbrannt.

Meteoriten und Kometen

In unserem Sonnensystem gibt es nicht nur große Himmelskörper.

Was ist ein Meteorit?

Das ist ein Brocken aus Stein, aus Eisen oder aus einer Mischung aus beidem.
Große Meteoriten von der Größe von Felsen entstehen beim Zerbrechen von Asteroiden. Kleinere Meteoriten bilden sich aus dem Staub von Kometen.

Meteoriten können von sehr unterschiedlicher Größe sein. Und sie können wie der hier abgebildete Meteorit mehrere Tonnen wiegen.

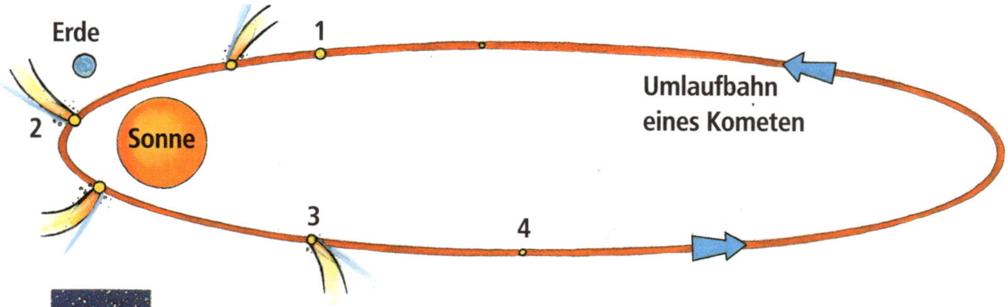

Was ist eine Sternschnuppe?

Das ist ein kleiner Meteorit, der in die Erdatmosphäre eintritt, sich dabei erhitzt und verbrennt. Für eine oder zwei Sekunden strahlt er hell und erlischt dann. Übrig bleibt nur noch Asche.
Einschläge großer Meteoriten auf der Erde sind sehr selten. Bei ihrem Aufprall auf die Erde bilden sich große Krater. Durch Einschläge großer Meteoriten entstanden zum Beispiel das Nördlinger Ries in Süddeutschland oder der Krater im Diabolo-Canyon in Nordamerika.

Was ist ein Komet?

Der Kern eines Kometen besteht überwiegend aus Eis und ist zum Teil mit dunklem Staub bedeckt. Einige der Kometen zeigen hell leuchtende Lichtschweife, die mehrere Millionen Kilometer lang sein können. Kometen bewegen sich auf lang gezogenen elliptischen Umlaufbahnen um die Sonne. Der Halley'sche Komet zum Beispiel braucht für diesen Weg 76 Jahre.

Die Reise eines Kometen
1. Der Komet nähert sich der Sonne. Sein Kern erhitzt sich. Das Eis schmilzt und setzt Staub frei. Der Kern umgibt sich mit einer Koma (Gashülle), die zusammen mit dem Kern den Kopf des Kometen bildet.
2. Die Sonnenstrahlen stoßen das Gas und den Staub ab. Es bildet sich ein Schweif, der sich von der Sonne weg bewegt.
3. Der Komet entfernt sich von der Sonne. Er kühlt ab und sein Schweif verschwindet.
4. In großer Entfernung von der Sonne ist der Komet nur noch eine Kugel aus Eis und Staub mit einem geringen Durchmesser.

Der Halley'sche Komet
Zum letzten Mal wurde der Halley'sche Komet 1986 gesichtet. Erst im Jahr 2062 wird er sich wieder der Sonne nähern.

Man nimmt an, dass der Krater im Diabolo-Canyon in Nordamerika vor etwa 20 000 Jahren durch einen Meteoriten von 30 Meter Größe und einer Masse von 150 Millionen Kilogramm gebildet wurde.

Sterne werden geboren, leben und sterben. Ein Stern kann über 10 Milliarden Jahre alt werden.

1. Die Sonne heute

2. In etwa 5 Milliarden Jahren wird sich die Sonne vergrößern.

Ohne das Licht und die Wärme der Sonne gäbe es kein Leben auf der Erde. Aber Vorsicht: Das Licht der Sonne ist so stark, dass es die Augen verbrennt. Deshalb darf man nie direkt in die Sonne schauen.

Die Sonne

Die Sonne ist von allen Sternen der Erde am nächsten. Durch ihre Strahlen gibt sie uns Licht und Wärme.

Wie ist die Sonne entstanden?

Wie alle Sterne ist die Sonne aus einer riesigen Gas- und Staubwolke entstanden, die sich zusammenzog. In der Mitte dieser Wolke ballte sich der größte Teil der Materie zusammen, erhitzte sich und bildete die Sonne. Um die Sonne herum entstanden dann die Planeten und ihre Monde. Das geschah vor 4,5 Milliarden Jahren.

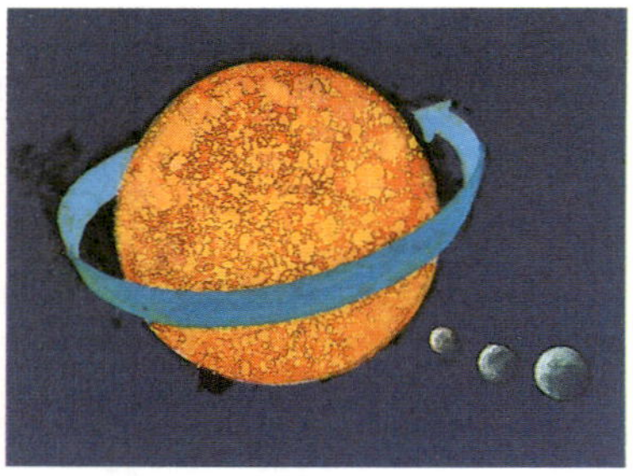

Wie die Erde dreht sich auch die Sonne um sich selbst. Diese Umdrehung dauert fast einen Monat, während die Drehung der Erde um sich selbst einen Tag dauert (24 Stunden). Die Erde ist 150 Millionen Kilometer von der Sonne entfernt und 110-mal kleiner als sie.

Wie groß ist die Sonne?

Die Sonne hat einen Durchmesser von etwa 1,5 Millionen Kilometer. Sie ist 110-mal so groß wie die Erde.

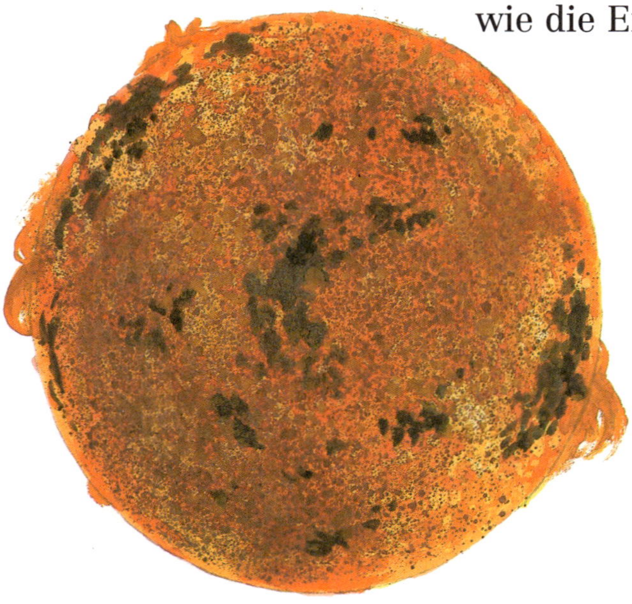

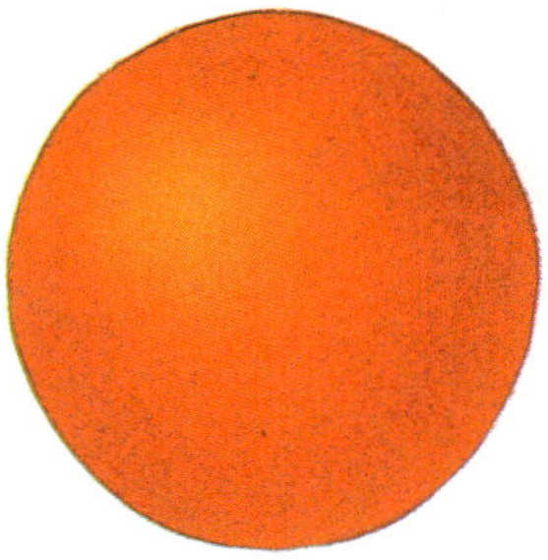

3. In 5 bis 6 Milliarden Jahren wird sich die Sonne zu einem neuen Stern entwickeln: einem „roten Riesen".

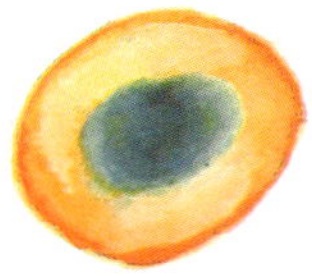

4. Schließlich wird sich der langsam erkaltende Sonnenball zu einer schwach leuchtenden Kugel zusammenziehen.

5. In 10 Milliarden Jahren wird die Sonne ein „weißer Zwerg" von der Größe der Erde sein. Die Sonne ist dann nahezu erloschen.

Wie heiß ist die Sonne?

An der Oberfläche der Sonne beträgt die Temperatur 6000 °C. Im Inneren steigt die Temperatur an und erreicht im Zentrum der Sonne 15 Millionen °C.

Bewegt sich die Sonne?

Wenn man die Sonne am Morgen, am Mittag und am Abend anschaut, meint man, dass sie sich bewegt. In Wirklichkeit ist es aber die Erde, die sich weiterdreht.

Wie alle Sterne dreht sich die Sonne um den Mittelpunkt der Milchstraße. Diese Umdrehung dauert 240 Millionen Jahre.

Die dunklen Sonnenflecken auf der Oberfläche der Sonne sind Gebiete mit niedrigerer Temperatur. Diese Flecken erscheinen und verschwinden innerhalb von einigen Tagen oder Monaten.

Auf der Sonne ereignen sich gewaltige Explosionen. Materie wird hinaus ins All geschleudert. Man nennt dies „Protuberanzen".

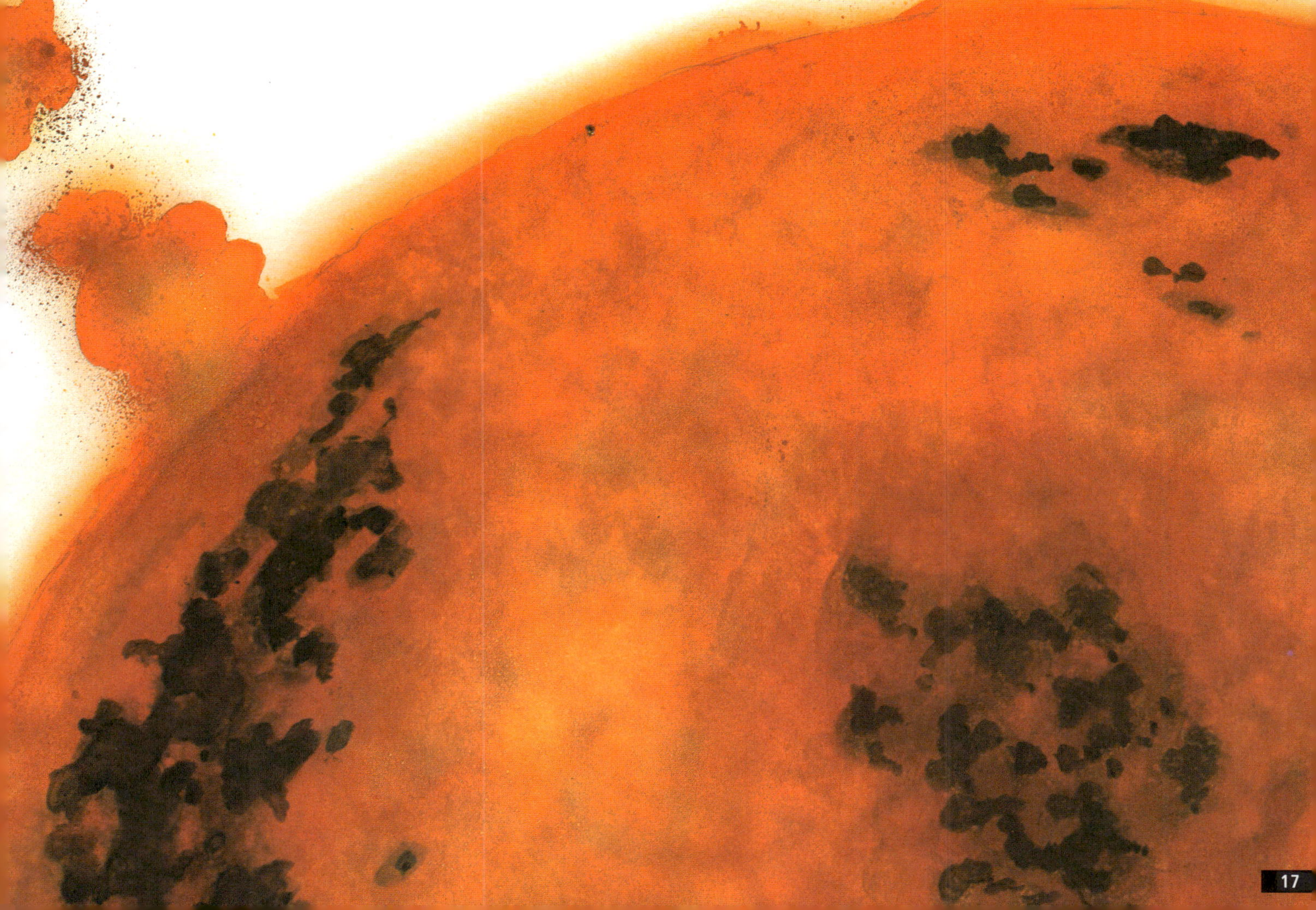

1. Sterne leuchten nicht ewig: Sie verbrennen ihre Energievorräte in wenigen Millionen Jahren und blähen sich dann zu rot leuchtenden roten Riesen auf.

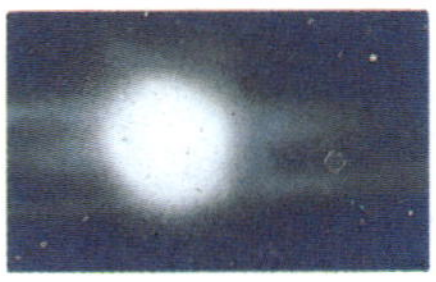

2. Rote Riesen stürzen nach einiger Zeit in sich zusammen. Kleine, grell leuchtende weiße Riesen entstehen.

3. Rote Riesen können auch explodieren. Man spricht dann von einer „Supernova“.

Die Sterne

Wie die Sonne erzeugen auch andere Sterne Licht und Wärme.

Warum funkeln die Sterne?
Auf dem Weg durch die Erdatmosphäre wird das Licht von den Sternen abgelenkt. Dann sieht es so aus, als ob die Sterne aufblitzten.

Warum sieht man manche Sterne nicht das ganze Jahr über?

Tagsüber ist das Licht der Sonne so stark, dass man die Sterne nicht sehen kann. Du musst warten, bis es Nacht ist. Das bedeutet, dass du nur die Sterne sehen kannst, die der Sonne gegenüberliegen.
Im Laufe eines Jahres aber dreht sich die Erde einmal um die Sonne. Deshalb siehst du im Sommer Sterne, die im Winter nicht zu sehen sind. Nur die Sterne, die sich nahe am Polarstern befinden, können wir das ganze Jahr über sehen. So zum Beispiel die Sterne aus dem Sternbild des Großen Bären.

Größe und Farbe der Sterne
Die Sterne haben nicht alle die gleiche Farbe. Ihre Färbung hängt von der Temperatur ihrer Oberfläche ab.
Die kältesten Sterne (2500 °C) haben eine rote Farbe, und die heißesten (35 000 °C) haben eine blaue Farbe. Die Sonne ist ein mittelgroßer Stern und besitzt eine Temperatur von 6000 °C. Ihr Licht hat eine gelbe Farbe.

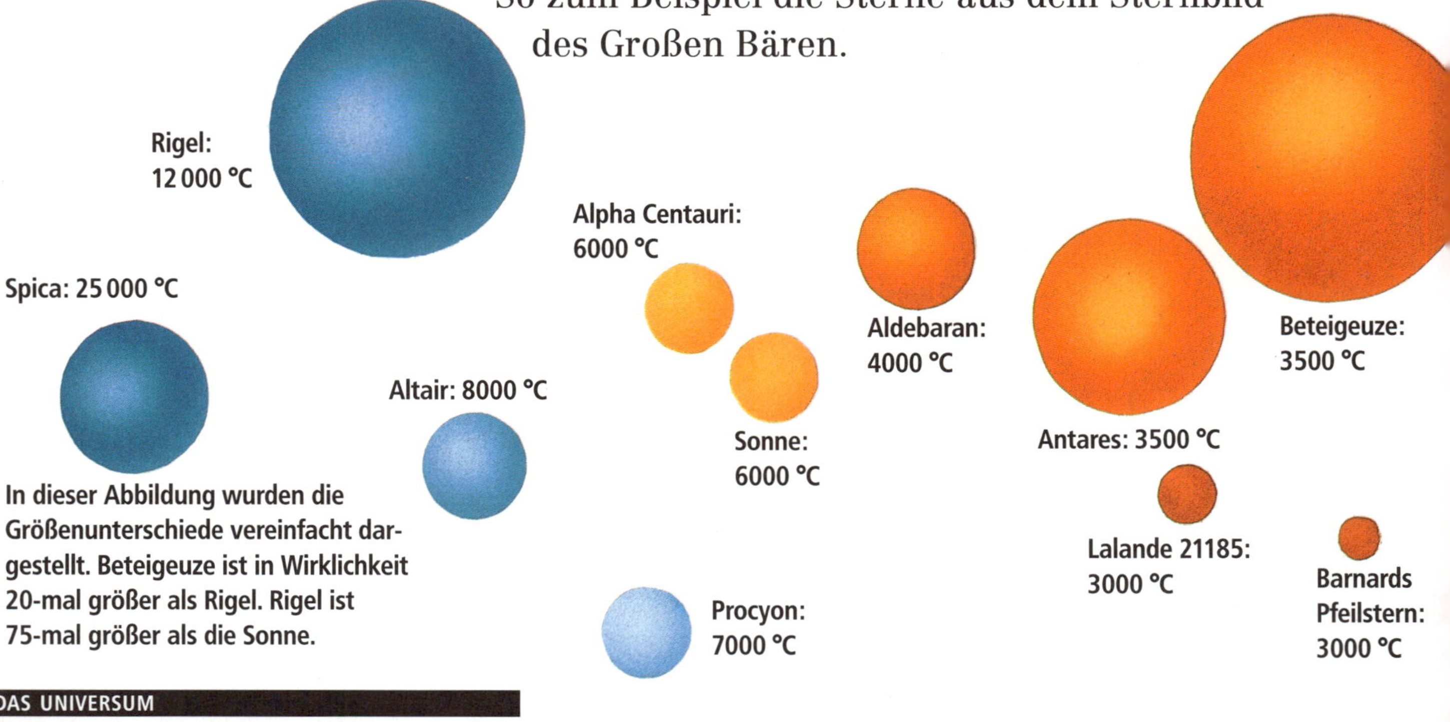

In dieser Abbildung wurden die Größenunterschiede vereinfacht dargestellt. Beteigeuze ist in Wirklichkeit 20-mal größer als Rigel. Rigel ist 75-mal größer als die Sonne.

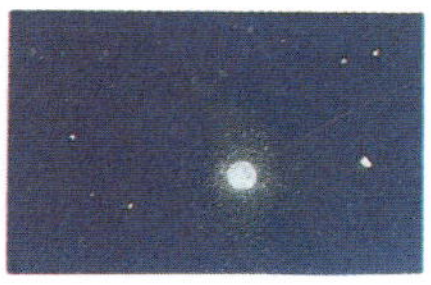

4. Die weniger schweren Sterne beenden ihr Leben als Neutronensterne, die nur einen Durchmesser von 20 bis 40 Kilometer haben.

5. Sehr schwere Sterne verschwinden vollständig. Sie bilden ein „schwarzes Loch".

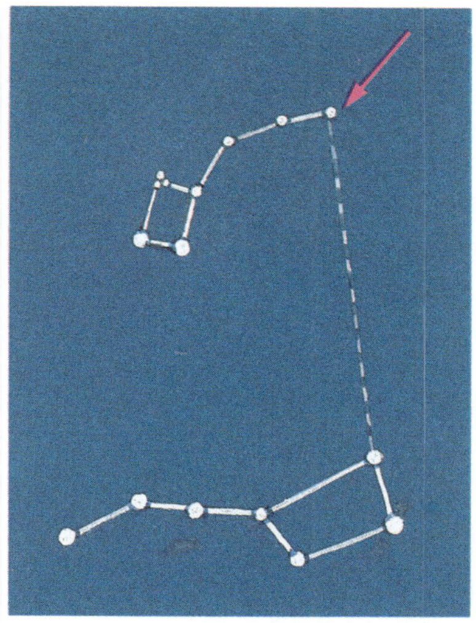

Mit Hilfe des Sternbildes Großer Bär (unten im Bild) kannst du im Sternbild des Kleinen Bären (oben) den Polarstern finden (roter Pfeil).

Was ist ein Sternbild?

Das ist eine Gruppe von mehreren Sternen, die ein besonderes Bild ergeben.
Jedes Sternbild hat entweder einen Namen aus der Tierwelt (Großer Bär), den Namen eines Gegenstandes (Das Dreieck) oder den Namen einer Person aus der Antike (Herkules). Einzelne Sterne, die besonders hell sind, haben Namen wie Sirius, der hellste Stern am Winterhimmel, oder Vega, die im Sommer zu sehen ist.

In einer klaren Nacht kannst du bis zu 2500 Sterne mit dem bloßen Auge entdecken.

Proxima Centauri: 3000 °C

Es gibt unregelmäßige, kugelförmige, spiralförmige und elliptische Galaxien, Riesen-, Zwerg- und explodierende Galaxien.

Spiralförmige Galaxien

Die Galaxie

Die Sterne im Universum bilden Galaxien.

Die Milchstraße

Die Milchstraße bildet eine offene Spirale mit einem kugelförmigen Kern und Spiralarmen.

Was ist eine Galaxie?

Sonnen, Planeten und Nebel stehen nicht beliebig im Weltraum, sondern sind Teil von großen Gebilden, die man Galaxien nennt. Die Milchstraße ist eine von vielen Milliarden Galaxien im bekannten Weltall. Wie Inseln in einem riesigen Ozean der Leere sind sie im Weltall verteilt.

Wie sieht unsere Galaxie aus?

Unser Sonnensystem ist Teil der Milchstraße. Unsere Galaxie ist 100 000 Lichtjahre lang und hat einen Durchmesser von 15 000 Lichtjahren.

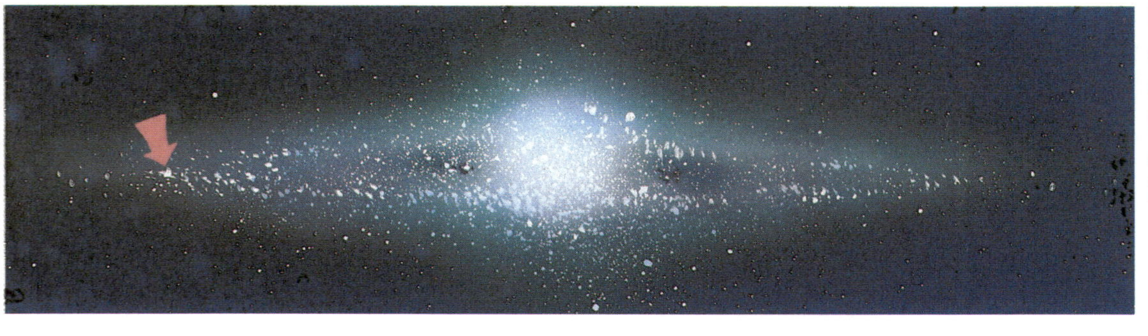

Der rote Pfeil zeigt auf die Sonne, um die sich unsere Erde dreht. Wir befinden uns also ganz außen in der Milchstraße in einem ihrer Arme.

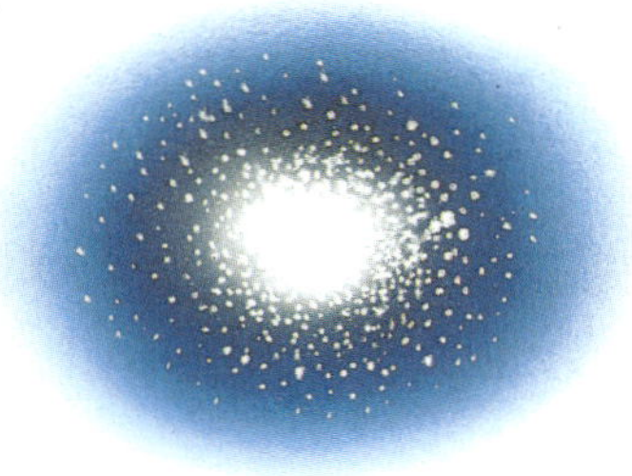

Elliptische Galaxie

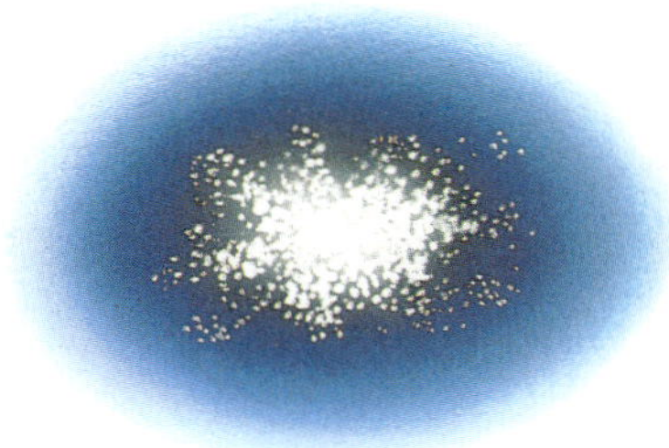

Unregelmäßige Galaxie

Der Andromedanebel ist unsere Nachbargalaxie und etwa 2 Millionen Lichtjahre von uns entfernt.

Unsere Sonne mit ihren Planeten ist nur ein winziger Punkt in dieser Galaxie, die vor mehr als 10 Milliarden Jahren entstanden ist. Die Sonne liegt in 32 000 Lichtjahren Entfernung vom Zentrum der Milchstraße.

Wie groß ist die Milchstraße?

Die Milchstraße enthält über 100 Milliarden Sterne. Das Licht benötigt 100 000 Jahre, um von einem Ende der Milchstraße zum anderen zu gelangen. Das Sonnensystem braucht für einen vollen Umlauf um ihr Zentrum etwa 225 Millionen Jahre.

Unsere Galaxie von oben gesehen
Von der Mitte aus siehst du 4 Spiralarme, die aus Gas und sehr jungen Sternen bestehen. Unsere Sonne (gelber Pfeil) befindet sich am Rand eines dieser Spiralarme.

Was ist ein Lichtjahr?
Ein Lichtjahr ist die Strecke, die das Licht in einem Jahr zurücklegt. Das entspricht einer Entfernung von ungefähr 10 Billionen Kilometern.

Die Geburt des Alls

Alle Galaxien mit ihren Sternen, Planeten und Monden bilden zusammen das Universum oder Weltall.

Wie groß ist das Universum?

Bis heute weiß man nicht, ob das Universum unendlich groß ist. Man kann es nicht messen. Mit starken Teleskopen kann man aber noch Galaxien erkennen, die 15 Milliarden Lichtjahre entfernt sind. Doch was sich dahinter befindet, weiß niemand.

Vor 15 Milliarden Jahren: Urknall

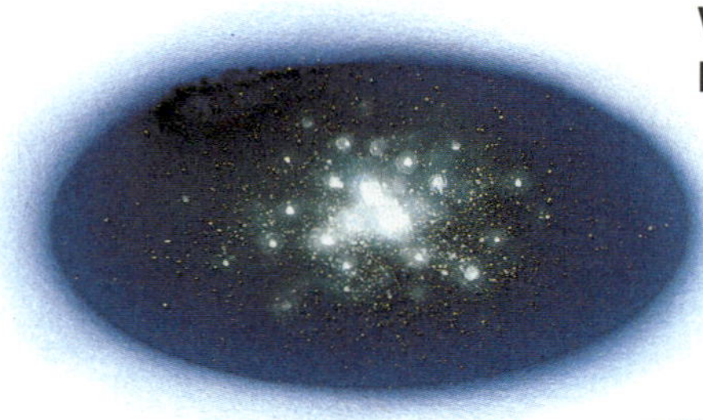

Vor 10 Milliarden Jahren: Die Planeten entstehen

Das Universum ist ca. 15 Milliarden Jahre alt. Seit dem Urknall dehnt es sich aus und sein für uns erkennbarer Teil hat ungefähr 15 Milliarden Lichtjahre Durchmesser.

Galaxien bilden sich.

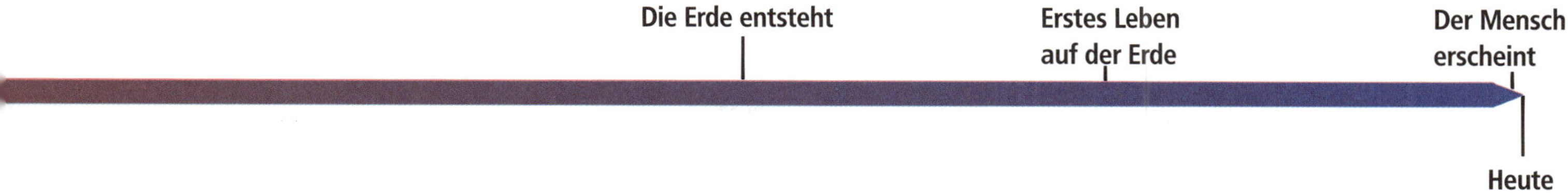

Wie ist das Weltall entstanden?

Vor etwa 15 Milliarden Jahren war das Weltall sehr klein und sehr heiß. Mit dem Urknall, einer gewaltigen Explosion, begann die Ausdehnung des Alls. In den ersten Minuten nach dem Urknall vereinigten sich die Atomkerne zu Wasserstoff und Helium. Aus diesen Gasen entstanden im Laufe von Jahrmillionen die Galaxien, die Sterne und das Universum, wie wir es heute kennen.

Einige Entfernungen im Universum:

Polarstern: 500 Lichtjahre

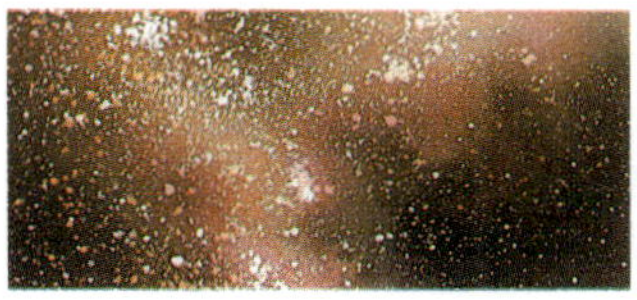

Der Mittelpunkt unserer Galaxie: 30 000 Lichtjahre

Der Andromedanebel: 2 Millionen Lichtjahre

Woher das Universum kommt, wird wohl für immer ein Rätsel bleiben. Seine Ausdehnung und Weiterentwicklung jedoch ist Gegenstand moderner Forschung.

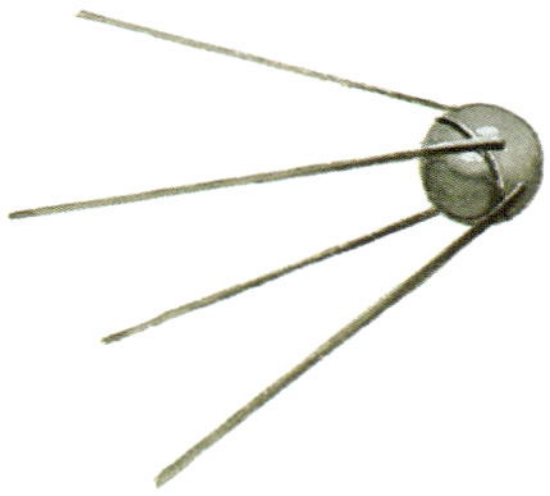

4. Oktober 1957
Der russische Satellit „Sputnik“ wird in die Erdumlaufbahn geschossen. Drei Monate lang sendet er Tonsignale.

3. November 1957
Die Sowjetunion schickt einen zweiten Satelliten ins All. An Bord ist die Hündin Laika, das erste Lebewesen im Weltraum.

Die Erforschung des Alls

1961 flog der erste Mensch mit einer Rakete ins All.

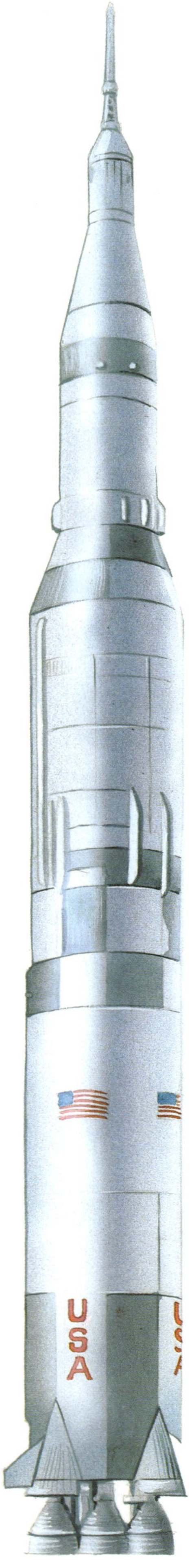

Mit der „Saturn V“-Rakete gelang der erste bemannte Flug zum Mond. Sie besteht aus drei Stufen, die mit flüssigen Brennstoffen angetrieben werden. Mit einer Raumkapsel an der Spitze ist die Saturn-Rakete 110 Meter hoch.

Wann startete die erste Rakete ins Weltall?

1957 gelang es der Sowjetunion, eine kleine kugelförmige Kapsel mit einem Sender mit Hilfe einer Rakete in eine Umlaufbahn zu schießen. „Sputnik“ umkreiste die Erde außerhalb der Erdatmosphäre in einer Höhe von 120 Kilometern. Er war der erste Satellit im All.

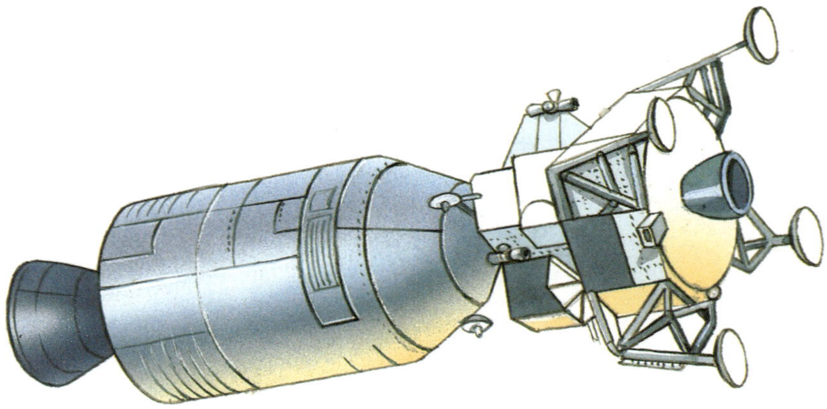

Das Raumfahrzeug besteht aus einer Kommandokapsel und der Mondfähre.

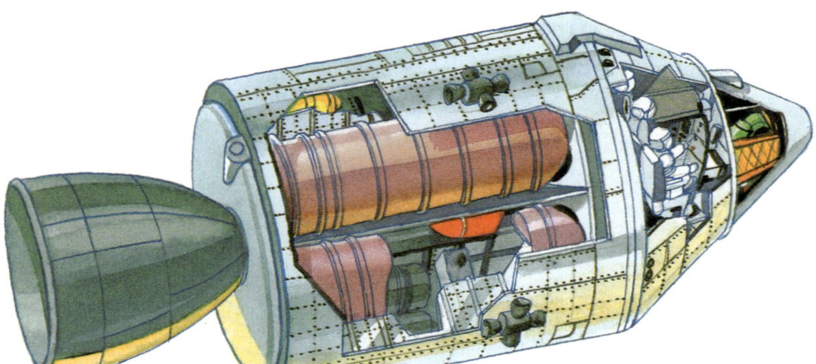

Die Kommandokapsel bleibt in einer Umlaufbahn um den Mond, während sich die Mondfähre ausklinkt und auf der Mondoberfläche landet.

12. April 1961
Der russische Kosmonaut Juri Gagarin umkreist in einer Raumkapsel als erster Mensch die Erde.

18. März 1965
Der Russe Alexei Leonow verlässt das Raumschiff „Wostok II" und schwebt frei im Weltraum.

24. Dezember 1968
Die amerikanischen Astronauten Frank Borman, James Lovell und William Anders umfliegen den Mond.

Wie erforschten die Astronauten den Mond?

Im Laufe von sechs amerikanischen Mondflügen machten die Astronauten tausende von Fotos, vermaßen Teile des Geländes, sammelten Gesteinsproben und führten wissenschaftliche Experimente durch.

Neil Armstrong Edwin Aldrin

Wann betrat der erste Mensch den Mond?

Am 21. Juli 1969 um 3 Uhr 48 nachts verließ der amerikanische Astronaut Neil Armstrong die Mondfähre, um die Mondoberfläche zu betreten. Ihm folgte ein zweiter Astronaut, Edwin Aldrin.

Die Erde vom Mond aus gesehen
Hier sieht man die Erde nur zu einem Viertel. So sieht man manchmal auch den Mond von der Erde aus.

Die Mondlandung
Nach einem 4-tägigen Flug zum Mond stiegen die Astronauten Armstrong und Aldrin in die Mondlandefähre und koppelten sich vom Raumschiff „Apollo 11" ab. Zunächst umflogen sie den Mond und steuerten die Mondfähre auf die Mondoberfläche. Nach 5 Stunden starteten sie wieder mit der Fähre und koppelten an der Raumstation an.

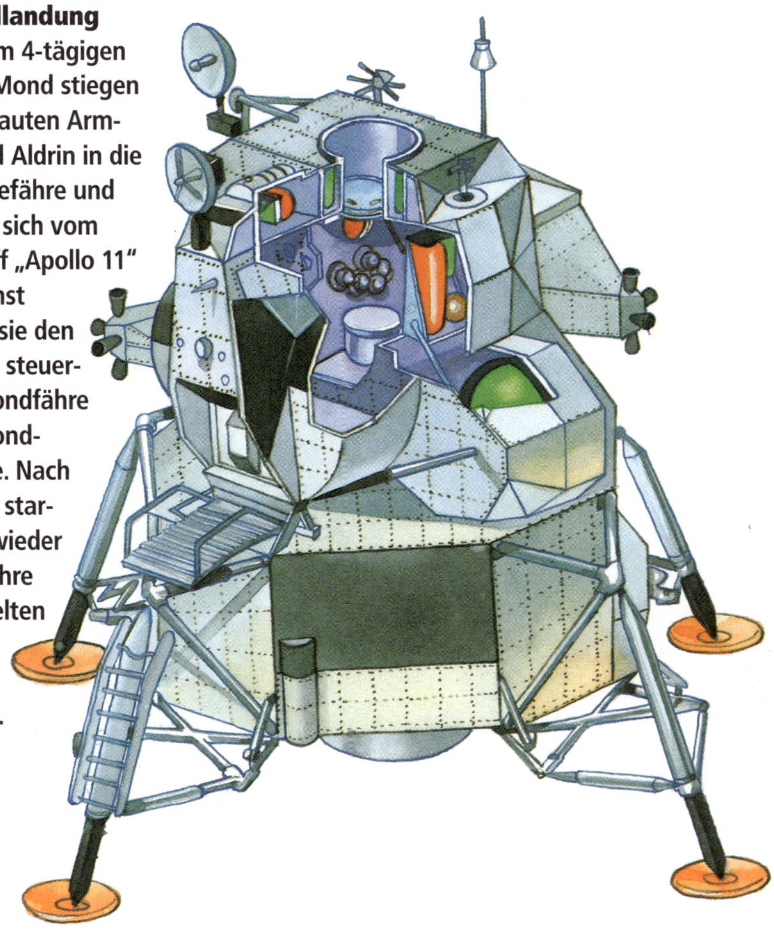

Mit dem Mondauto legten die Astronauten bis zu 30 Kilometer pro Tag auf dem Mond zurück.

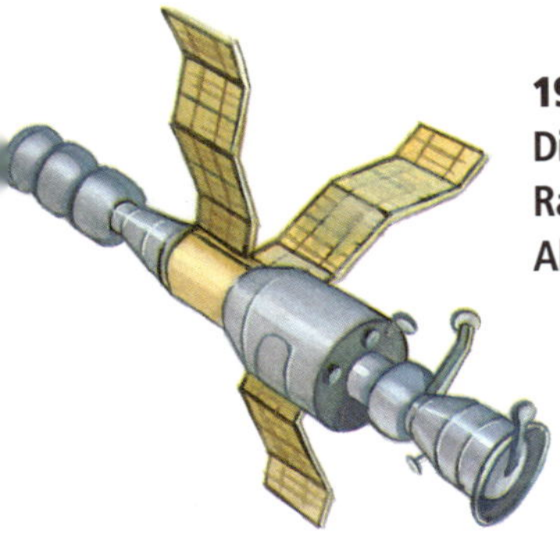

1971
Die Russen schießen die Raumstation „Saljut" ins All.

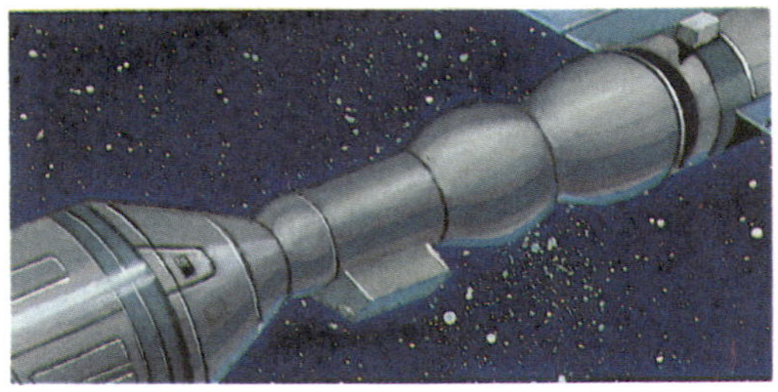

17. Juli 1975
Die russische Raumkapsel „Sojus 19" und die amerikanische Kapsel „Apollo" docken im Weltraum aneinander an. 2 Tage lang arbeiten die beiden Besatzungen zusammen.

Wie bewegen sich Raketen fort?

Um mit einer Rakete die Anziehungskraft der Erde zu überwinden, zündet man Treibstoffe, die unter hohem Druck verbrennen. Die dabei entstehenden Gase strömen mit hoher Geschwindigkeit durch die Düsen aus und bewirken einen Rückstoß. Die Rakete steigt erst langsam und dann immer schneller auf.

Leben im All?
Die Entwicklung von Raumstationen steht noch ganz am Anfang. Zukünftige Stationen werden im Weltraum zusammengebaut und dienen dann als Laboratorien, Sternwarten, als Servicestationen für Raketen und als Montagestationen für Raumschiffe, die durch das Sonnensystem reisen. Diese Raumstationen werden möglicherweise richtungsweisend sein für die Architektur zukünftiger Städte im Weltall.

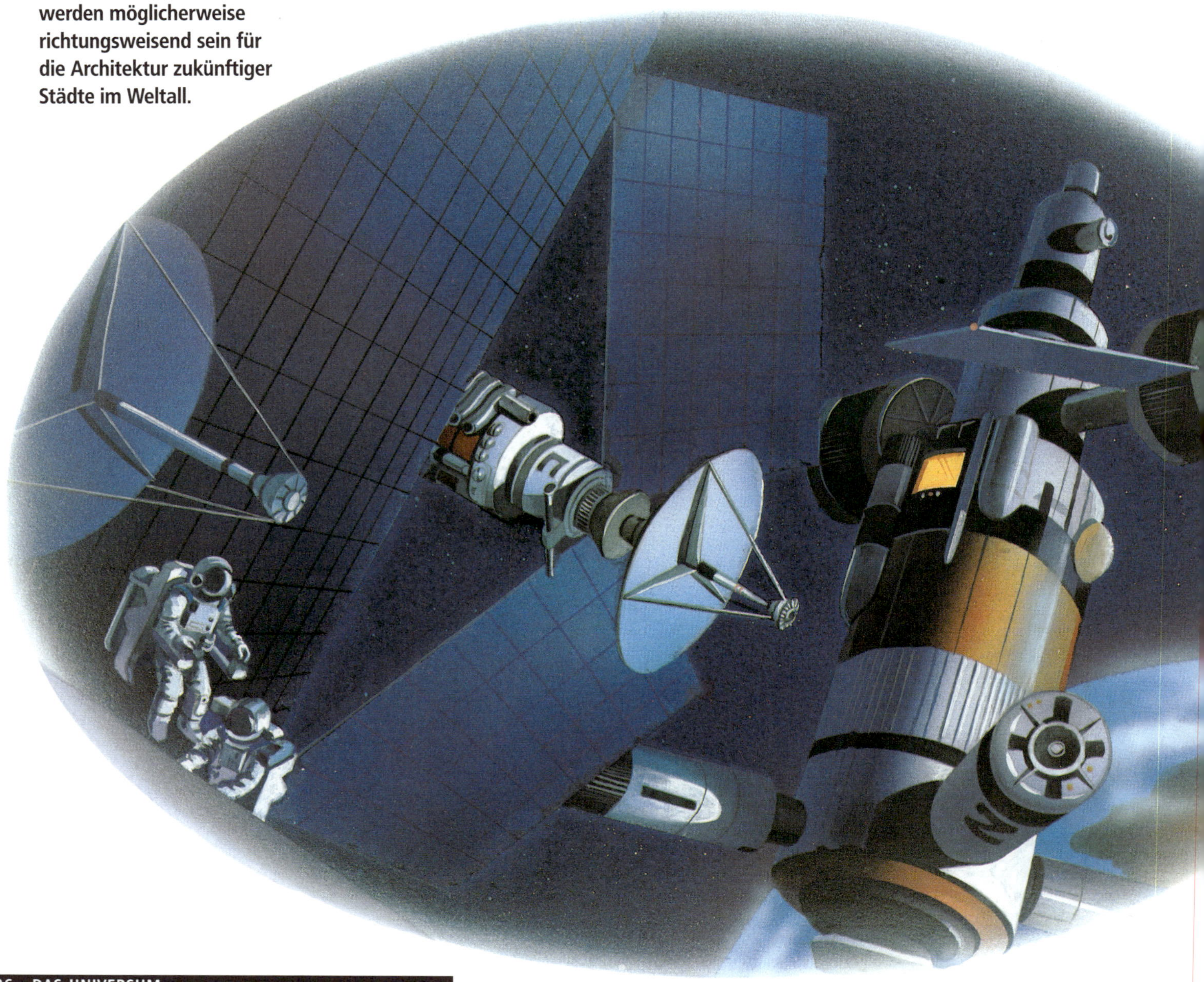

11. Februar 1984
Die Astronauten des Spaceshuttles „Challenger" verlassen ihr Schiff und bewegen sich mit einer am Rücken angebrachten Antriebseinheit frei im Raum.

13. bis 14. März 1986
Die europäische Raumsonde „Giotto" fliegt in einer Entfernung von 600 Kilometern am Halley'schen Kometen vorbei. Alle 4 Sekunden schickt die Sonde ein Foto des Kometen zur Erde.

Was ist Schwerelosigkeit?

Die Erde übt eine Schwerkraft aus. Im Weltraum wird diese Schwerkraft mit zunehmender Entfernung von der Erde immer schwächer. Gegenstände und Astronauten werden gewichtslos.

Was ist eine Raumstation?

Das ist eine Art Laboratorium auf einer Umlaufbahn um die Erde. In diesem Laboratorium beobachten Astronauten über längere Zeit hinweg die Erde. Außerdem stellen sie Untersuchungen an, die auf der Erde unmöglich wären.

Was ist eine Raumfähre?
Das sind Raketen, die in den Weltraum fliegen, aber wieder zur Erde zurückkehren und dort wie ein Flugzeug landen. Das Raumfahrzeug und die Zusatzraketen sind wieder verwendbar. Die erste Raumfähre oder Spaceshuttle, die „Columbia", wurde am 12. April 1981 mit 2 Astronauten an Bord ins All geschossen. Die Raumfähre kann Satelliten aussetzen, reparieren oder wieder zur Erde zurückbringen. Sie ist ein Weltraumlabor. Eine Shuttle-Mission mit bis zu 8 Astronauten dauert etwa eine Woche.

1. Der Start der Raumfähre

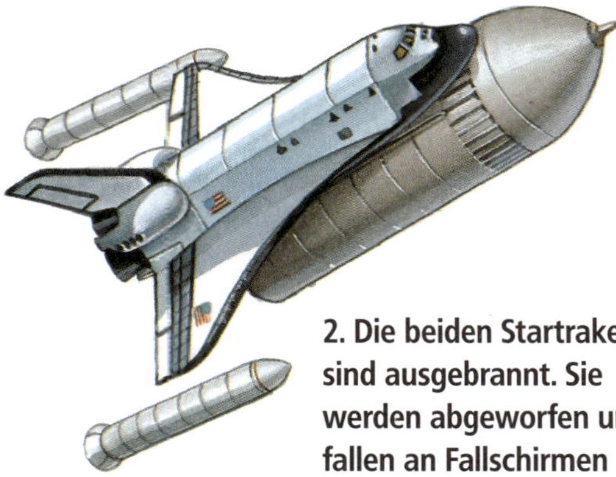

2. Die beiden Startraketen sind ausgebrannt. Sie werden abgeworfen und fallen an Fallschirmen zurück auf die Erde.

3. Der Treibstofftank ist leer und wird ebenfalls abgeworfen. Er verglüht beim Eintritt in die Erdatmosphäre.

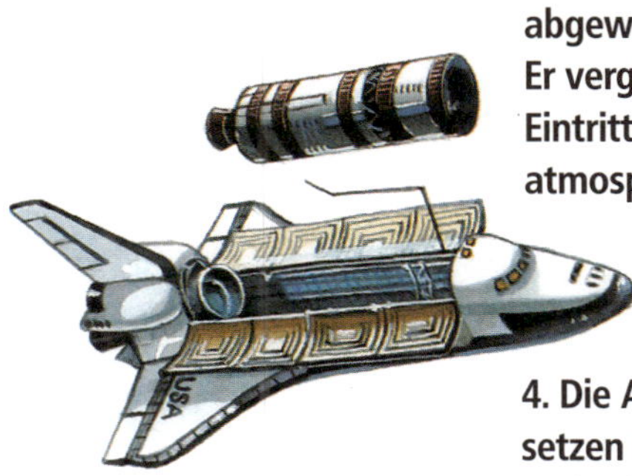

4. Die Astronauten setzen in der Erdumlaufbahn einen oder mehrere Satelliten aus.

5. Jetzt kehrt die Raumfähre wie ein Flugzeug auf die Erde zurück.

Dezember 1973
Die amerikanische Sonde „Pioneer 10" umfliegt nach einer Reise von 21 Monaten den Jupiter.

März 1974
Die amerikanische Sonde „Mariner 10" umfliegt den Merkur.

Was ist eine Raumsonde?
Das ist ein unbemannter Flugkörper, der Kameras, Messinstrumente und Radioantennen an Bord hat. Diese Sonden nähern sich den Planeten auf eine Entfernung von einigen hundert Kilometern und senden Informationen zur Erde, die mit Teleskopen allein niemals möglich würde. Manche Sonden sind mit einem Antrieb und mit Fallschirmen ausgerüstet und können auf den Planeten landen.

Beobachtung des Alls

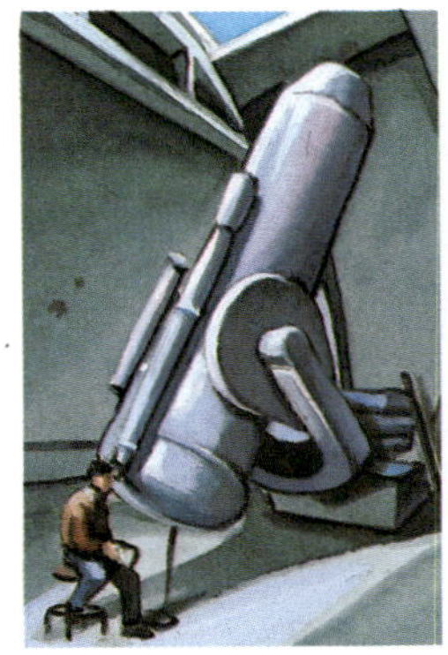

Mit leistungsstarken Instrumenten gelingt es heute, immer weiter ins Weltall hineinzuschauen.

Wie kann man das Weltall beobachten?

Galileo Galilei (1564–1642) war der Erste, der mit einem Fernrohr astronomische Beobachtungen machte. Heute übermitteln uns computergesteuerte Spiegelteleskope Bilder aus Milliarden von Lichtjahren Entfernung.
Neben der Erforschung von der Erde aus erfolgen auch Beobachtungen durch Raumsonden. Sie senden Bilder von Planeten und Galaxien zur Erde. Raumsonden haben bereits jeden Planeten unseres Sonnensystems überflogen.

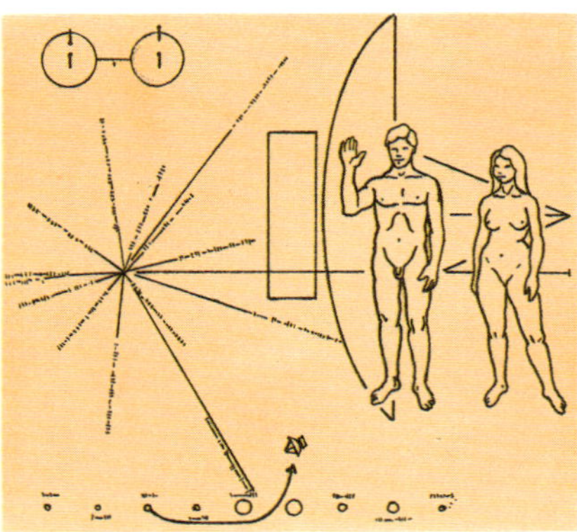

Die Raumsonde „Pioneer 10" ist bereits über die Planetenbahn des Pluto hinausgeflogen und hat damit unser Sonnensystem verlassen. An der Außenwand der Sonde befindet sich eine Botschaft für mögliches außerirdisches Leben. Die Tafel gibt Auskünfte über die Position der Erde im Sonnensystem, über das Leben auf der Erde sowie über die Route der Sonde.

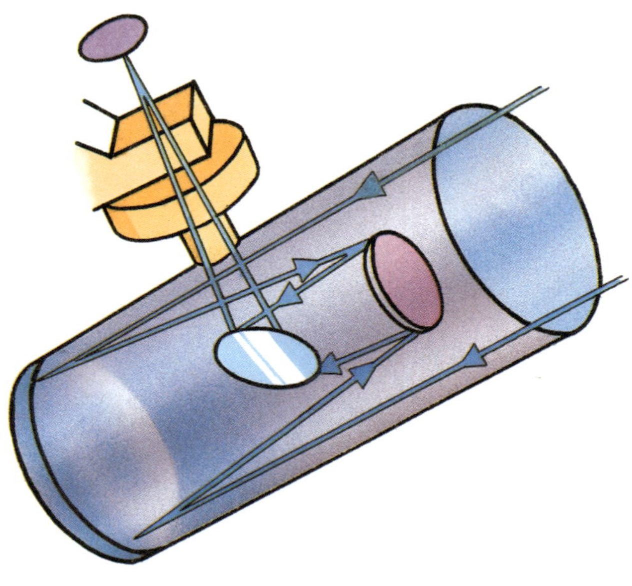

Was ist der Vorteil eines Teleskopes?
Ein Teleskop kann wesentlich mehr Licht einfangen als unser Auge. Deshalb kann man mit ihm Sterne sehen, die das bloße Auge nie erkennen würde.

Oktober 1975
Die russische Sonde „Wenera 9" landet auf der Venus.

Juli 1976
Die amerikanische Sonde „Viking 1" landet auf dem Mars.

Werden jemals Menschen auf einem anderen Planeten landen?

Zukünftige bemannte Raumflüge werden aller Wahrscheinlichkeit nach den Mars als Ziel haben. Andere Planeten unseres Sonnensystems kommen für eine Landung nicht in Frage. So ist es zum Beispiel unmöglich, auf Merkur oder Venus zu landen, weil es dort zu heiß ist. Ebenso wenig kann man auf Jupiter, Saturn, Uranus oder Neptun landen, weil diese Planeten keine feste Oberfläche besitzen. Und Pluto schließlich ist zu weit entfernt.

Galilei
1609 baute der italienische Forscher Galilei ein Fernrohr, mit dem er 4 der Jupitermonde, die Saturnringe und die Sonnenflecken entdeckte.

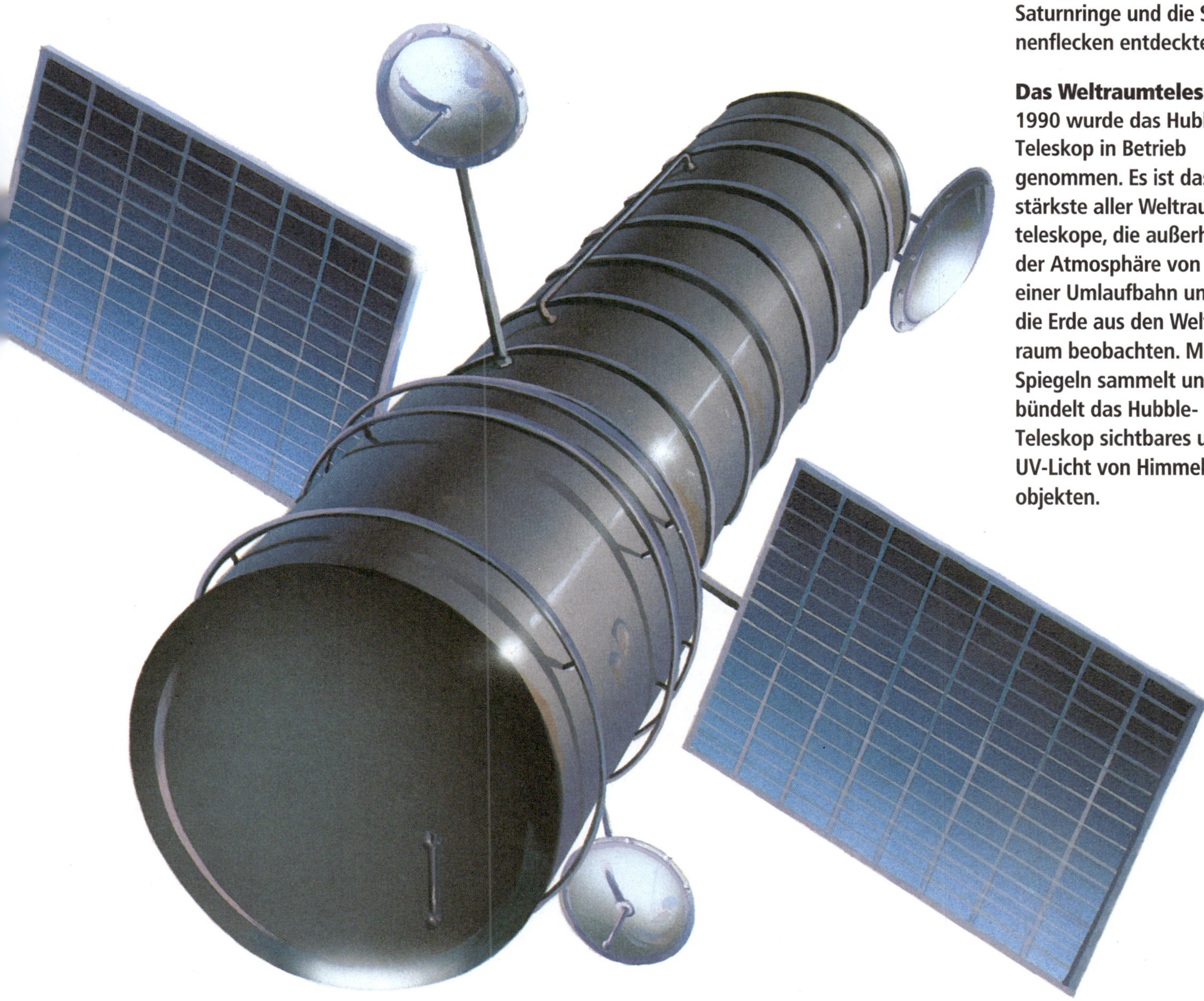

Das Weltraumteleskop
1990 wurde das Hubble-Teleskop in Betrieb genommen. Es ist das stärkste aller Weltraumteleskope, die außerhalb der Atmosphäre von einer Umlaufbahn um die Erde aus den Weltraum beobachten. Mit Spiegeln sammelt und bündelt das Hubble-Teleskop sichtbares und UV-Licht von Himmelsobjekten.

24. Januar 1986
Die amerikanische Sonde „Voyager 2" umfliegt Uranus. Dank ihrer Aufnahmen werden 10 weitere Monde und 2 zusätzliche Ringe entdeckt.

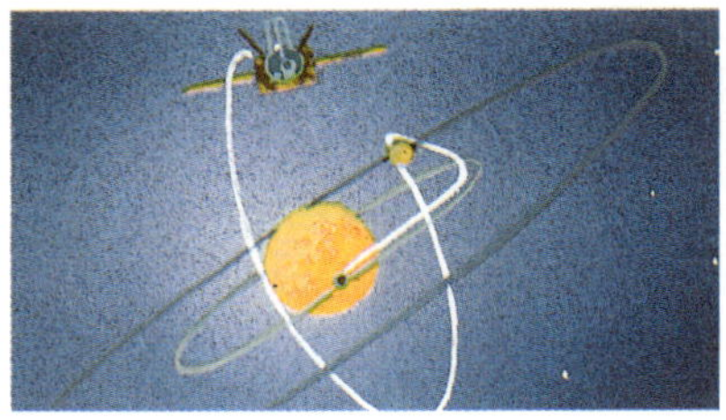

Die Sonde „Ulysses"
1994 und 1995 umfliegt die amerikanisch-europäische Sonde „Ulysses" die Pole der Sonne.

Mit dem Arecibo-Radioteleskop auf Puerto Rico, dem mit einem Antennendurchmesser von 304 Meter größten Gerät der Welt, lauschen Wissenschaftler aus Zeichen aus der Ferne.

Damit sich Leben entwickeln kann, braucht es Licht und Wärme einer Sonne. Dafür kommt jeder 10. Stern in Frage. Auf Gasplaneten zum Beispiel kann sich kein Leben bilden. Der Planet muss die richtige Masse besitzen, damit er seine Lufthülle festhalten kann. Gleichzeitig darf er nicht zu groß sein, weil er sonst alles Leben mit seiner Schwerkraft erdrücken würde. Der Planet sollte die Sonne im richtigen Abstand umkreisen, damit es weder zu kalt noch zu heiß auf seiner Oberfläche ist.

Gibt es Leben im Universum?

Diese Frage konnte bis heute nicht erforscht werden: Bei der Geschwindigkeit der heutigen Raketen würde eine Reise in andere Galaxien über 100 000 Jahre dauern! Es ist jedoch sehr wahrscheinlich, dass es auf anderen Planeten Leben gibt. Etwa 4 Milliarden Planeten allein in unserer Milchstraße sollen der Erde ähnlich sein. Wenn es dort genügend Wasser und Licht gibt, könnte dort Leben entstanden sein.

Gibt es UFOS?

Immer wieder haben Menschen in aller Welt geheimnisvolle Flugobjekte am Himmel gesehen und manchmal sogar fotografiert. Aber es gibt keine Beweise dafür, dass es sich wirklich um fliegende Untertassen gehandelt hat, die möglicherweise von Lebewesen anderer Planeten gesteuert wurden.

Die Erde

Der Planet Erde
Die Erde bewegt sich
Die Oberfläche der Erde
Gesteine
Die Atmosphäre
Klima und Jahreszeiten
Die Ozeane
Die 6 Kontinente

Vor 4,5 Milliarden Jahren: die Geburt der Erde

Der Planet Erde

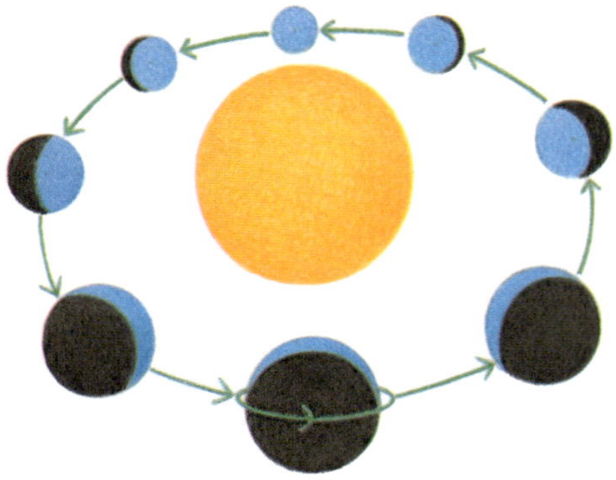

Die Erde dreht sich um ihre eigene Achse: In einem Jahr umrundet die Erde einmal die Sonne und in einem Tag dreht sie sich einmal um sich selbst.

Nach heutigen Erkenntnissen ist die Erde der einzige bewohnte Planet unseres Sonnensystems. Licht, Wasser und Luft ermöglichen Leben auf einem Planeten.

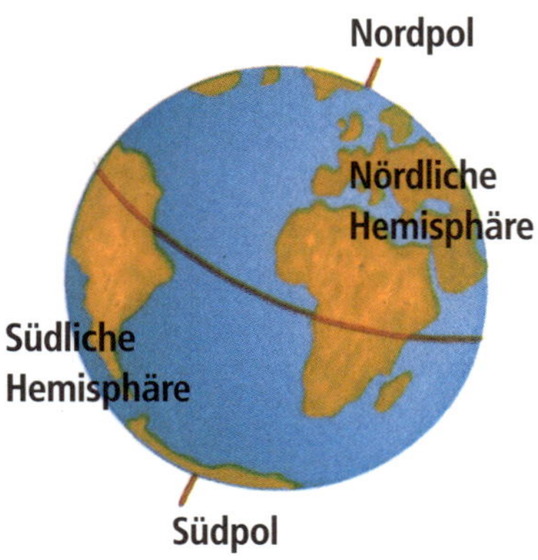

Die Erde dreht sich um eine gedachte Achse, die vom Nordpol bis zum Südpol reicht. Der Äquator teilt die Erde in 2 Halbkugeln: die nördliche und die südliche Hemisphäre.

Wie alt ist die Erde?

Es ist schwierig, das genaue Alter der Erde zu bestimmen. Wissenschaftler haben das Gestein der ältesten Gebirge untersucht und nehmen an, dass sie vor etwas mehr als 4,5 Milliarden Jahren entstanden ist. Die Erde kreiste als kalte tote Kugel aus Stein ohne Leben um die Sonne, die kurz vor ihr entstanden war. Es gab weder Wasser noch eine Lufthülle an ihrer Oberfläche. Durch Kollisionen mit anderen Himmelskörpern entstand Energie, die die Erde erwärmte. Dann bildete sich Wasser und die wichtigsten Gase der Lufthülle: Stickstoff und Kohlendioxid.

Hier sieht man die einzelnen Schritte der Entstehung der Erde:

Eine Staubwolke hat sich verdichtet.

Unser Planet ist entstanden.

Das flüssige Gestein kühlt ab und wird fest.

Aus einem riesigen Ozean erhebt sich ein riesiger Urkontinent.

Der große Urkontinent zerbricht. Aus den einzelnen Teilen entstehen die heutigen Kontinente.

Vor 3,5 Milliarden Jahren:
das erste Leben auf der Erde

Vor 2,5 Millionen Jahren:
die ersten Menschen auf
der Erde

Heute

Die magnetisierte Nadel eines Kompasses zeigt immer nach Norden.

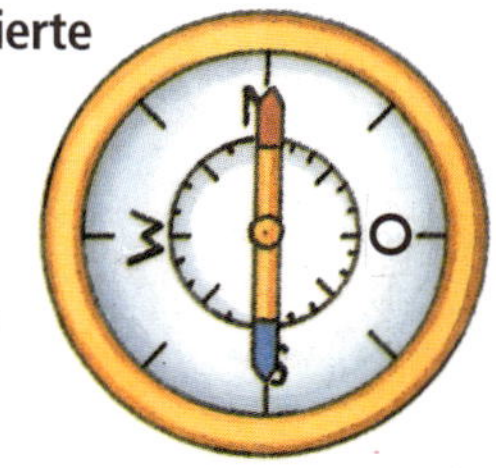

Wie ist die Erde entstanden?

Vor etwa 5 Milliarden Jahren war die Erde nur eine kreisende Gas- und Staubwolke im All. Partikel aller Größen wurden von der Schwerkraft zusammengezogen und bildeten Kugeln, die später zu Planeten wurden. Einer davon war die Erde.

Das Magnetfeld der Erde
Die Erde wirkt wie ein riesiger Magnet mit 2 magnetischen Polen. Diese liegen am Nord- und Südpol. Das Magnetfeld schützt das Leben auf der Erde vor der Sonneneinstrahlung.

Die Erde ist nicht völlig rund, sondern am Äquator leicht ausgebeult und an den Polen abgeplattet.

Wie ist die Erde aufgebaut?

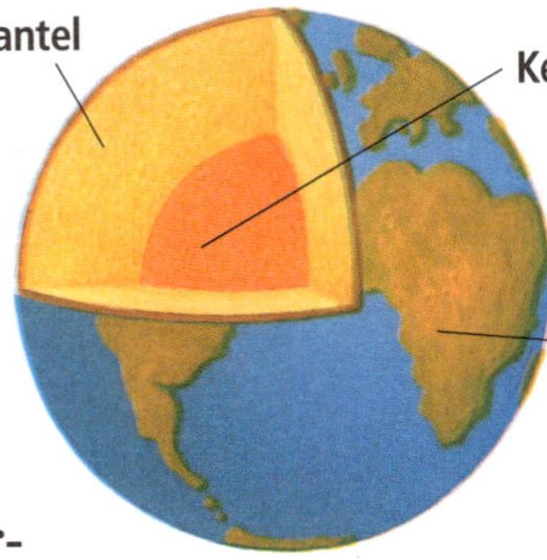

Die Erde besteht aus verschiedenen Schichten: Erdkruste, Mantel und Kern. Der schwere Metallkern ist von leichteren Schichten umgeben. Die Schichten sind unterschiedlich dick. Die Erde ist so riesig, dass Bohrungen nicht bis zu ihrer Mitte vorstoßen können.

Bevor sich Leben bildete, bestand die Erde aus flüssigem Gestein. Die dünne Schicht der Oberfläche kühlte sich langsam ab und erstarrte. Heiße Magmaströme stiegen empor; durch Risse und Schlote brach das Magma hervor. Vulkane entstanden. Aus den Vulkanschloten stieg Wasserdampf auf. Wolken bildeten sich und es begann jahrtausendelang zu regnen. Der Urozean entstand. Bei gewaltigen Erdbeben hoben sich die Landmassen aus dem Urmeer hervor. In einem Zeitraum von etwa 2 Milliarden Jahren hatte die Erde nahezu ihr heutiges Gesicht bekommen.

Die Erdkruste ist nicht überall gleich dick. Unter den Ozeanen hat sie eine Stärke von ungefähr 5 Kilometern und unter den höchsten Bergen ist sie bis zu 40 Kilometer dick.

Woraus bestehen die einzelnen Schichten der Erde?

Der Erdkern hat einen Durchmesser von 3400 Kilometern und besteht aus Eisen und Nickel. Der Erdmantel ist 2900 Kilometer dick und enthält dichtes, dunkles Gestein. Die Erdkruste schließlich ist höchstens 40 Kilometer dick; sie besteht aus festem, granitartigem Gestein.

1864 verfasste der französische Schriftsteller Jules Verne ein Buch, in dem er eine Reise zum Mittelpunkt der Erde beschrieb. Leider ist das in Wirklichkeit nicht möglich, denn dazu ist es im Inneren der Erde zu heiß. Schon in einer Tiefe von 5 Kilometern herrscht eine Temperatur von 150 °C.

Welche Temperaturen gibt es auf der Erde?

Auf der Oberfläche der Erde ist die Temperatur je nach den verschiedenen Gebieten unterschiedlich. Es kann bis zu –80 °C kalt sein, zum Beispiel am Nordpol, und bis zu 50 °C heiß werden, beispielsweise in den Wüsten. Im Erdinneren nimmt die Temperatur mit jedem Kilometer um 30 °C zu. Der Erdkern hat eine Temperatur von ungefähr 6000 °C.

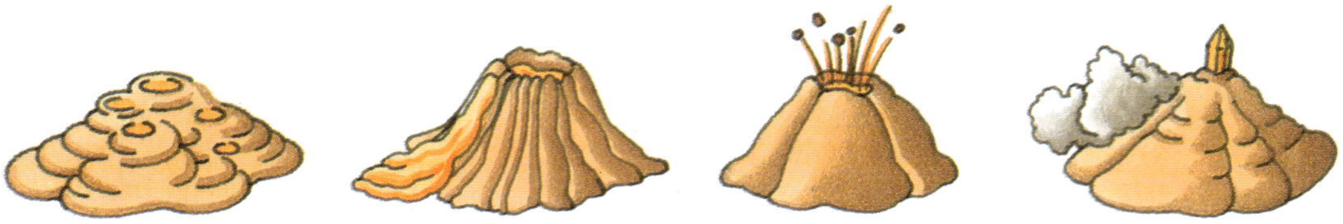

Ein Vulkanausbruch
Aus dem Vulkan treten Wolken von Gas und Asche aus. Die Lava ergießt sich in langen Strömen aus dem Krater. Manchmal wird die Asche sehr hoch emporgeschleudert und vom Wind über hunderte von Kilometern fortgetragen.

Die Erde bewegt sich

Das Gesicht unserer Erde verändert sich ununterbrochen.

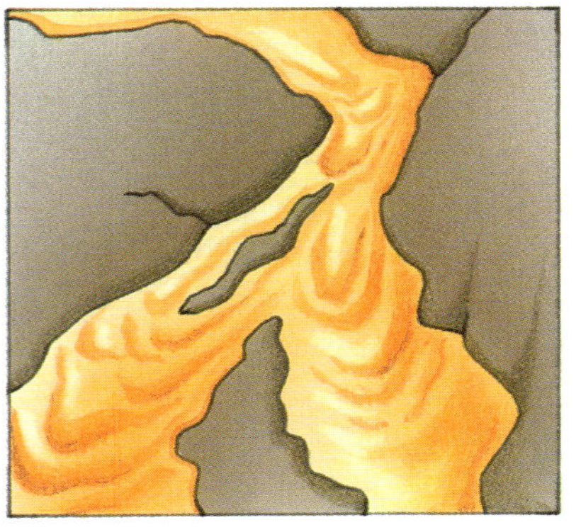

Magma ist eine Mischung aus glutflüssigem Gestein und Gas, die sich im Inneren des Vulkans befindet. An der Erdoberfläche wird Magma zu Lava, kühlt ab und verfestigt sich. Mit der Zeit zerfällt sie und bildet einen sehr fruchtbaren Boden.

Vulkanologen sind Wissenschaftler, die Vulkane erforschen. Sie sind mit einer besonderen Kleidung ausgerüstet, die sie vor der Hitze schützt. So können sie sich den Lavaströmen nähern.

Warum spuckt die Erde Feuer?

Vulkane kommen vor allem in Gebieten mit großen Spannungen in der Erdkruste vor. Diese Spannungen entstehen durch die Bewegungen der Kontinentalplatten. Wo die Platten aneinander stoßen bilden sich in der Erdkruste Risse, durch die flüssiges Gestein (Magma) aufsteigen kann.

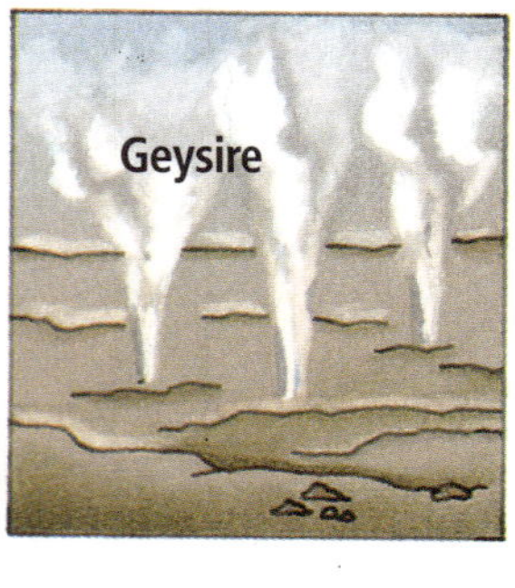

Geysire
Das sind Springquellen aus Wasser und Wasserdampf mit einer Temperatur von etwa 125 °C. Man findet sie vor allem in vulkanischen Gebieten. Auf der ganzen Welt gibt es ungefähr 400 größere Geysire.

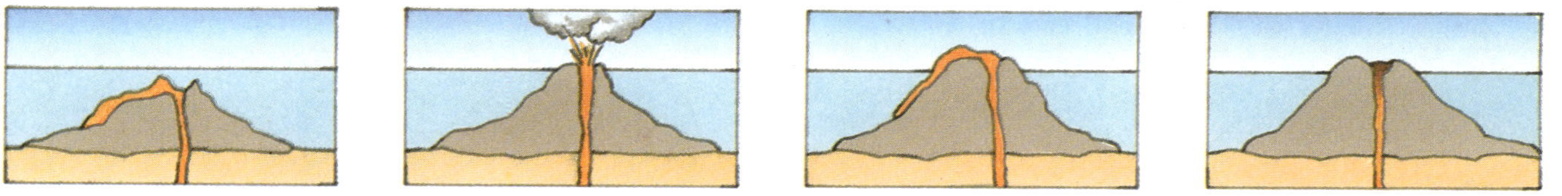

Vulkanische Inseln
Auch im Meer entstehen Vulkane. Sie können so groß werden, dass sie über die Wasseroberfläche hinaus wachsen und Inseln bilden.

Brechen alle Vulkane aus?

Auf der ganzen Welt gibt es über 40 000 aktive, ruhende und erloschene Vulkane. Etwa 500 Vulkane sind aktiv, das heißt, sie können immer wieder ausbrechen. Ruhende Vulkane zeigen über einen längeren Zeitraum keine Tätigkeit, erloschene Vulkane sind schon lange nicht mehr aktiv. Die meisten Vulkane befinden sich auf dem Meeresgrund.

Schnitt durch einen Vulkan

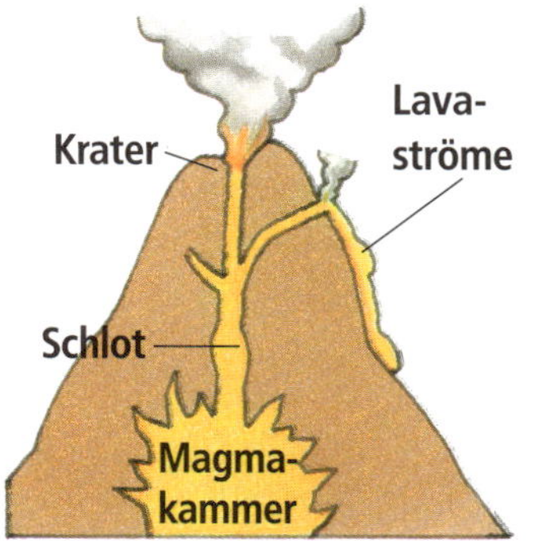

Vor einem Ausbruch sammelt sich das Magma in einer großen Magmakammer. Es steigt durch den Schlot empor und tritt durch den Krater an die Oberfläche.

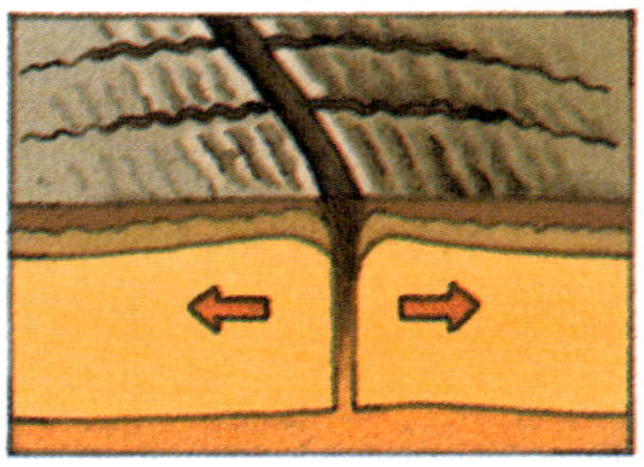

Magma, das durch die Spalten aufsteigt, schiebt die Platten auseinander.

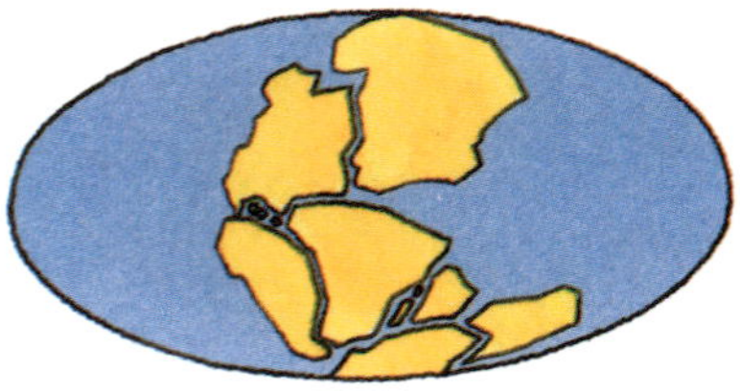

Vor etwa 300 Millionen Jahren bildeten die Landmassen zusammen einen riesigen Kontinent, den man „Pangäa" nennt.

Wie entstehen Erdbeben?

Die Erdkruste, auf der wir leben, besteht aus 12 Platten von verschiedener Größe. Diese Platten sind nicht miteinander verbunden, sondern sind durch Verwerfungen voneinander getrennt. Wenn die Platten aneinander stoßen oder wenn sich eine Platte unter die andere schiebt, entstehen Erdbeben.

Bei schweren Erdbeben in der Türkei, in Japan und Taiwan im Jahr 1999 kamen tausende von Menschen ums Leben. Häuser und Brücken stürzten in sich zusammen.

Nur ein paar Sekunden
Ein Erdbeben dauert weniger als eine Minute. Viele Erdbeben sind sehr schwach und harmlos. Andere aber können eine Stadt oder sogar ganze Landesteile zerstören.

Vor etwa 200 Millionen Jahren zerbrach Pangäa und die heutigen Kontinente spalteten sich ab.

Die Kontinente bewegen sich jedes Jahr einige Zentimenter. In 30 Millionen Jahren werden sich Amerika und Afrika noch weiter voneinander entfernt haben, Europa und Afrika werden miteinander verschmolzen sein und Australien wird sich weiter nach Norden verschoben haben.

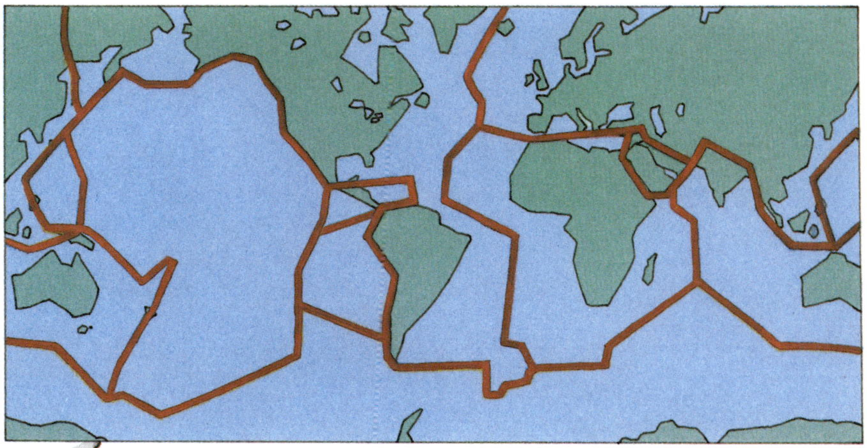

Die Erdkruste besteht aus 12 großen Platten. Diese Platten können sich voneinander entfernen, sie können sich aber auch annähern und zusammenstoßen.

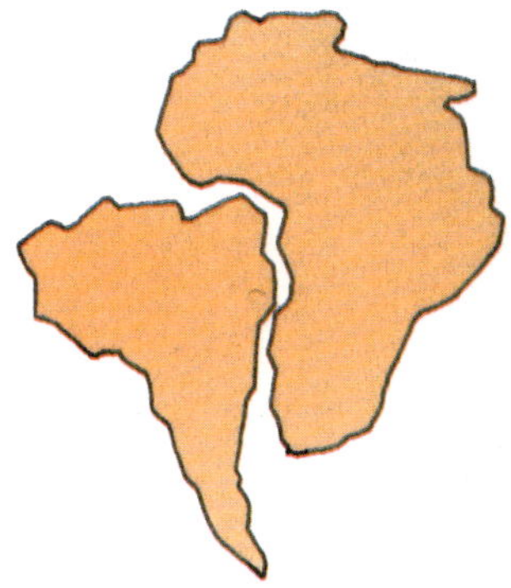

1912 entdeckte der deutsche Geophysiker Alfred Wegener, dass die Küsten von Afrika und Amerika zusammenpassen wie die Teile eines Puzzles. Er vermutete, dass Afrika und Südamerika früher einmal einen Kontinent bildeten. Niemand glaubte seiner Theorie, dass sich die Kontinente verschieben. Heute weiß man, dass sich Afrika in jedem Jahr um 3 Zentimeter von Südamerika entfernt.

Bewegen sich die Kontinente?

Die Platten, aus denen die Erdkruste besteht, tragen die Kontinente und die Ozeane. Da sich die Platten bewegen, verschieben sich auch die Kontinente. Einige Kontinente nähern sich aneinander an, andere entfernen sich voneinander. Ozeane entstehen und Ozeane verschwinden. Gebirge falten sich auf und andere Gebirge werden abgetragen.
Diese ganzen Veränderungen geschehen aber nur sehr langsam und über eine sehr lange Zeit hinweg. Sie haben mit der Entstehung der Erdkruste begonnen und setzen sich bis heute fort. Deshalb wird die Erde in vielen Millionen Jahren nicht mehr so aussehen wie heute. Das Mittelmeer zum Beispiel wird verschwinden und das Rote Meer wird zum Ozean.

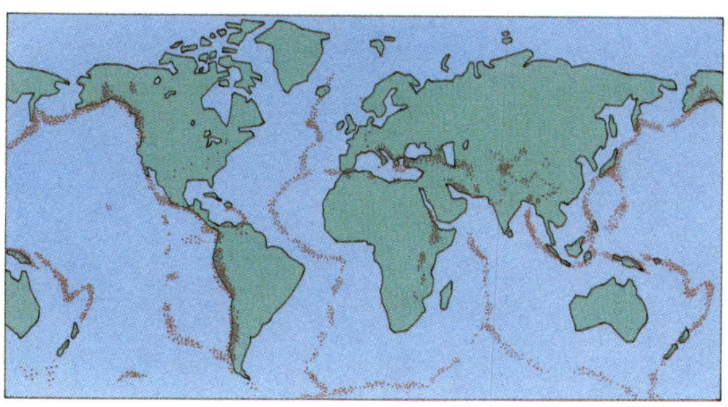

Die Erdbebengebiete der Welt befinden sich an den Rändern der einzelnen Erdplatten.

Meeresküsten bestehen aus zermahlenem Gestein: Sand und Kies. Kies wird von den großen Wellen angespült, Sand wird an geschützten Stellen als Strand abgelagert.

Hügel sind kleine Berge mit runden Kuppen, die durch Regen, Wind und Eis abgetragen wurden.

Die Oberfläche der Erde

Wie hat sich die Oberfläche der Erde geformt?

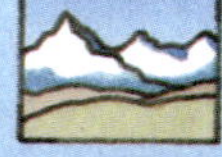

Wie sind die Berge entstanden?

Gebirge bilden sich durch die Kraft der Plattenbewegungen: Verschiebungen der Erdkruste drücken die Kontinente an den Rändern zusammen und die Kräfte schieben Berge in die Höhe („Faltengebirge"). Die Alpen in Europa und der Himalaja in Asien entstanden durch den Zusammenstoß zweier Kontinentalplatten. Die Gebirge falteten sich dadurch bis in eine Höhe von fast 10 000 Metern auf. Die Rocky Mountains und die Anden auf dem amerikanischen Kontinent entstanden, als sich eine ozeanische Platte unter eine Kontinentalplatte schob.

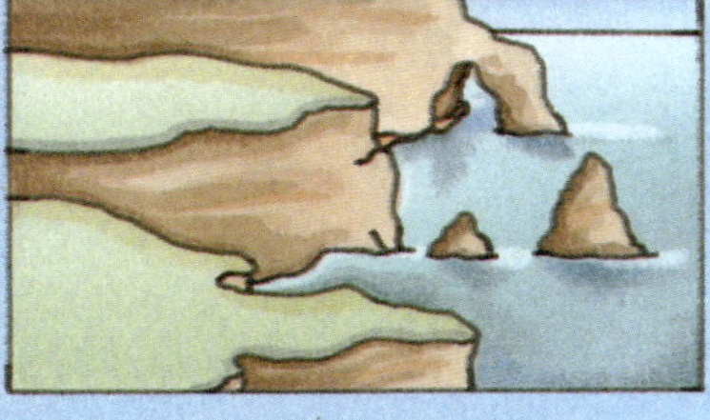

Die Kraft des Wassers verändert das Aussehen der Meeresküsten. In den Wellen mitgeführter Sand und Kies zermahlen die Küste allmählich. Je nach Gestein entstehen steil abfallende Kliffe, lange Reihen von geraden Klippen, Grotten und Höhlen, Brandungstore und Felssäulen.

In den sehr hohen Gebirgen entstehen aus Gletschern Gebirgsbäche. Diese Bäche vereinigen sich mit anderen Bächen zu Flüssen. Aus ihnen bilden sich große Ströme.

„Junge" Gebirge sind vor etwa 25 Millionen Jahren entstanden. Ihre Gipfel sind schroff und zerklüftet. „Alte" Gebirge dagegen sind sehr viel früher entstanden. Sie können mehrere hundert Millionen Jahre alt sein. Ihre Gipfel wurden durch Wind und Wetter abgetragen und sind nun rund oder flach gewellt.

Wie ist Kohle entstanden?

Als vor Jahrmillionen die Sumpfwälder abstarben, wurden sie von Schlamm bedeckt und zu einer Schicht zusammengepresst. Als Sand und Schlamm allmählich zu Gestein wurden, änderte sich die Zusammensetzung des Holzes. Anfangs bestand es aus Kohlenstoff, Wasserstoff und Sauerstoff. Der Anteil von Wasserstoff und Sauerstoff ging zurück, übrig blieb eine Kohlenstoffablagerung. Die riesigen Sumpfwälder der Vergangenheit wurden so zu großen Kohlelagern.

Mineralien

Gold

Silber

Kupfer

Eisen

Diamant

Rubin

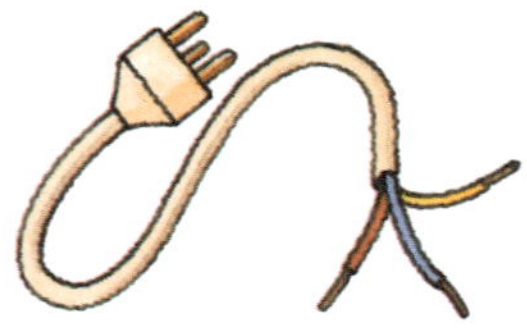

Elektrische Kabel werden aus Kupfer gemacht.

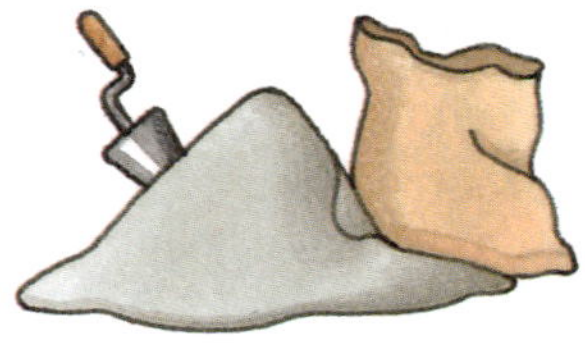

Zement ist eine Mischung aus Ton und Kalk.

Gesteine

Gestein ist das Baumaterial der Erdkruste.
Jedes Gestein setzt sich aus chemischen Verbindungen zusammen, die man Mineralien nennt.

Wie ist Gestein entstanden?

Man unterscheidet magmatische Gesteine, Sedimentgesteine und metamorphe Gesteine. Magmatische Gesteine, zum Beispiel Basalt, bildeten sich bei Vulkanausbrüchen aus Magma. Sedimentgesteine wie zum Beispiel Sandstein, Ton oder Kalk entstanden aus Gesteinsresten oder aus Überresten von Tieren und Pflanzen, die sich in Schichten ablagerten und zusammengepresst wurden. Metamorphe Gesteine, zum Beispiel Gneis, entstanden durch die Umwandlung von magmatischem oder Sedimentgestein durch großen Druck oder hohe Temperaturen.

Gesteine

Ton

Marmor

Kohle

Kalkstein

Schiefer

Filme zum Fotografieren sind mit Silbersalz beschichtet.

Backsteine und Dachziegel werden aus Ton geformt und dann gebrannt.

Für einen Brotlaib zum Beispiel mischt man Mehl, Hefe und Wasser und bäckt das Ganze im heißen Ofen. Auf ähnliche Weise verändern der Druck höher liegender Gesteinsschichten und die Hitze des Erdinneren tiefer liegende Gesteine.

Die Mauern sind aus Granit und das Dach aus Schiefer.

Was sind Mineralien?

Im Mikroskop erkennt man, dass Gestein ein Mosaik aus Kristallen verschiedener Mineralien ist. Unterschiedliche Mineralienmengen bilden verschiedene Gesteinsarten. Granit zum Beispiel setzt sich aus den Mineralien Feldspat, Quarz und Glimmer zusammen. Zu den Mineralien zählen zum Beispiel Diamant, Rubin, Gold, Silber, Gips, Quarz und Schwefel.

Edelsteine sind Mineralien, die auf Grund ihrer Schönheit oder Seltenheit zu Schmuck verarbeitet werden.

Granit

Kreide

Sandstein

Wie entstehen Fossilien?
Eine Muschel und eine Pflanze sterben ab und sinken auf den Meeresboden.

Sie werden von Sand und Schlamm bedeckt.

Fossilien von Pflanzen und Tieren

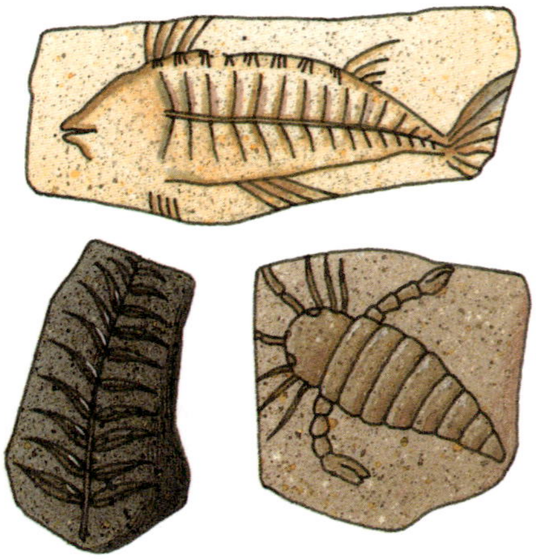

Was sind Fossilien?

Fossilien sind Überreste von Tieren oder Pflanzen, die vor sehr langer Zeit lebten. Die harten Bestandteile der Lebewesen wie Schalen, Knochen, Zähne, Schuppen, Panzer, Blätter, Stängel, Stämme oder Körner setzten sich auf dem Grund der Meere und Seen ab und wurden von Sand und Schlamm bedeckt. Nach vielen Millionen Jahren lösten sich diese Überreste auf. Geblieben sind Steine, die Form und Aussehen dieser Überreste angenommen haben. Die meisten Tiere und Pflanzen, die wir heute in Form von Fossilien finden, gibt es nicht mehr. Fossilien geben Aufschluss über frühere Lebensformen und helfen bei der Altersbestimmung von Gesteinen und urzeitlichen Tieren.

Die unteren Sedimentschichten verwandeln sich unter Druck zu Gestein. Die Überreste der Tiere oder Pflanzen versteinern zu Fossilien.

Das Gestein wird gefaltet und emporgeschoben. Die Fossilien kommen immer weiter an die Oberfläche.

Das fließende Wasser reißt Felsblöcke mit sich. Diese zerbrechen in kleine Stücke, die dann der Fluss mitnimmt.

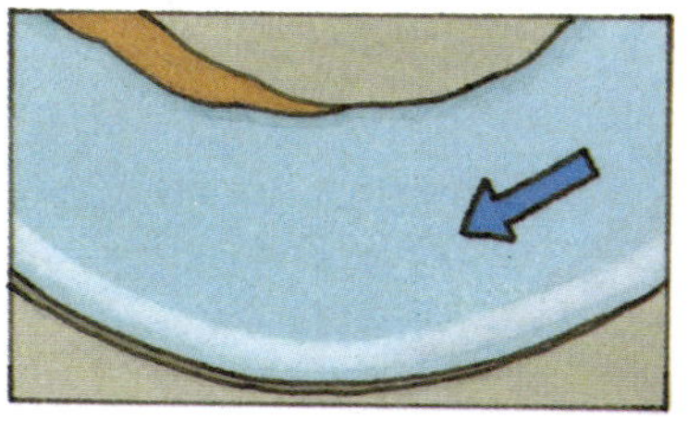

Die Flüsse transportieren Sand und Kieselsteine, die sich in den Windungen ablagern.

Was ist Erosion?

Auch die härtesten Felsen werden durch Wind, Regen oder Eis angegriffen und abgetragen. Diesen Vorgang nennt man Erosion.

Wasser zum Beispiel, das in die Risse von Felsen fließt, gefriert, dehnt sich aus und sprengt den Felsen. Der Wind trägt Sandkörner mit, die den Fels Stück für Stück abschleifen. Regenwasser zerstört die Felsen sehr langsam. Es trägt kleine Sandkörner und Felsstücke ab und nimmt sie mit auf seinem Weg in einen Fluss und dann weiter ins Meer.

Der Fluss mündet in das Meer. Sand und Schlamm lagern sich auf dem Meeresgrund ab.

Die Brandung zerklüftet die Felsen an der Küste.

Der Wind häuft Sand zu Dünen auf.

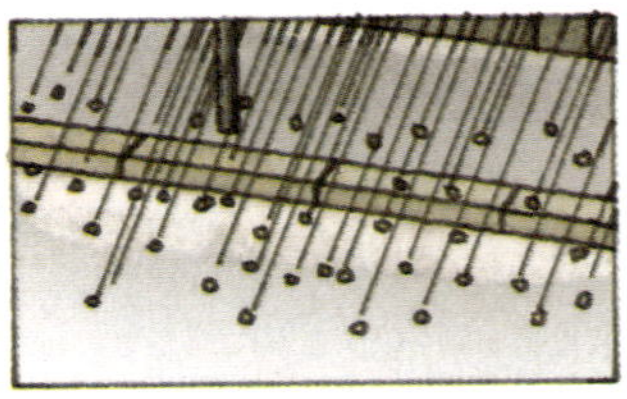

Hagel
Wenn es hoch oben in den Wolken sehr kalt ist, verwandeln sich die Regentropfen dort in Hagelkörner.

Nebel
Manchmal hängen Wolken so tief, dass sie die Erde berühren. Man kann dann oft nur noch ein paar Meter weit sehen.

Glatteis
Wenn Regen auf vereisten Boden fällt, verwandelt sich das Wasser in eine Eisschicht.

Die Atmosphäre

Die Atmosphäre schützt die Erde vor der schädlichen UV-Strahlung. Außerdem hat die Atmosphäre eine wärmespeichernde Wirkung.

Woher kommt der Wind?
Wind ist eine Bewegung der Luft, die nie aufhört. Der Wind weht, weil Luft von einem Gebiet mit hohem Luftdruck zu einem Gebiet mit niedrigem Luftdruck strömt.

So bilden sich Wolken
Wenn Wasser verdunstet, bildet sich Wasserdampf, der in die Luft aufsteigt. Der Wasserdampf lagert sich an kleine Staubteilchen in der Luft an und bildet Wassertröpfchen. Die Tröpfchen ballen sich zu Wolken.

Warum ist der Himmel blau?

Das weiße Licht der Sonne besteht aus 7 verschiedenen Farben: Violett, Indigoblau, Blau, Grün, Gelb, Orange und Rot. Die Atmosphäre lässt vor allem das Blau aus dem weißen Licht der Sonne durchdringen. Deshalb erscheint der Himmel blau.

Der Regenbogen entsteht, wenn das Sonnenlicht durch Regentropfen fällt. Dabei wird das Sonnenlicht in 7 Farben zerlegt und erscheint als farbiger Bogen.

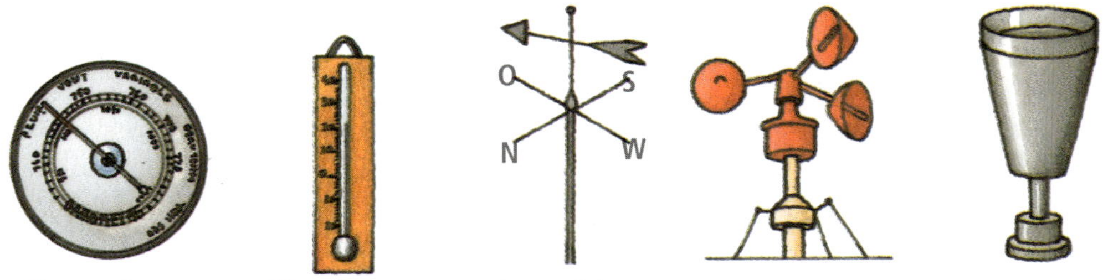

Barometer Thermometer Wetterfahne Windmesser Niederschlagsmesser

Instrumente zur Wetterbeobachtung
Mit dem Barometer misst man den Luftdruck, mit dem Thermometer kann man die Temperatur feststellen. Die Wetterfahne zeigt die Richtung des Windes an und mit dem Windmesser kann man seine Geschwindigkeit messen. Der Niederschlagsmesser zeigt, welche Menge Niederschlag (Regen, Schnee oder Hagel) gefallen ist.

Warum regnet es?

Über den Ozeanen steigt warme und feuchte Luft auf und kühlt dabei ab. Wolken bilden sich. Eine Regenwolke enthält unzählige kleine Wassertröpfchen, die miteinander verschmelzen und als Regen herabfallen.

Woher weiß der Wetterbericht, wie das Wetter wird?

Jeden Tag sagen die Wetterberichte das Wetter für den nächsten Tag vorher. Für eine genaue Vorhersage müssen Informationen aus der ganzen Welt zusammen getragen werden. Wettersatelliten fotografieren Wolken aus dem Weltraum. Spezielle Flugzeuge tragen Messinstrumente in die Atmosphäre. Wetterschiffe messen Luftdruck und Temperatur auf Meereshöhe sowie die Wassertemperatur. Wetterstationen zeichnen Informationen über das örtliche Wetter auf. Aus all diesen Angaben werden regionale und weltweite Wettervorhersagen erstellt.

Der Wettersatellit sendet aus einer Höhe von 36 000 Kilometern Fotos, die in Wetterstationen ausgewertet werden.

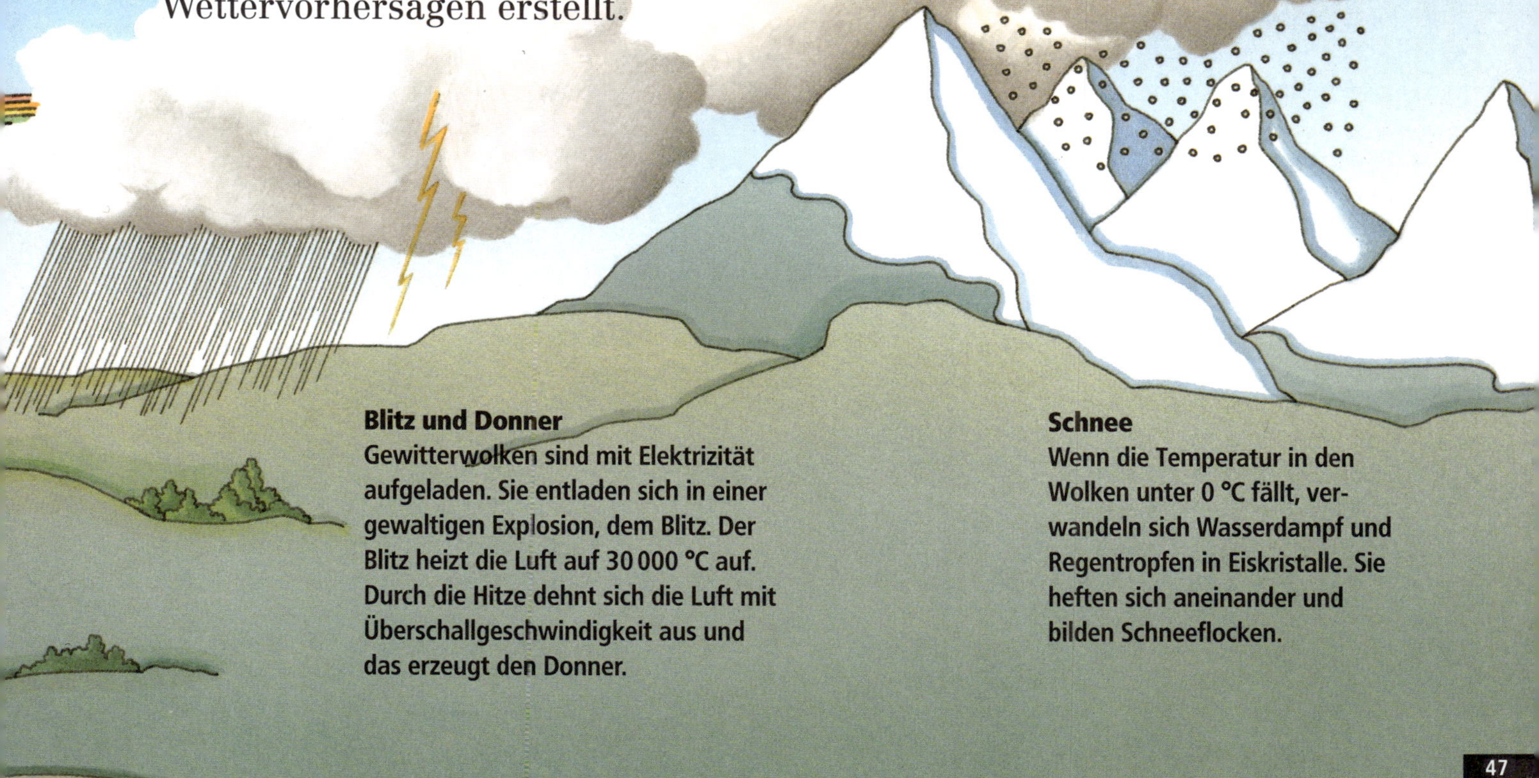

Blitz und Donner
Gewitterwolken sind mit Elektrizität aufgeladen. Sie entladen sich in einer gewaltigen Explosion, dem Blitz. Der Blitz heizt die Luft auf 30 000 °C auf. Durch die Hitze dehnt sich die Luft mit Überschallgeschwindigkeit aus und das erzeugt den Donner.

Schnee
Wenn die Temperatur in den Wolken unter 0 °C fällt, verwandeln sich Wasserdampf und Regentropfen in Eiskristalle. Sie heften sich aneinander und bilden Schneeflocken.

Polares Klima
Die Temperatur liegt fast ausschließlich unter 0 °C. Die Eisschicht, die die Pole bedeckt, kann nicht schmelzen.

Gemäßigtes Klima
Die Temperaturen sind weder sehr niedrig noch sehr hoch. Es regnet regelmäßig.

Was ist die Polarnacht?
Vom Beginn des Herbstes bis zum Ende des Winters scheint die Sonne am Nordpol überhaupt nicht. Das nennt man Polarnacht.

Klima und Jahreszeiten

Das Klima einer Region wird durch ihre Lage auf der Erde bestimmt.

Ist das Klima überall auf der Welt gleich?

Am Nordpol und am Südpol haben die Sonnenstrahlen nur wenig Kraft. Das polare Klima ist sehr kalt. In unseren Breiten ist es im Sommer wärmer als im Winter. Aber es ist nie sehr kalt oder sehr heiß. Das Klima ist gemäßigt. In den Tropen und am Äquator ist die Sonne sehr stark. Man spricht von tropischem und äquatorialem Klima.

Was ist Mitternachtssonne?
Vom Beginn des Frühjahrs an bis zum Ende des Sommers scheint die Sonne am Nordpol 24 Stunden lang ohne unterzugehen. Das nennt man Mitternachtssonne.

Am 21./22. Juni ist Sommersonnenwende.
In der nördlichen Hemisphäre dauert der Tag 16 Stunden und die Nacht 8 Stunden.

Tropisches Klima
Die Temperaturen sind sehr hoch und es gibt eine Trockenzeit.

Äquatoriales Klima
Die Temperaturen sind hoch und es gibt das ganze Jahr über heftige Regenfälle.

Warum gibt es 4 Jahreszeiten?

Während der Kreisbahn der Erde um die Sonne ist immer nur eine Halbkugel der Sonne zugewandt: Dann ist dort Sommer. Auf der abgewandten Halbkugel herrscht zur gleichen Zeit Winter.

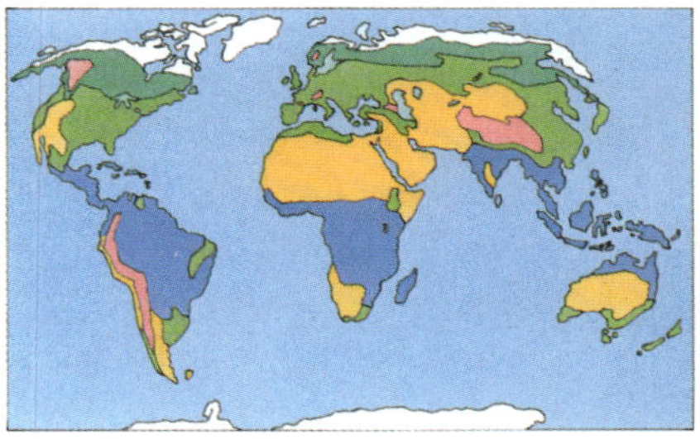

Klimaverteilung auf der Erde

Polarklima
Kühl-gemäßigt
Warm-gemäßigt
Wüste
Gebirge
Tropisches Klima

Sind die Jahreszeiten im Norden und im Süden gleich?

Die Abfolge der Jahreszeiten (Frühling, Sommer, Herbst und Winter) ist überall gleich. Aber die Jahreszeiten beginnen zu unterschiedlichen Zeitpunkten. Am 21./22. Dezember beginnt auf der nördlichen Halbkugel der Winter, während auf der südlichen Halbkugel der Sommer anfängt.

Die Wetterbedingungen eines Gebietes der Erde bezeichnet man als Klima. Dazu zählen Sonneneinstrahlung, Temperatur, Feuchtigkeit, Wind, Niederschlag und Bewölkung. Das Klima einer Gegend wird durch ihre Lage auf der Erde bestimmt.

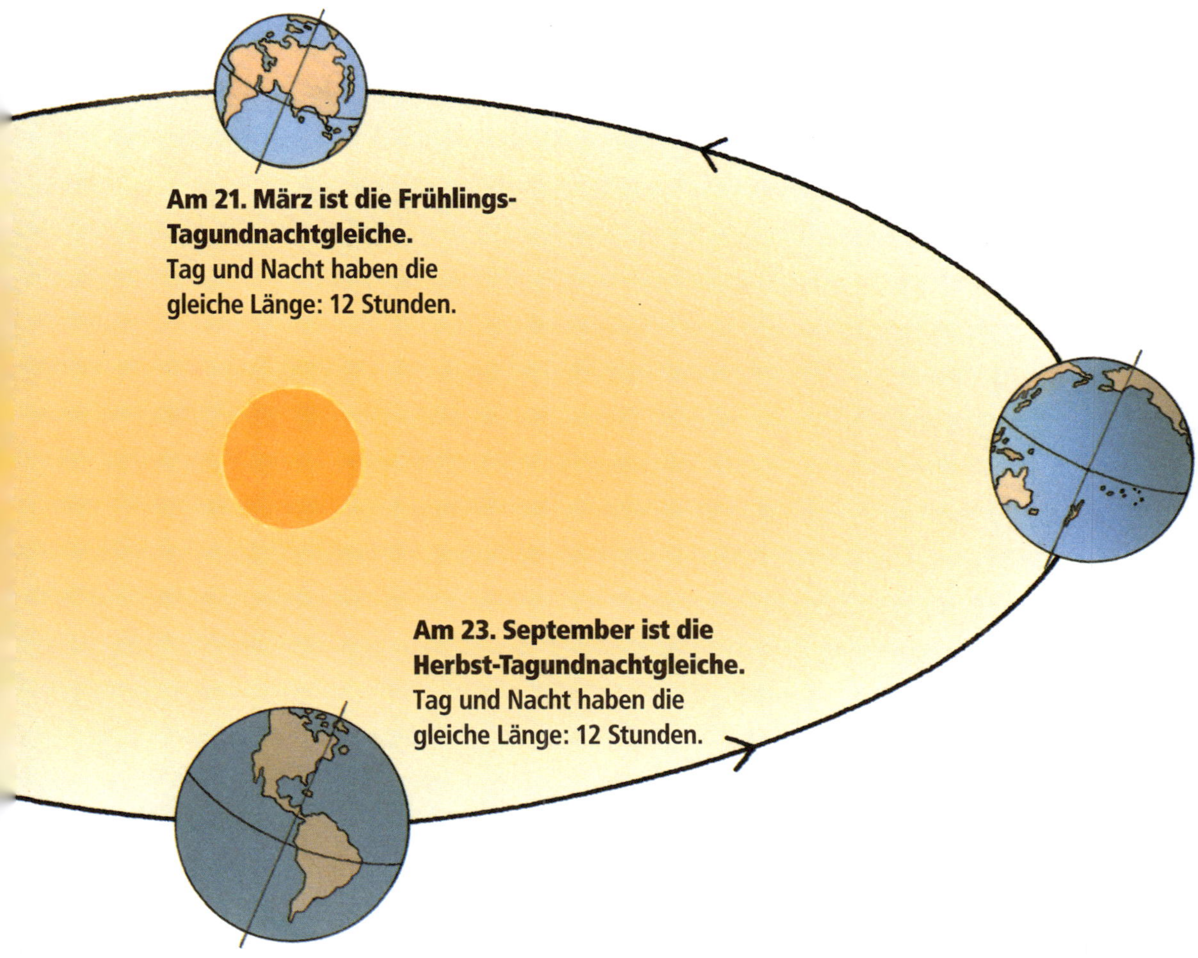

Am 21. März ist die Frühlings-Tagundnachtgleiche.
Tag und Nacht haben die gleiche Länge: 12 Stunden.

Am 21./22. Dezember ist Wintersonnenwende.
In der nördlichen Hemisphäre dauert der Tag 8 Stunden und die Nacht 16 Stunden.

Am 23. September ist die Herbst-Tagundnachtgleiche.
Tag und Nacht haben die gleiche Länge: 12 Stunden.

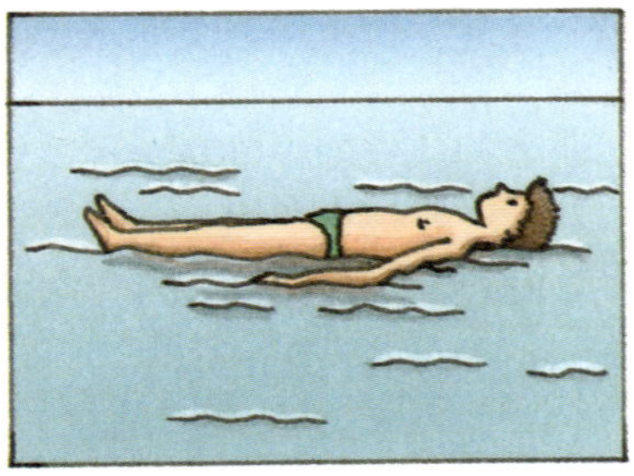

Salzreiches Meer
Das Wasser des Meeres ist salzhaltig. Dieses Salz enthält Minerale aus Gestein, das von der Erosion vor vielen Millionen Jahren zersetzt wurde. Besonders salzhaltig ist das Tote Meer in Israel. Menschen können darin nicht untergehen.

Die Ozeane

Vom Weltraum aus kann man erkennen, dass große Teile der Erde von Wasser bedeckt sind.

Salzgärten
Um dem Meerwasser das Salz zu entziehen, füllt man flache Becken mit Wasser. Unter dem Einfluss von Sonne und Wind verdunstet das Wasser langsam. Übrig bleibt das Salz.

Wie groß sind die Ozeane?

Die Ozeane bedecken fast 2 Drittel der Erdoberfläche. Der größte Ozean ist der Pazifik. Er allein könnte alle Länder dieser Erde mit Wasser bedecken. Nach ihrer Größe folgen der Atlantik, der Indische Ozean und das Nordpolarmeer.

Wie sieht es am Meeresboden aus?

Der Meeresboden ist zum größten Teil eine riesige Ebene, die etwa 3 bis 4 Kilometer unter der Wasseroberfläche liegt. Durch die Ozeane zieht sich ein unterseeisches Gebirge, der mittelozeanische Rücken. An anderen Stellen befinden sich Tiefseegräben, die bis zu 10 Kilometer tief sein können.

Eisberge sind riesige Blöcke, die aus den Gletschern der Pole herausbrechen und ins Meer stürzen. Eisberge können bis zu mehrere hundert Kilometer lang sein und oft dauert es Jahre, bis sie schmelzen.

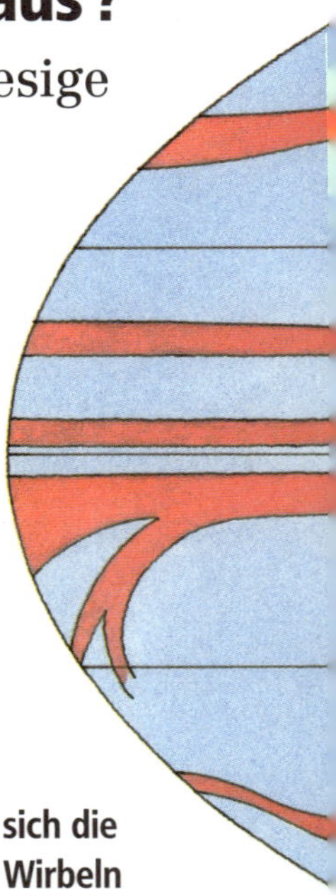

Karte der Meeresströme

- Warme Meereströme
- Kalte Meeresströme

Da sich die Erde dreht, winden sich die Meeresströmungen in riesigen Wirbeln durch die Ozeane. Sie werden auch von Winden bewegt. Wärmere Strömungen bewegen sich vom Äquator weg, kältere Strömungen zu ihm hin.

Entlang des Ozeanischen Rückens liegen unterseeische Vulkane. Hier quillt ständig Magma aus dem Erdinneren und erstarrt.

Die Tiere der Tiefsee sind an die Dunkelheit und die Kälte angepasst. Am Meeresgrund leben zum Beispiel Quastenflosser, Schalentiere und Muscheln.

Am Meeresboden liegen Bergketten, tiefe Täler und Ebenen, die fast 2 Drittel der Erdoberfläche einnehmen.

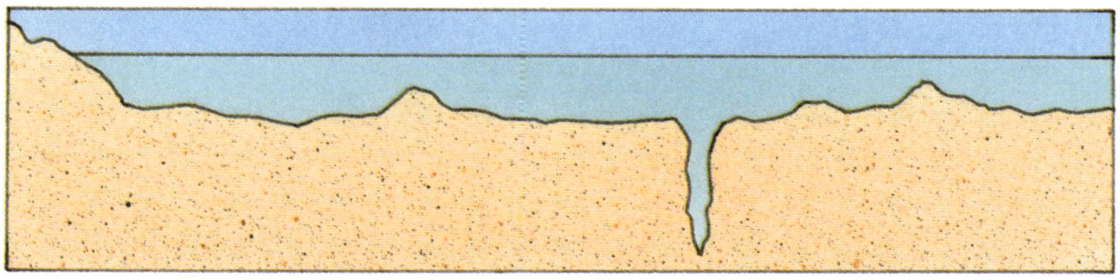

Die Ozeane sind durch Umweltverschmutzung bedroht. Oft verschmutzen schwarze Ölteppiche die Küsten und töten Vögel, Fische, Muscheln, Krebse und Pflanzen.

Wie bewegen sich Wellen?

Wenn Wind über die Meeresoberfläche streicht, entstehen Wellen. Riesige Flutwellen bilden sich durch Unterwasser-Erdbeben. Die Erschütterungen laufen durch den Ozean. Im seichten Wasser bauen sie sich bis zu einer Höhe von 76 Metern auf und überrollen die Küste.

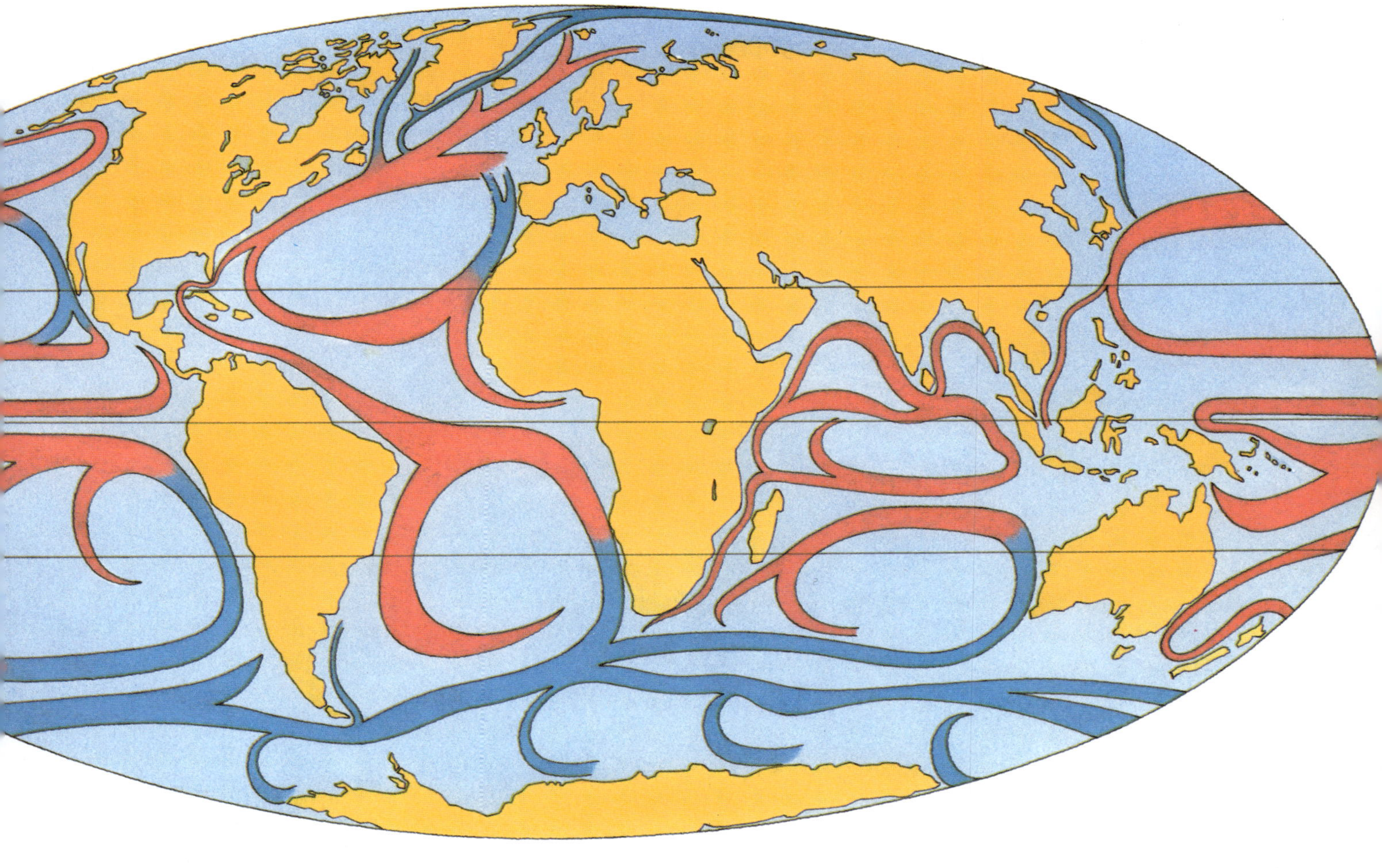

Hafen und Strand bei Flut

Das Meer braucht von der Flut bis zur Ebbe ungefähr 6 Stunden und 12 Minuten. Und genau dieselbe Zeit braucht es, um wieder auf den Höchststand zu steigen.

Der Gezeitenhub gibt den Unterschied des Wasserstandes zwischen Niedrigwasser und Hochwasser an. Das Mittelmeer, das fast ganz von Land eingeschlossen ist, hat kaum Gezeiten.

Was sind Gezeiten?

Mit dem Begriff „Gezeiten“ werden Ebbe und Flut bezeichnet. Zweimal am Tag steigt und fällt im Abstand von etwa 6 Stunden der Meeresspiegel. Das Mittelmeer hat Gezeitenunterschiede von ungefähr einem Meter. Im Atlantik gibt es Gezeiten von bis zu 11 Metern, und im Fundybai in Kanada gibt es den höchsten aller Gezeitenunterschiede: bis zu 21 Meter.

Hafen und Strand bei Ebbe

Warum gibt es Gezeiten?

Sonne und Mond üben Anziehungskräfte auf die Erde aus. Auf der Seite der Erde, die dem Mond zugewandt ist, entsteht ein Wasserberg. Dieser wandert mit dem Mond um die Erde. Bewegt sich der Wasserberg auf die Küste zu, herrscht dort Flut. Auch auf der mondabgewandten Seite türmt sich ein Wasserberg auf. Zwischen den beiden Flutbergen herrscht Niedrigwasser – die Ebbe.

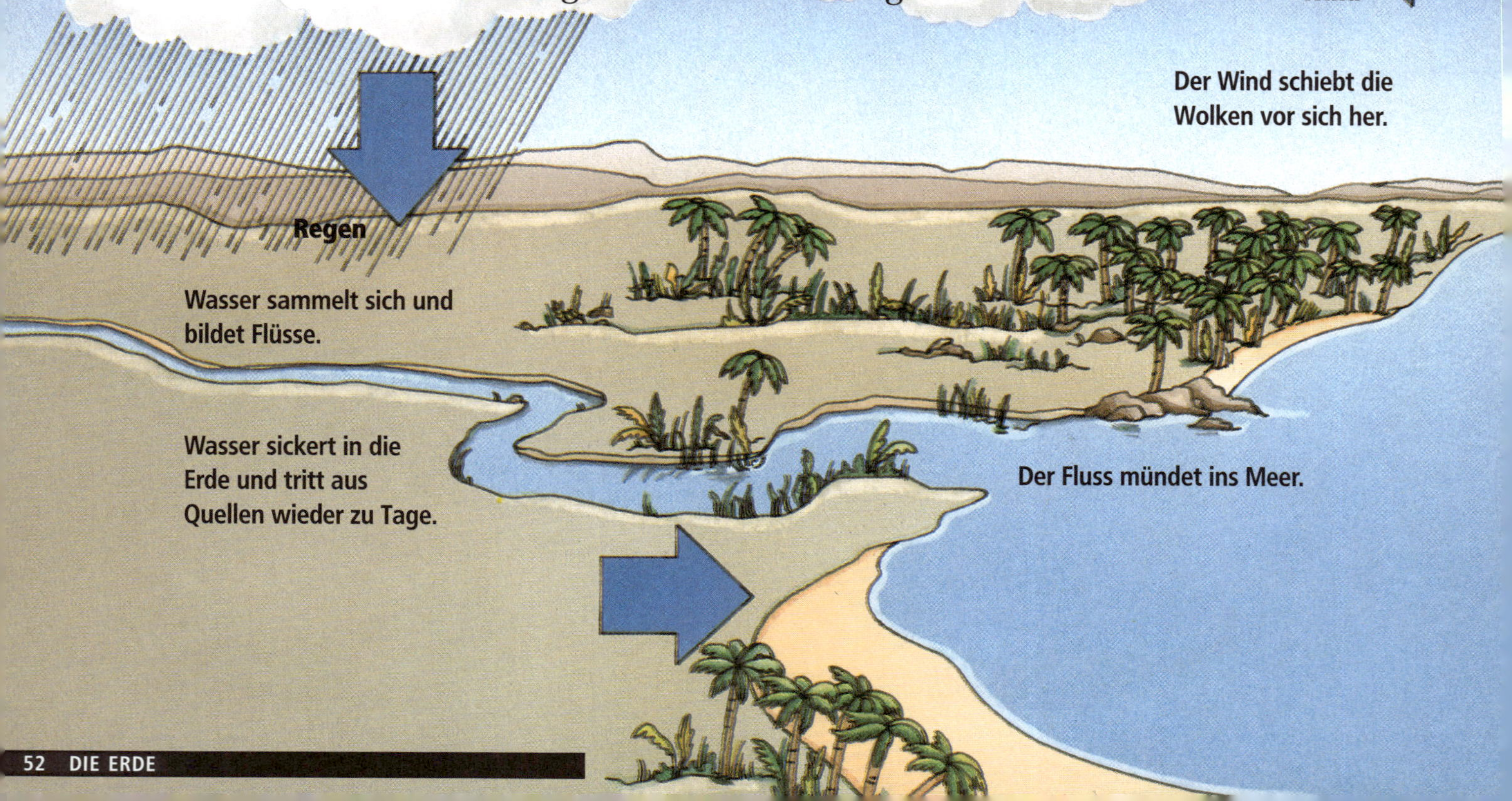

An Steilküsten ist das Wasser meist sehr tief. Deshalb fällt das Wasser bei Ebbe zwar, aber man sieht trotzdem keinen Strand.

Wenn das Meer an der Küste flach ist, zieht sich das Wasser sehr weit zurück. Bei Mont-Saint-Michel in Frankreich kann man während der Ebbe 15 Kilometer auf dem Meeresboden laufen.

Was geschieht mit dem Meereswasser, das verdampft?

Die Sonne erwärmt das Wasser der Meere. Es verdampft und verdichtet sich zu Wolken. Der Wind bläst die Wolken zum Land hin. Das Wasser der Wolken fällt je nach Region und Jahreszeit als Regen, Hagel oder Schnee auf die Erde. Es entstehen Gletscher, Bäche, Flüsse und Ströme. Das Wasser kann aber auch versickern und Grundwasser bilden. Alles Wasser kehrt früher oder später wieder ins Meer zurück. Somit schließt sich der Wasserkreislauf, und die Wassermenge in den Ozeanen bleibt immer gleich.

Der Wasserkreislauf
Wenn das verdunstete Wasser nicht wieder in die Meere zurückkäme, würde der Meeresspiegel jedes Jahr um einen Meter fallen. In 4000 Jahren wären die Meere nahezu ausgetrocknet.

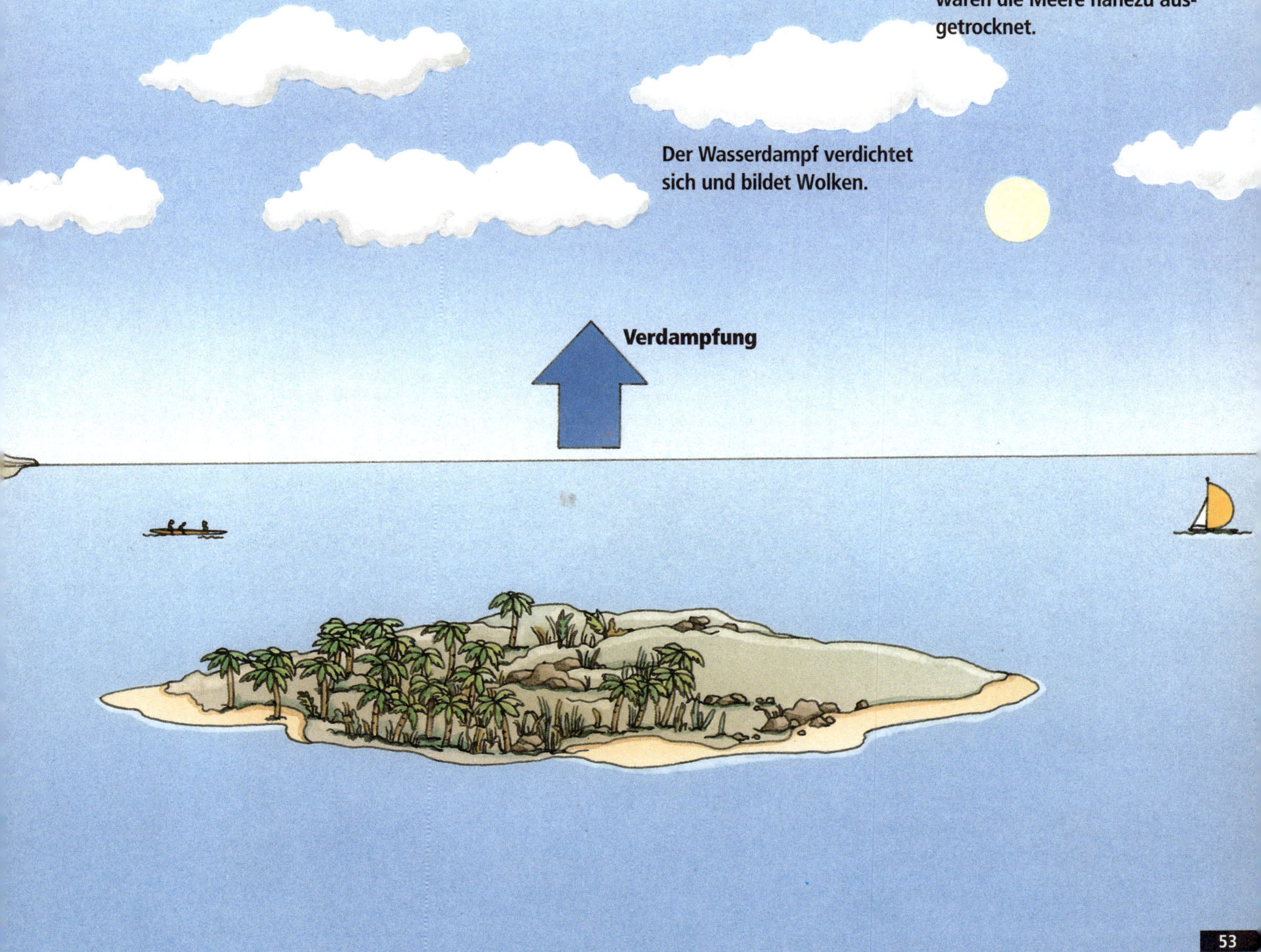

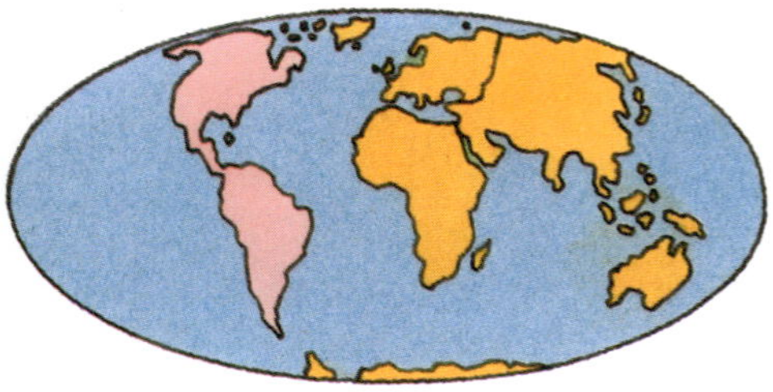

Amerika
Das ist der längste aller Kontinente. Von Nord nach Süd erstreckt er sich über 10 000 Kilometer weit. 1492 landeten die ersten Europäer in Amerika. Sie nannten das Land die „Neue Welt“.
Fläche: 42 Millionen km²
Bevölkerung: 670 Millionen

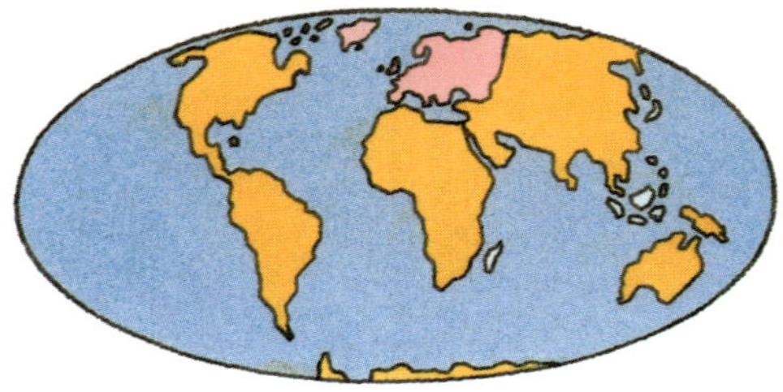

Die 6 Kontinente

Die 6 Kontinente nehmen ungefähr ein Viertel der Erdoberfläche ein. Der größe Teil der Erde ist von Meeren bedeckt.

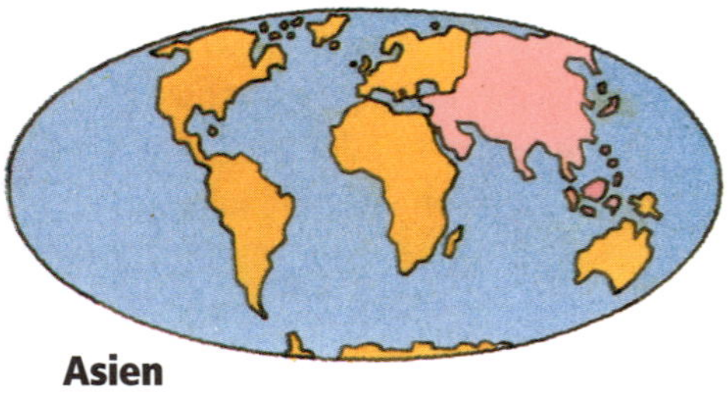

Asien
Das ist der größte und am dichtesten besiedelte Kontinent. Mit Ausnahme einiger Inseln befindet er sich vollständig auf der nördlichen Halbkugel.
Fläche: 44 Millionen km²
Bevölkerung: 3 Milliarden

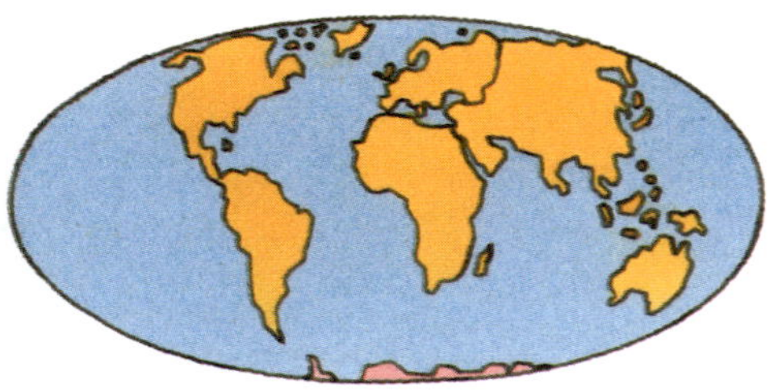

Antarktis
Dies ist der südlichste aller Kontinente, und hier gibt es die niedrigsten Temperaturen. Es kann bis zu – 70 °C kalt werden. Weil die Antarktis fast vollständig mit Eis und Schnee bedeckt ist, wird sie auch der „weiße Kontinent“ genannt.
Fläche: 13 Millionen km²
Bevölkerung: 0 (nur einige Wissenschaftler)

Wie heißen die 6 Kontinente?

Beginnend beim größten bis zum kleinsten Kontinent sind das: Asien, Amerika, Afrika, Antarktis, Europa und Australien. Die größten Landmassen liegen auf der nördlichen Halbkugel.

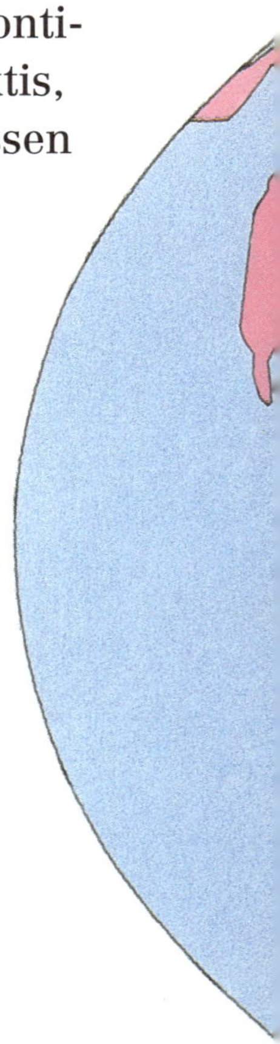

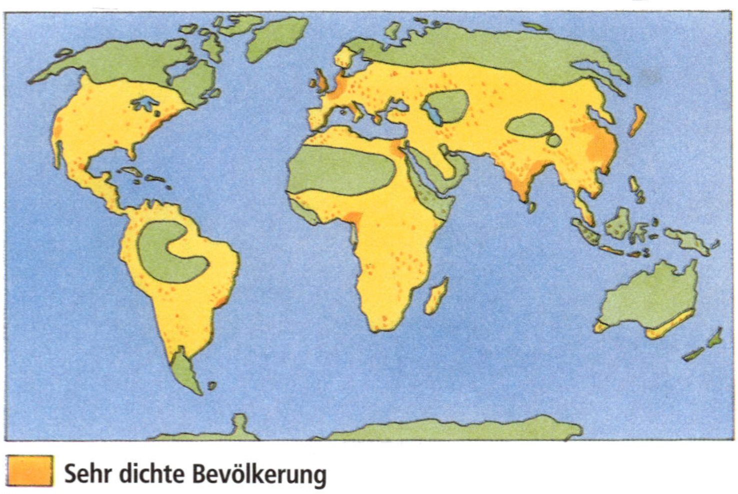

Sehr dichte Bevölkerung
Dichte Bevölkerung
Geringe Bevölkerungsdichte

Die Weltbevölkerung
Die Bevölkerungsdichte ist nicht überall auf der Welt gleich. Jeder Punkt auf der Karte links steht für 2,5 Millionen Menschen.

Europa
Das ist der westliche Teil der großen eurasischen Landmasse. Der europäische Kontinent liegt in der gemäßigten Zone der nördlichen Halbkugel.
Fläche: 10 Millionen km^2
Bevölkerung: 700 Millionen

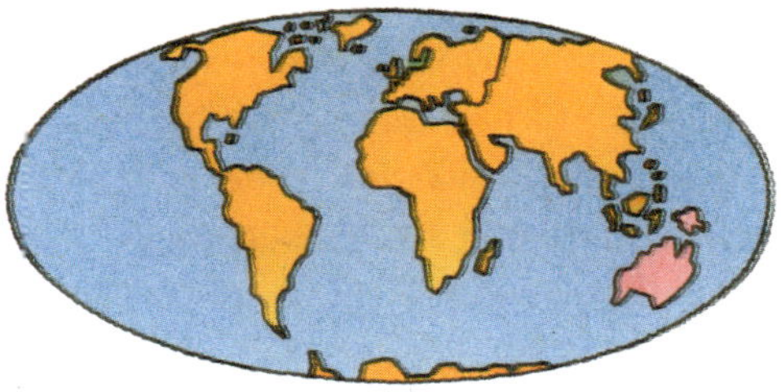

Australien
Das ist der kleinste Kontinent. Er liegt vollständig auf der südlichen Halbkugel. Die rund 300 000 Inseln um Australien bilden die Inselwelt von Ozeanien. Meistens werden Australien und Ozeanien als ein Kontinent betrachtet.
Fläche: 9 Millionen km^2
Bevölkerung: 26 Millionen

Wie viele Menschen gibt es?

Derzeit leben mehr als 6 Milliarden Menschen auf der Erde und in 42 Jahren sollen es nach Schätzungen doppelt so viele sein. Riesige Probleme kommen auf die Menschen zu, denn bereits heute sind in vielen Teilen der Erde die Nahrungsmittel knapp. Bis zum Jahr 2020 wird die Bevölkerung vor allem in Afrika, Asien, Süd- und Mittelamerika weiter zunehmen.

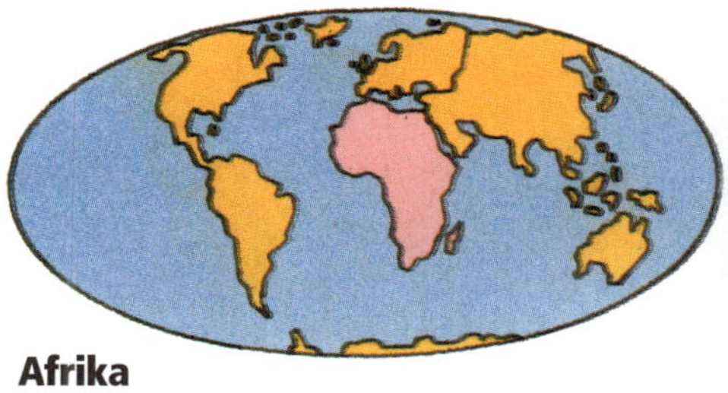

Afrika
Dieser Kontinent erstreckt sich nördlich und südlich des Äquators. Es ist der heißeste aller Kontinente. Hier hat man die ältesten Spuren menschlicher Besiedlung gefunden.
Fläche: 30 Millionen km^2
Bevölkerung: 550 Millionen

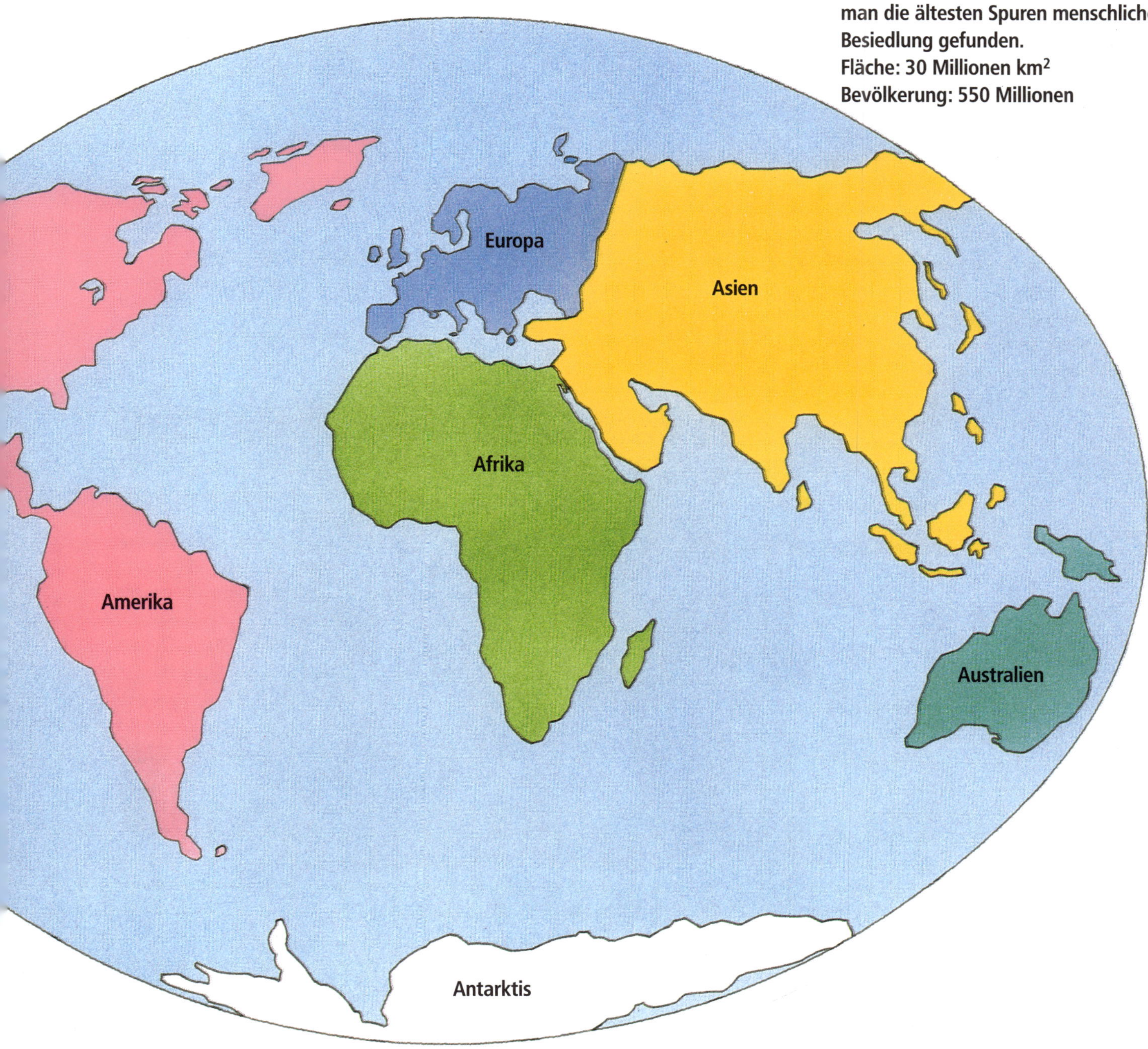

Man vermutet, dass die Indianer aus Asien über die Beringstraße nach Nordamerika eingewandert sind.

Viele Menschen müssen wegen ihrer Hautfarbe, ihrer religiösen Überzeugung oder ihrer politischen Haltung aus ihrer Heimat fliehen. Sie sind Verfolgte, die in anderen Ländern Aufnahme finden müssen.

Ab 400 v. Chr. eroberten die Kelten weite Teile Europas.

Manchmal wurden Völkerwanderungen erzwungen. So zum Beispiel im Fall der Afrikaner, die im 17. und 18. Jahrhundert als Sklaven nach Nordamerika verschleppt wurden.

Was ist eine Völkerwanderung?

Das ist eine große Bewegung von Menschen, die wegen Naturkatastrophen, Landnot, Klimaveränderungen oder Krieg und Verfolgung ihre Heimat verlassen, um in anderen Gebieten bessere Lebensbedingungen zu suchen oder um ihr Siedlungsgebiet zu vergrößern.

Von der Frühzeit des Menschen bis in die Gegenwart fanden immer wieder Wanderungen ganzer Völker und Stämme statt: Im 7. und 4. Jahrhundert vor Christus eroberten die Kelten Europa, im 4. Jahrhundert nach Christus siedelten sich germanische Völker in Süd- und Westeuropa an, im Jahr 375 fielen die Hunnen in Europa ein.

Zu den großen Völkerwanderungen unseres Jahrhunderts zählt zum Beispiel die Auswanderung von Europäern nach Nordamerika, um dem wirtschaftlichen Elend in ihrer Heimat zu entgehen.

Viele Europäer flohen vor der Armut und Not ihrer Heimat nach Nordamerika und Kanada.

Die Pflanzen

Blumen

Früchte und Kerne

Bäume

Pflanzen ohne Blüten

Das Wachstum der Pflanzen

Die Knospe
Die Blüte hat sich noch nicht geöffnet. Der Kelch ist noch geschlossen.

Die Blüte öffnet sich
Der Kelch hat sich geöffnet. Die Blütenblätter entfalten sich und wenden sich dem Licht zu.

Blumen

Blumen gibt es in unzählig vielen Farben, Formen und Größen.

Warum haben Pflanzen Blüten?

Wie alle lebenden Wesen können sich auch die Pflanzen vermehren. Bei vielen Arten befinden sich die Fortpflanzungsorgane in der Blüte. Manche Pflanzen bilden nur eine Blüte auf einem Blütenstiel aus, andere haben mehrere Blüten, die oft in einer Gruppe zusammenstehen. Dies bezeichnet man als „Blütenstand“.

Die verschiedenen Teile einer Blüte
Die Blütenblätter (1) bilden die Krone der Blüte.
Die Kelchblätter (2) sind meist grün und stellen den Blütenkelch dar.
Die Staubbeutel (3) sind das männliche Geschlechtsorgan und enthalten winzig kleine Körner, den Pollen.
Der Fruchtknoten (4) ist das weibliche Geschlechtsorgan und enthält die Samenanlage. Damit ein Samen entstehen kann, muss der Pollenkern durch die Narbe (5) in den Griffel (6) gelangen, und den weiblichen Kern der Samenanlage im Fruchtknoten befruchten.

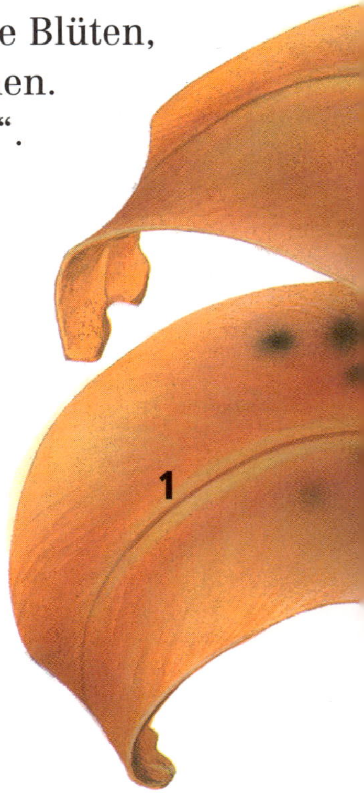

Frühlingsblumen

Ginster

Flieder

Maiglöckchen

Primel

Veilchen

Die Blüte verwelkt
Die männliche und die weibliche Keimzelle haben sich vereinigt. Die Blütenblätter werden nun nicht mehr benötigt und verwelken.

Wann verblühen Blüten?

Die Blüte besteht nur sehr kurze Zeit, ist aber zur Vermehrung der Pflanze notwendig. Wenn die weibliche Keimzelle befruchtet ist und die Samen reifen, verwelken die Blütenblätter und fallen ab.
Manche Pflanzen werden vom Wind, Regen oder Hagel zerstört, bevor sie sich vermehren können.

Sommerblumen

Butterblume

Kornblume

Geißblatt

Margerite

Seerose

Herbstblumen

Chrysantheme

Herbstzeitlose

Winterblumen (am Ende des Winters)

Stechginster

Was ist eine Selbstbefruchtung?

So genannte einhäusige Pflanzen haben gleichzeitig männliche und weibliche Fortpflanzungsorgane. Sie besitzen also Staubbeutel und Samen in einer Pflanze.

Wenn nun die Befruchtung der weiblichen Keimzelle durch die Pollen derselben Pflanze geschieht, nennt man das Selbstbefruchtung.

Während Hummeln und Bienen von Blüte zu Blüte fliegen und Nektar sammeln, werden sie mit Pollen eingestäubt. Diesen tragen sie weiter und transportieren ihn dabei auf die Narbe anderer Pflanzen.

Warum haben manche Pflanzen einen angenehmen Duft?

Damit die Pflanzen mit männlichen Fortpflanzungsorganen die weiblichen Pflanzen befruchten können, muss der Pollen von einer Pflanze zur anderen transportiert werden. Das kann durch den Wind oder durch Insekten geschehen. Deshalb lockt bei den Pflanzen, die durch Insekten bestäubt werden, meist ein süßlicher Duft diese Tiere an.

Warum stellt man Schnittblumen ins Wasser?

Schnittblumen haben keine Wurzeln mehr, aber in den Stängeln der Pflanzen befinden sich feine Röhren, durch die das Wasser zu den Blättern gelangt.

Pflanzen haben sehr unterschiedliche Formen

Manche Pflanzen wie der Rhododendron (1) haben Blütentrauben. Andere wie das Wiesenschaumkraut (2) haben die Form eines Schirmes. Das Echte Steinkraut (3) und das Silberblatt (4) haben 4 Kelchblätter und 4 Blütenblätter in Kreuzform. Die Nelke (5) hat wie die Blüte des Apfelbaumes (6) und des Kirschbaumes (7) jeweils 5 Kelch- und Blütenblätter.

Die Margerite (8), die Sonnenblume (9), die Ringelblume (10) und die Dahlie (11) bestehen jeweils aus mehreren Blüten. Bei der Lilie (12) und der Tulpe (13) haben Kelch- und Blütenblätter die gleiche Farbe. Die Blüten der Orchidee (14) stehen in Form einer Ähre zusammen. Die Blüten der Rose (15) und der Pfingstrose (16) bestehen aus mehreren Kreisen von Blütenblättern.

Narzisse

Immergrün

Schneeglöckchen

Pflanzen bestehen zu einem Großteil aus Wasser und werden durch den Wasserdruck aufrecht gehalten. Wird die Pflanze abgeschnitten, erhält sie von den Wurzeln kein Wasser mehr.

Das Entstehen eines Apfels von der Blüte bis zur Frucht

1. Der Pollen hat die Samenanlage befruchtet. Im Fruchtknoten beginnen Samen zu wachsen.

2. Die Blütenblätter verwelken und der Fruchtknoten wird größer.

3. Die Frucht entsteht.

4. Der Apfel wächst und wird rot.

Der Samen hat aus dem Boden Wasser aufgenommen und beginnt zu keimen.

Früchte und Kerne

Der Pollen hat die weibliche Keimzelle befruchtet, der Samen bildet sich und es entsteht eine Frucht.

Wo befinden sich die Samen?

Die Samen findet man im Fruchtknoten der Pflanze.

Wie entstehen Früchte?

Die Frucht entsteht nach dem Verschmelzen der beiden Keimzellen aus dem Fruchtknoten, der die Samenanlage umhüllt.
Wird die reife Frucht nicht entfernt, fällt sie von der Pflanze ab und verfault. Die Samen bleiben übrig und beginnen zu keimen. Eine neue Pflanze entsteht.

5. Jetzt ist der Apfel reif und fällt vom Baum.

Aus dem gekeimten Samen wächst ein winziger Trieb. Ein kleiner Apfelbaum ist entstanden.

Das Innere eines Apfels

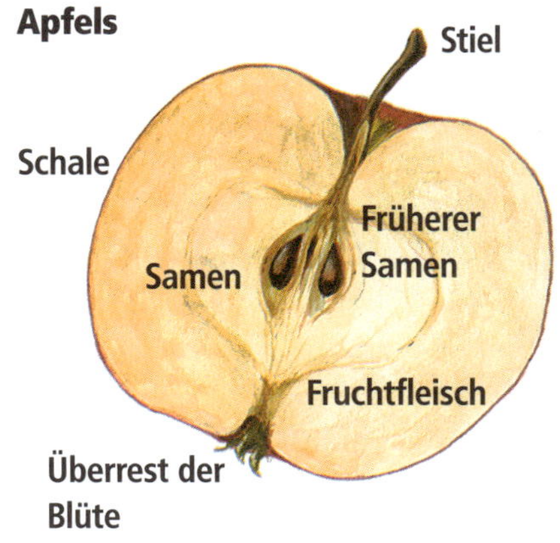

Die Samen liegen im früheren Fruchtknoten der Apfelblüte.

Warum entstehen nicht aus allen Früchten neue Pflanzen?

Viele Früchte werden durch Wind, Regen und Hagel oder durch Pflanzenkrankheiten vernichtet. Andere wiederum werden vom Menschen geerntet und gegessen. Fallen die Samen auf einen Boden, in dem sie nicht keimen können, wie zum Beispiel auf Beton, entsteht daraus keine neue Pflanze. Auch werden häufig schon die Samen von Tieren gefressen oder vom Frost abgetötet.

Verschiedene Früchte

Fleischfrüchte
Jede Frucht enthält einen oder mehrere Samen. Unter günstigen Bedingungen keimen die Samen aus und wachsen zu einer neuen Pflanze heran.

Steinobst
1. Olive
2. Aprikose
3. Pfirsich
4. Kirsche
5. Pflaume

Baumwolle
An den Samen hängen lange Fäden, die gesammelt und verwebt werden, um daraus Stoffe und Kleidungsstücke herzustellen.

Kartoffeln
Aus den Blüten entstehen winzige giftige Früchte. Bei den Kartoffeln werden allerdings nicht die Früchte, sondern die Wurzelknollen gegessen.

Die Wurzelknollen sind Teile des unterirdischen Stängels, in denen die Nährstoffreserven der Pflanze enthalten sind.

Was ist eine Nuss?

Die Nuss ist eine trockene Frucht, die von einer festen Schale umgeben ist, wie zum Beispiel die Mandel oder die Kastanie. Das was wir als Nüsse essen, sind die Samen.
Diese Samen enthalten sehr wenig Wasser, dafür aber reichlich Fett. Presst man sie aus, erhält man Öl.

1. Mandel
2. Erdnuss
3. Esskastanie
4. Kastanie
5. Eichel
6. Haselnuss
7. Walnuss

Kern- und Beerenobst
1. Himbeere
2. Johannisbeere
3. Brombeere
4. Apfel
5. Birne
6. Weintraube
7. Orange

Ganz besondere Samen
Weizen, Roggen, Mais und Reis gehören zur Familie der Getreide. Ihre Ähren enthalten sehr nahrhafte Samen, die Körner genannt werden.

Was ist eine Fleischfrucht?

Das ist eine Frucht, die von einer Schale umgeben ist. Diese kann sehr dünn sein wie beim Apfel oder auch dicker wie zum Beispiel bei der Orange. Fleischfrüchte haben entweder wie die Kirsche einen einzigen Samen oder aber wie die Birne mehrere Samen.
Früchte sind ein wichtiger Bestandteil der menschlichen Ernährung. Das Fruchtfleisch besteht zu einem Großteil aus Wasser und enthält viele Vitamine.

Bereits seit tausenden von Jahren bauen Menschen Getreide an, um Nahrung für sich und das Vieh zu haben.

Obst und Beeren schmecken durch den hohen Gehalt an Fruchtzucker meist sehr süß. Man kann aus ihnen Marmelade, Sirup, Kompott oder auch Wein herstellen.

Der Baum in den 4 Jahreszeiten

Winter:
Der Baum ruht. Er bildet keine Blätter aus und wächst nicht.

Frühling:
Es erfolgt ein Wachstumsschub. An den Ästen entstehen Knospen, neue Äste, Blätter und Blüten wachsen.

Sommer:
Der Baum trägt Früchte. Wenn sie reif sind, fallen sie zu Boden.

Herbst:
Die Blätter bauen das grüne Chlorophyll ab und die gelben und roten Farbstoffe werden sichtbar. Die welken Blätter fallen dann zur Erde.

Was ist eine Knospe?

Eine Knospe ist ein neuer Trieb des Baumes, die von festen Knospenschuppen umgeben ist. Aus ihr wächst ein neuer Ast mit Blüten.

Bäume

Die Bäume sind Pflanzen mit einem großen, verholzten Stamm.

Was ist ein Baum?

Ein Baum ist eine Pflanze, die ihr ganzes Leben lang wächst. Jedes Jahr nimmt der Stamm um einige Zentimeter an Umfang zu. Die Äste werden länger und die Wurzeln graben sich tiefer in die Erde ein, um Wasser und Mineralstoffe aufzunehmen.

Warum sind die Blätter der Bäume grün?

Das Sonnenlicht bewirkt, dass die Blätter der Bäume wie die Blätter vieler anderer Pflanzen auch einen grünen Farbstoff produzieren: das Chlorophyll. Das ist ein Stoff, der den Blättern die grüne Farbe gibt. Sie enthalten auch andere Farben wie Gelb und Rot, aber diese werden durch die Farbe des Chlorophylls überdeckt.

Weil der Baum im Verlauf des Jahres unterschiedlich schnell wächst, entstehen Jahresringe. An der Zahl der Jahresringe kann man sein Alter bestimmen.

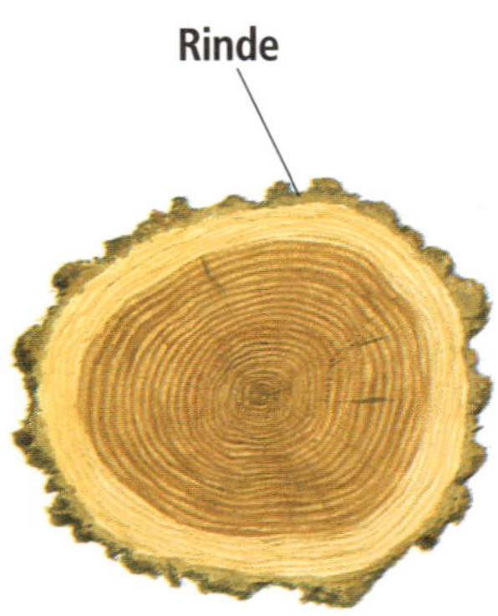

Warum gibt es im Holz „Astlöcher"?
Die Holzfasern im Stamm des Baumes verlaufen alle in derselben Richtung. Dort wo ein Ast aus dem Stamm herauswächst, verändert sich die Wuchsrichtung der Fasern.

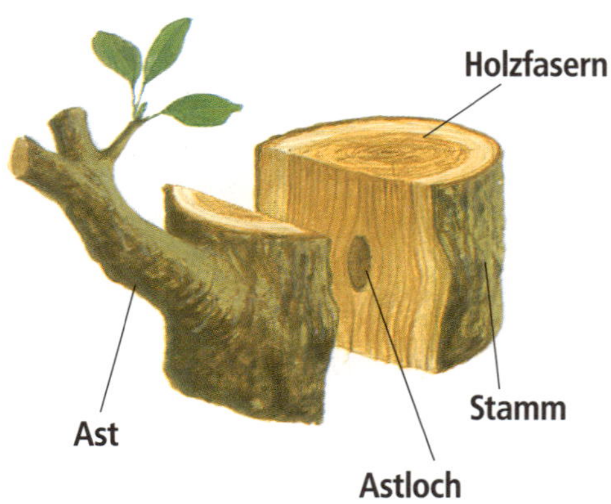

Schnitt durch eine Knospe

Warum verändern die Blätter ihre Farbe?

In den gemäßigten und kalten Klimazonen werden im Herbst die Tage langsam kürzer. Die Pflanzen bekommen weniger Licht und die Blätter produzieren weniger Chlorophyll. Sie verlieren ihre grüne Farbe und je nach Art der Pflanze treten die anderen Farbstoffe in den Vordergrund. Die Blätter werden rot, orange oder gelb. Weil der Boden kälter wird, kann der Baum immer weniger Nährstoffe aufnehmen und die Blätter sterben ab. Es gibt aber auch immergrüne Pflanzen wie die Nadelbäume, deren Blätter, die Nadeln, den ganzen Winter über grün bleiben.

Wie ernähren sich die Pflanzen?
Grüne Pflanzen nehmen über die Wurzeln Wasser und Mineralstoffe auf und leiten sie in ihre Blätter. Dort wird das Wasser mit Hilfe des Chlorophylls, das die Energie des Sonnenlichtes aufnimmt, zusammen mit Kohlendioxid aus der Luft in Zucker und Sauerstoff umgewandelt. Von diesem Zucker ernährt sich die Pflanze. Dieser Vorgang, Fotosynthese genannt, geschieht nur tagsüber, wenn die Sonne scheint. Dabei geben die Blätter Sauerstoff ab.

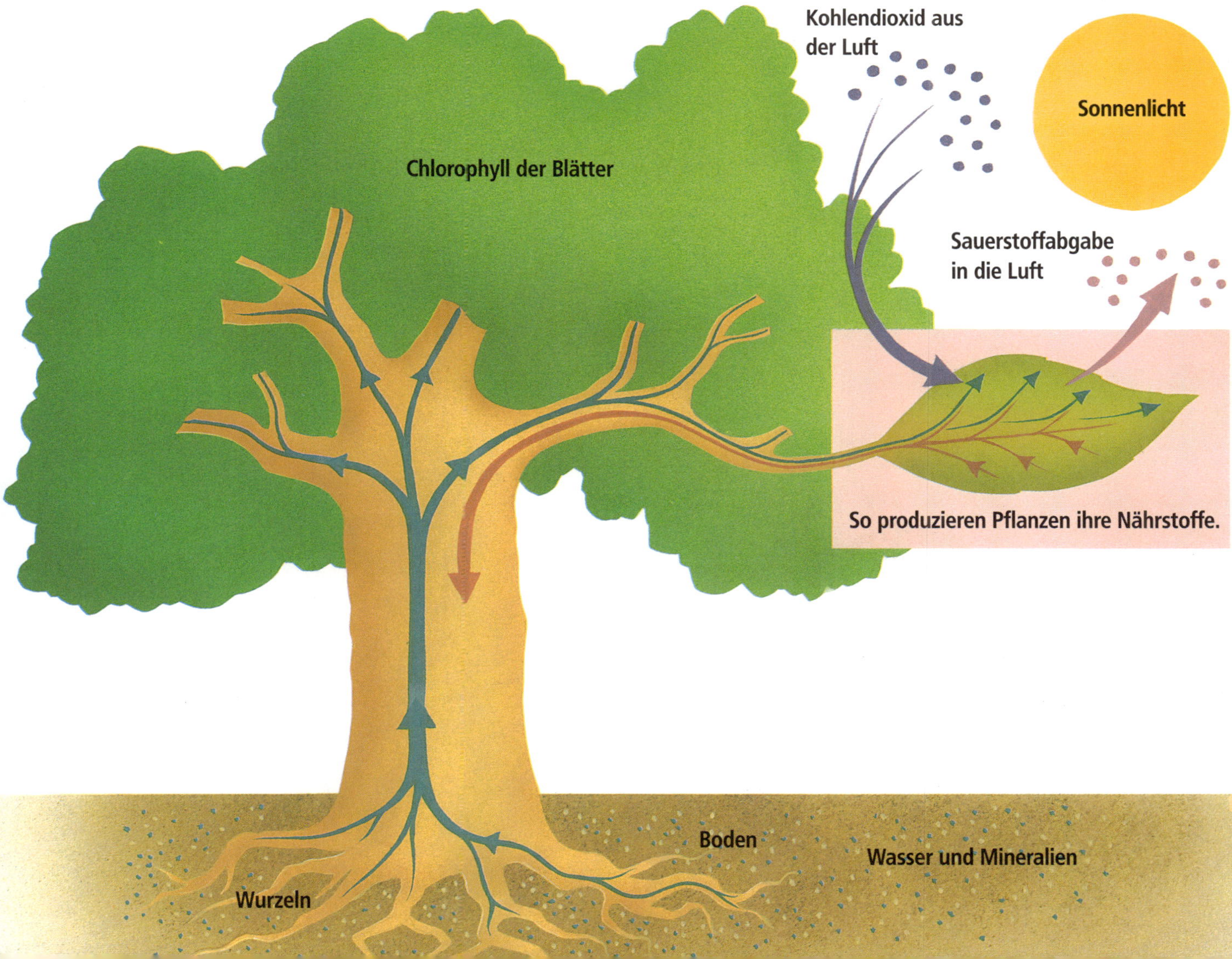

So produzieren Pflanzen ihre Nährstoffe.

Sommergrüne Laubbäume

Rosskastanie

Pappel

Birke

Eiche

Immergrüne Nadelbäume

Zypresse

Fichte

Pinie

Tanne

Was ist eine Konifere?

Nadelbäume mit zapfenförmigen Früchten wie zum Beispiel die Tanne oder die Zypresse werden Koniferen genannt. Sie produzieren einen klebrigen Saft, das Harz. Weil die Blätter die Form von Nadeln haben, nennt man sie auch Nadelhölzer. Im Gegensatz zu vielen anderen Pflanzen werfen die meisten Koniferen im Herbst ihre Blätter nicht ab.

Was ist ein Laubbaum?

Ein Laubbaum hat flache, große Blätter wie die Kastanie oder die Linde. Bei den Laubbäumen, mit Ausnahme der Steineiche, fallen die Blätter im Herbst ab.

Wozu brauchen wir den Wald?

Der Wald gibt uns vor allem Sauerstoff und es finden dort viele Tiere einen Platz zum Leben.
Aus dem Holz der Bäume lassen sich verschiedene Dinge herstellen: Möbel, Spielzeug, Boote, Musikinstrumente und vieles mehr.

Wald in Gefahr
Waldsterben, das Abholzen großer Flächen und Waldbrände gefährden die Waldbestände. Es dauert sehr lange, bis ein zerstörter Wald wieder nachgewachsen ist.

Wie man Harz gewinnt
Man schneidet eine Kerbe in den Stamm und bindet einen Topf darunter fest. Nun kann das Harz in den Topf fließen.

Aus dem Harz der Nadelbäume stellt man Klebstoffe, Farben und Lacke her. Das Harz der Pinie wird auch häufig zur Herstellung von Medizin verwendet. Terpentin gewinnt man aus dem Harz der Sumpfkiefer und Bernstein ist fossiles Harz ausgestorbener Nadelbäume.

Wie lange lebt ein Baum?
Bäume werden im Durchschnitt über 100 Jahre alt. Die Buche und die Ulme können ein Alter von 300 bis 400 Jahren erreichen.

Die einzelnen Teile eines Baumes
1. Hauptwurzeln
2. Nebenwurzeln
3. Stamm
4. Äste
5. Blätter
6. Wipfel

Die Fortpflanzung der Algen
Algen pflanzen sich auf verschiedene Arten fort. Manche sehr kleine Arten teilen sich einfach in 2 neue Algen auf, andere sondern Sporen ab.

Algen, Moose, Flechten und Pilze haben keine Wurzeln, wie man sie von anderen Pflanzen kennt. Sie besitzen eine Art Haftfäden, mit denen sie sich an Felsen, auf Holz oder in der Erde festhalten.

Pflanzen ohne Blüten

Algen, Moose und Pilze gehören zu den ältesten Pflanzen der Erde.

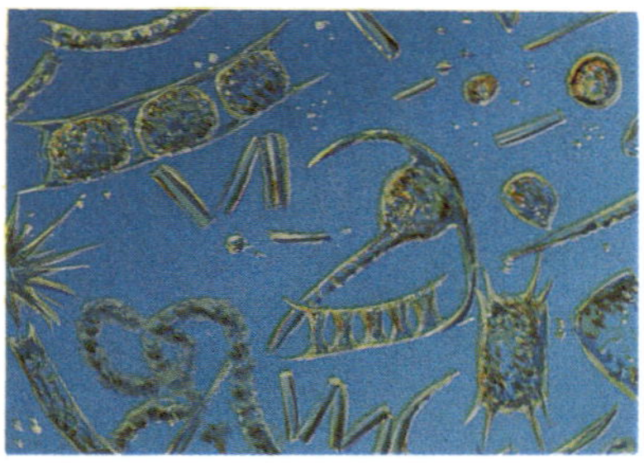

Manche Algen sind mikroskopisch klein. Diese gehören zum pflanzlichen Plankton.

Was ist eine Alge?

Algen bilden eine große Pflanzengruppe. Sie haben keine Wurzeln, Sprosse oder Blätter. Sie leben im Wasser oder an sehr feuchten Stellen: im Meer, in Flüssen und Seen oder an Quellen. Sie können mit ihrem Chlorophyll sehr viel Licht aufnehmen und es in Energie umwandeln, die sie zum Überleben benötigen.

Es gibt aber auch sehr große Algen. Manche braune Algenarten können mehrere Meter lang werden.

Die Fortpflanzung der Moose
Pflanzen ohne Blüten breiten sich mit Hilfe von Sporen aus. Im Sommer treiben aus den Moospolstern längere Stiele mit winzigen Kapseln aus. In diesen sind die Sporen enthalten, die dann verstreut werden. Bei genauerem Hinsehen kann man diese Kapseln manchmal erkennen.

Moose und Flechten
Diese beiden Pflanzenarten ähneln sich, aber dennoch sind es verschiedene Pflanzen. Flechten bestehen aus einer Verbindung aus Algen und winzig kleinen Pilzen.

Was ist ein Moos?

Moos ist eine Pflanze, die aus hunderten oder tausenden kleiner Stiele besteht, die ganz dicht beieinander wachsen. Wie Algen und Flechten haben Moose keine Blüten. Meist findet man sie an feuchten Stellen als weiche Polster.

Flechten auf einem Baum

Warum wachsen Algen und Moose an feuchten Stellen?

Algen und Moose nehmen das Wasser nicht über Wurzeln, sondern über ihre gesamte Oberfläche auf. Sie brauchen also eine feuchte Umgebung, um zu überleben.
Moose saugen sich bei Regen voll wie ein Schwamm und nehmen dabei etwa 10-mal so viel Wasser auf, wie sie selbst wiegen.

Moose
Moose gibt es überall dort, wo es regnet und feucht ist. Im Unterschied zu den Algen haben Moose kurze Stängel mit Blättern, die je nach Art einige Millimeter oder auch mehrere Zentimeter lang sein können. An Stelle von Wurzeln haben sie nur feine Wurzelhärchen, mit denen sie sich im Boden verankern können.

Essbare Pilze

Champignon Trüffel Morchel Steinpilz Wiesenchampignon Pfifferling

Was ist ein Pilz?

Das, was man als Pilz im Wald sieht, ist nur der sichtbare Teil des Fruchtkörpers eines Pilzes. Der eigentliche Pilz besteht aus einem Geflecht aus winzigen Fäden im Boden oder in organischem Material. Da Pilze kein Chlorophyll bilden, können sie die Sonnenenergie nicht nutzen, um sich selbst zu ernähren. Sie wachsen deshalb auf anderen lebenden oder toten Organismen wie auf Bäumen oder Lebensmitteln.

Schmarotzerpilze
Diese Pilze haben im Gegensatz zu den Waldpilzen keinen Hut und keinen Stiel. Sie sind winzig klein und besiedeln die Schale von Früchten oder die Haut von Tieren und Menschen. Wenn sie die Röhren der Baumstämme befallen, in denen Nährstoffe transportiert werden, bekommen die Blätter kein Wasser mehr und vertrocknen. So kann zum Beispiel ein solcher Pilz eine Ulme innerhalb kurzer Zeit zum Absterben bringen.

Was sind giftige Pilze?

Manche Pilze enthalten Gifte, die für Menschen sehr gefährlich sind. Der Verzehr dieser Pilze kann zu Übelkeit und Erbrechen, in manchen Fällen sogar zum Tod führen.

Die unterschiedlichen Teile des Pilzes

Schimmel auf Brot oder Käse entsteht durch winzig kleine Schimmelpilze.

Gefährliche Pilze

Satansröhrling

Fliegenpilz

Tödliche Pilze

Grüner Knollenblätterpilz

Brauner oder roter Schirmpilz

Seitling

Wie erkennt man giftige Pilze?

Es gibt keine allgemeine Regel, nach der man einen giftigen Pilz von einem essbaren unterscheiden kann. Man muss lernen, die Pilze genau zu bestimmen.

Die Fortpflanzung der Pilze
An den Lamellen des Fruchtkörpers werden Sporen gebildet. Wenn diese auf die Erde fallen, bilden sich dünne weiße Fäden, die man Myzelien nennt. Aus ihnen entstehen neue Pilze.

Eine Bohnenpflanze entsteht

1 bis 2 Wochen nachdem der Bohnenkern eingepflanzt wurde, keimt er und ein kleines Pflänzchen wächst aus der Erde.

Innerhalb weniger Wochen wird das Pflänzchen größer. Zum Wachsen benötigt es Sonnenlicht und Nährstoffe, die es aus der Erde aufnimmt.

Einige Monate später blüht die Bohnenpflanze. Da ihr Stängel sehr dünn ist, braucht sie einen Stock als Stütze.

Ein Steckling
Wird ein Blatt mit dem Stiel abgeschnitten und in ein Wasserglas gesetzt, bilden sich schon nach wenigen Tagen die ersten Wurzeln.

Sobald der Steckling in die Erde gesetzt wird, entsteht eine neue Pflanze.

Das Wachstum der Pflanzen

Damit eine neue Pflanze entstehen kann, muss zunächst der Samen keimen.

Was ist ein Keim?

Ein Keim ist das erste Leben, das aus einem Samen entsteht. Dieser wächst und bildet viele kleine Wurzeln aus. Gleichzeitig wächst ein winziger Stängel, der die Erdoberfläche durchbricht und aus der Erde herauswächst.

Was geschieht mit dem Samen?

Solange die Pflanze noch keine Blätter hat, kann sie das Sonnenlicht nicht nutzen, um eigene Nährstoffe herzustellen. Deshalb holt sie sich die notwendigen Stoffe aus dem Samen, der zerfällt, wenn er aufgebraucht ist.

Ohne Samen
Eine Ananas besteht aus vielen kleinen Einzelfrüchten, die zusammen eine Sammelfrucht bilden. Setzt man die Blätter mit einem Teil der Frucht in die Erde, entsteht daraus eine neue Ananaspflanze.

Eine Pflanze aus einem Kern: die Avocado
Setzt man einen Avocadokern auf die Wasseroberfläche eines Wasserglases, treibt er Wurzeln.

Anschließend kann man den Kern mit den Wurzeln in einen Topf setzen. Aber man braucht viel Geduld, weil die Avocadopflanze sehr langsam wächst .

Warum keimen bei uns die Pflanzen vor allem im Frühling?

Im Frühling ist die Entfernung der Sonne zur Erde geringer, sodass sie stärker und wärmer wird. Die Erde, die im Winter kalt geworden ist, erwärmt sich und wird durch den Regen nass. Wärme und Regen bewirken, dass Samen, Zwiebeln oder Wurzelknollen der Pflanzen zu keimen beginnen.

Eine Pflanze aus einer Zwiebel: die Hyazinthe
Die Zwiebel einer Pflanze ist ein unterirdisch wachsender Spross aus dicken Blättern, der als Vorratskammer dient und viele Nährstoffe enthält. Wird die Zwiebel einer Hyazinthe in Wasser gesetzt und in einem dunklen Raum untergebracht, beginnt sie zu keimen. Stellt man die Zwiebel anschließend ans Licht wachsen die ersten Blätter.

Nach 2 Monaten blüht die Hyazinthe.

Genetische Veredelung
Um neue Arten zu züchten, verwenden Biologen auch biochemische Methoden. Mit diesen Techniken kann man in die Chromosomen von Pflanzen die Chromosomen anderer Pflanzen übertragen. Diese Methode wird auch bei Tieren angewandt.

Warum werden Bäume veredelt?

Man veredelt Bäume, um bessere Früchte zu erhalten. Wenn man zum Beispiel einem Baum den Zweig eines anderen Baumes aufpfropft, werden die Früchte größer, süßer oder widerstandsfähiger gegen Krankheiten. Manchmal soll ein Baum dadurch mehr Früchte tragen.

Wie man pflanzt

Nachdem ein Loch in die Erde gegraben wurde, kann der Baum, der Samen, der Steckling oder die Zwiebel eingesetzt und mit Erde bedeckt werden.

Was geschieht durch die Veredelung?

Wenn die Veredelung gelungen ist, steigen die Nahrungssäfte aus dem Stamm in das so genannte Pfropfreis, das zu wachsen beginnt. Blätter, Blüten und Samen, die nun entstehen, bilden eine neue Art. Durch Veredelung ist es zum Beispiel gelungen, die Apfelsorte Golden Delicious zu züchten.

Pfropfen (Veredeln)

1. Zunächst wird ein „T" in die Rinde des Baumes geschnitten.

2. Dann wird das Propfreis in die Kerbe gesteckt.

3. Anschließend werden Stamm und Propfreis mit Bast umwickelt.

4. Etwa 10 Tage später fällt der Stiel des Blattes ab und die ersten Blätter wachsen. Die Veredelung ist gelungen.

5. Im Folgejahr wird der Stamm abgeschnitten und versiegelt.

Die Tiere

Säugetiere
Vögel
Reptilien und Amphibien
Fische
Insekten
Krebstiere
Weichtiere
Artenschutz

Ein fliegendes Säugetier: die Fledermaus
Fledermäuse haben keine Flügel aus Federn wie Vögel. Zwischen ihren Zehen, Armen und dem Körper spannt sich eine dünne Haut. So können sie in der Luft auf Beutejagd gehen. Die meisten Fledermäuse jagen nur nachts.

Fledermaus

Meeressäuger
Wale und Delfine leben dauernd im Wasser. Sie haben Lungen wie alle Säugetiere und müssen deshalb zum Atmen an die Wasseroberfläche kommen. Wale können über eine Stunde tauchen, bis sie wieder auftauchen müssen.

Blauwal mit Jungem

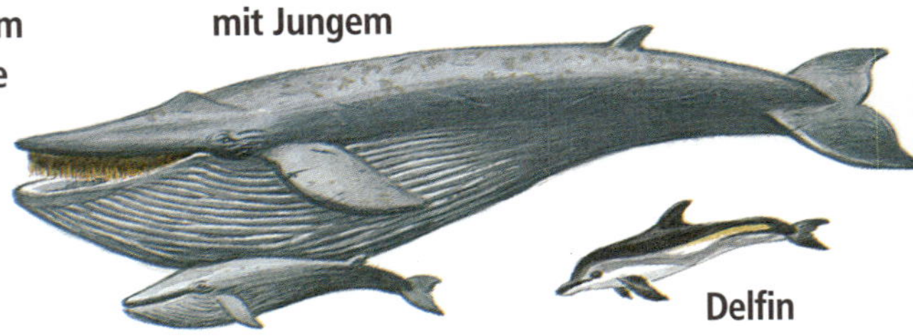

Delfin

Säugetiere

Es gibt ungefähr 4500 verschiedene Arten von Säugetieren. Sie alle ernähren ihre Jungen mit Muttermilch.

Das kleinste Säugetier: die Spitzmaus
Die Spitzmaus sieht zwar mausähnlich aus, ist aber mit dem Igel und dem Maulwurf verwandt. Einige Arten wiegen nur 5 Gramm.

Was ist ein Säugetier?

Säugetiere gehören zu den Wirbeltieren. Mit Ausnahme des Schnabeltieres legen sie keine Eier. Die Weibchen tragen die Jungen bis zur Geburt in ihrem Bauch. Weil sie sich noch nicht selbstständig ernähren können, werden sie von der Mutter nach der Geburt mit Milch versorgt. Die meisten Säugetiere leben an Land. Es gibt aber auch Arten wie die Delfine und die Wale, die im Wasser leben.

Das größte lebende Säugetier: der Wal
Der Blauwal ist das größte Tier der Welt. Er wird bis zu 35 Meter lang und ist so schwer wie 30 afrikanische Elefanten. Ein Junges kann bei der Geburt schon 7 Tonnen wiegen.

Pottwal

Orka

Haarkleid und Fell

Die meisten Säugetiere haben ein Fell, das die empfindliche Haut vor Kälte und vor der Sonne schützt. Im Winter ist das Haarkleid dichter als im Sommer und hält so besser warm. Bei manchen Arten verfärbt es sich weiß, dadurch sind die Tiere im Schnee gut getarnt.

Hase mit Sommerfell

Warum nennt man Säugetiere auch Warmblüter?

Egal ob es draußen warm oder kalt ist, die Körpertemperatur der Säugetiere bleibt immer bei 36 bis 42 °C. Viele Arten haben ein Fell, das ihnen im kalten Wasser oder im Winter hilft, die Körpertemperatur zu erhalten. Andere nehmen besonders fetthaltige Nahrung zu sich, die ebenfalls wärmt. Überschüssige Wärme wird durch Schweiß abgegeben. Es gibt aber auch Säugetiere, die sich im Winter nicht vor der Kälte schützen könnten und in dieser Jahreszeit auch keine Nahrung finden würden. Diese Tiere halten Winterschlaf.

Hase mit Winterfell

Igel tragen ein dichtes Stachelkleid. Ein mittelgroßer Igel hat bis zu 10 000 Stacheln. Bei Gefahr rollen sich diese Tiere zu einer Kugel zusammen und sind so vor Angreifern geschützt.

Was passiert während des Winterschlafs?

Der Winterschlaf ist ein Zeitraum von 3 bis 6 Monaten, in dem sich das Tier (zum Beispiel der Bär, der Igel oder die Fledermaus) in eine Höhle zurückzieht und schläft. Während des Schlafs schlägt das Herz langsamer, die Körpertemperatur sinkt und das Tier lebt von den Fettreserven, die es sich im Herbst angefressen hat. Wenn es im Frühling wieder wärmer wird, erwacht es und nimmt seinen normalen Lebensrhythmus auf.

Wie lange ist ein Säugetier trächtig?
Die Trächtigkeit dauert je nach Tierart unterschiedlich lang. Mäuse sind etwa 19 Tage, Katzen 2 Monate, Hirschkühe 8 Monate und Elefantenkühe 2 Jahre lang trächtig.

Das einzige Eier legende Säugetier: das Schnabeltier
Das Schnabeltier lebt in Australien an Flussufern. Das Weibchen legt 2 bis 3 Eier in ein Nest. Nach dem Schlüpfen kriechen die Jungen durch das Fell der Mutter und suchen den Weg zu den Milchdrüsen. Wenn die Jungen älter sind, spielen sie miteinander, sie quietschen und knurren dabei wie junge Hunde.

Das Känguru
Wenn ein junges Känguru geboren wird, ist es etwa so groß wie ein Daumen und sein Körper noch nicht vollständig ausgebildet. Es schlüpft deshalb in den Beutel am Bauch der Mutter und hält sich an ihrem Fell fest. Dort ernährt es sich von der Muttermilch, bis es ausgewachsen ist. Nach etwa einem halben Jahr verlässt es diesen Beutel.

Fortpflanzung von Säugetieren
Der männliche Samen befruchtet die weibliche Eizelle.

Die befruchtete Eizelle teilt sich immer wieder, wächst und entwickelt sich zum Embryo.

Wie kommen die Jungen von Säugetieren auf die Welt?

Im Eierstock des Weibchens reift in regelmäßigen Abständen ein Ei heran. Wenn es durch den männlichen Samen befruchtet wird, nistet es sich in der Gebärmutter ein. Ein Embryo entsteht und wächst heran. Man sagt dazu: Das Tier ist trächtig. Nach der Geburt können sich die Jungen zunächst nicht selbst ernähren. Die Mutter säugt sie, bis sie selbst auf Nahrungssuche gehen können.

Wie ernähren sich Säugetiere?
Es gibt Fleisch fressende Säugetiere wie zum Beispiel den Leoparden, den Eisbären oder den Marder. Diese jagen andere Tiere und fressen sie. Pflanzenfresser wie die Giraffe, das Schaf oder die Kuh ernähren sich ausschließlich von Pflanzen.

Der Embryo wächst in der Fruchtblase heran. Er bekommt über die Nabelschnur alle wichtigen Nährstoffe.

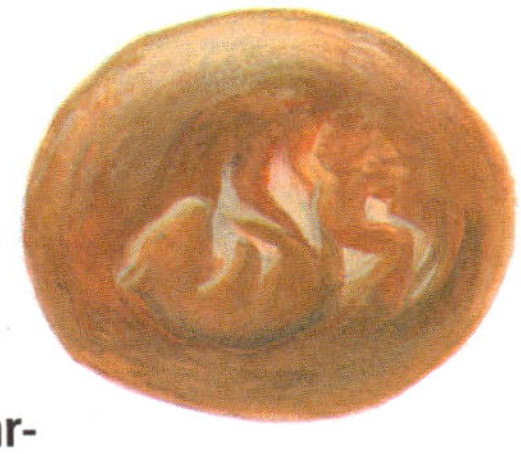

Bei der Geburt platzt die Fruchtblase und das Junge kommt zur Welt.

Die jungen Mäuse werden von der Mutter gesäugt.

Warum spielen Säugetiere mit ihren Jungen?

Von allen Tieren sorgen die Säugetiere am längsten für ihre Jungen. Bei Mäusen dauert die Brutpflege einige Wochen und einige Affenarten hüten ihre Jungen bis zu 7 Jahre lang. Während dieser Zeit werden die Jungen versorgt und auf ihr späteres Leben vorbereitet. Die Tiereltern spielen mit den Kleinen und bringen ihnen bei, Nahrung zu suchen, sich zu verstecken und sich zu verteidigen. Für alle Tiere innerhalb einer Gruppe ist es wichtig, bestimmte Spielregeln im Umgang mit den anderen einzuhalten.

Die Gepardenjungen spielen mit ihrer Mutter. Junge Raubkatzen ziehen oft am Fell der älteren Tiere oder beißen diese in den Schwanz. Die Mutter hält meistens geduldig still; wenn es ihr aber zu viel wird, gibt sie den Jungen mit der Pfote einen warnenden Klaps, ohne sie dadurch zu verletzen.

Verschiedene Schnäbel
Vögel verwenden ihre Schnäbel um Nahrung aufzunehmen, aber auch um sich die Federn zu putzen, ein Nest zu bauen, die Jungen zu füttern und um sich zu verteidigen. Jede Vogelart hat für ihre unterschiedlichen Bedürfnisse die geeignete Schnabelform.

Verschiedene Federn
Die Schwungfedern ermöglichen den Vögeln das Fliegen und sind besonders fest und widerstandsfähig. Die Deckfedern und die Daunen schützen vor Regen, Wind und Kälte.

Schwungfeder

Deckfeder

Vögel

Es gibt ungefähr 9000 verschiedene Vogelarten. Die Vögel sind die einzigen Tiere mit Federn.

Der Adler kann mit seinem scharfen Schnabel Fleisch in Stücke reißen.

Der Papagei benutzt seinen Schnabel zum Knacken von Körnern.

Der Löffelreiher fischt mit seinem breiten, flachen Schnabel Beute aus dem Wasser.

Der Specht hackt ein Loch als Bruthöhle für die Jungen in einen Baumstamm.

Der Papageientaucher kann mit seinem Schnabel auch glitschige und zappelnde Fische fest halten.

Der Kernbeißer knackt sogar harte Kerne.

Was ist ein Vogel?

Vögel gehören zu den Wirbeltieren. Sie sind Warmblüter, ihr Körper hat immer die gleiche Temperatur, egal welches Wetter herrscht. Sie haben Flügel mit starken Muskeln. Alles an den Vögeln ist sehr leicht, damit sie gut fliegen können. Die Knochen sind mit Luft gefüllt, sie haben einen Schnabel ohne Zähne und statt eines schweren Pelzes nur leichte Federn.

Der Spatz und das Huhn picken Körner auf, die sie mit ihrem Schnabel zerkleinern können.

Ein neues Federkleid
Einmal im Jahr kommen die Vögel in die Mauser. Dabei verlieren sie die alten Federn und neue wachsen nach. Manche Vogelarten verlieren alle Flugfedern auf einmal, sodass sie nicht fliegen können.

Der kleinste Vogel
Der Kolibri wiegt nur 2 Gramm. Er kann so schnell mit den Flügeln schlagen, dass er auf der Stelle fliegen kann.

Warum ziehen manche Vögel im Winter weg?

Schwalbe, Storch und Kuckuck sind Zugvögel. Im Frühling und Sommer finden sie genügend Nahrung. Bevor der Winter kommt, fliegen sie in warme Länder wie zum Beispiel Afrika. Jeder Zugvogel findet den Weg. Tagsüber orientieren sich die Vögel am Stand der Sonne und nachts an den Sternen.

Vögel, die nicht fliegen können
Pinguine verwenden ihre Stummelflügel nur zum Schwimmen. Der Emu, der Kasuar und der Kiwi haben zu kleine Flügel, um fliegen zu können. Der Strauß kann bis zu 150 Kilogramm wiegen und ist damit zu schwer zum Fliegen. Mit einer Größe von 2,50 Meter ist er der größte aller Vögel.

Vom Ei bis zum Küken

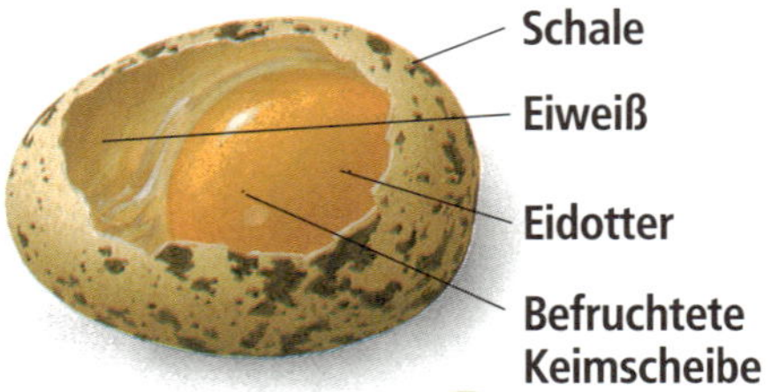

Befruchtetes Ei

Nach 6 Tagen: Der Embryo entwickelt sich. Die Eier werden beim Brüten etwa auf einer Temperatur von 37 °C gehalten.

Nach 2 Wochen: Der Embryo ernährt sich vom Eidotter und wächst jeden Tag.

Wie vermehren sich Vögel?

In unserer Klimazone und in den kalten Ländern paaren sich die Vögel im Frühling. Das Weibchen legt ein oder mehrere Eier, die anschließend ausgebrütet werden.
Die Vogeleltern beschützen die Eier vor anderen Tieren und geben ihnen die notwendige Wärme, damit sich die Jungen entwickeln und schlüpfen können.

Vogelnester
Im Frühling bauen die Vögel ihre Nester und legen die Eier hinein. So sind sie vor Wind und Wetter sowie vor anderen Tieren geschützt.

Die Schwalbe baut ihr Nest aus Erde und Lehm.

Der Specht hackt eine Höhle in Baumstämme.

Der Storch baut sein Nest auf Hausdächern oder Schornsteinen.

Die Seeschwalbe gräbt ihr Nest in den Sand.

Der Kuckuck baut überhaupt kein Nest. Das Weibchen legt sein Ei in das Nest eines anderen Vogels. Dieser brütet das Kuckucksei aus, ohne zu bemerken, dass es ein fremdes ist.

Nach 3 Wochen:
Das Küken ist bereit zu schlüpfen. Mit dem kleinen Höcker auf dem Schnabel, Eizahn genannt, zerstört es von innen die Schale.

Das Küken kann noch nicht fliegen. Es bleibt im Nest und wird von den Eltern gefüttert.

Die Dauer des Brütens
Vögel brüten unterschiedlich lang: der Zaunkönig 12 Tage, das Huhn 3 Wochen. Beim Nandu dauert die Brutzeit 35 Tage und beim Kiwi sogar über 2 Monate.

Ein frisch geschlüpftes Küken kann noch nicht fliegen und sich nicht selbst ernähren. Die Vogeleltern füttern es je nach Vogelart mit Insekten, Würmern, Früchten oder Fischen.

Warum fressen Vögel kleine Steine?

Weil Vögel keine Zähne haben, können sie ihre Nahrung nicht zerkauen. Deshalb fressen sie Sand und kleine Steine, die in ihrem Magen die Nahrung zerkleinern.

Das Pirolmännchen füttert seine Jungen.

Die Krallen

Der Adler hat an jedem Fuß 4 sehr scharfe Krallen, mit denen er seine Beute packen kann.

Der Papagei hat 4 Krallen. Wenn er sich auf einem Ast festkrallt, greifen die beiden mittleren Krallen nach vorne und die beiden äußeren nach hinten.

Der Kasuar hat 3 Krallen. Weil er nicht fliegen kann, bewegt er sich auf seinen Beinen fort.

Die Ente hat Schwimmhäute, die durch die höhere Wasserverdrängung das Schwimmen erleichtern.

Die Amsel kann sich gut an Ästen festhalten. Die 4. Kralle ist nach hinten ausgerichtet und bietet somit einen sicheren Halt.

Das Chamäleon
Diese Echsen leben auf Bäumen und Sträuchern. Die meisten Chamäleons können je nach Umgebung, Licht, Wärme oder Stimmung die Farbe wechseln.

Eidechsen
Obwohl Eidechsen Beine haben, sind sie mit den Schlangen verwandt.

Schlangen
Schlangen haben keine Beine und bewegen sich kriechend vorwärts. Da sie ihr Maul sehr weit öffnen können, verschlingen sie ihre Beute oft als Ganzes.

Boa

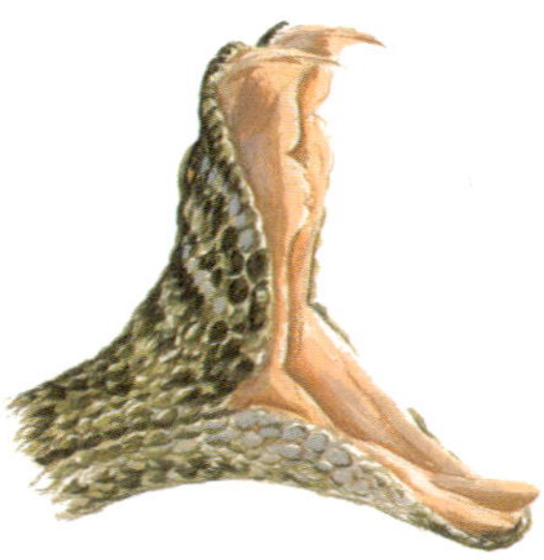

Manche Schlangen besitzen einen Giftzahn. Beim Biss wird das Gift in die Wunde der Beute gespritzt. Dort vermischt es sich mit dem Blut und tötet oder lähmt das Tier.

Wie vermehren sich die Reptilien?
Manche Reptilien legen ihre Eier im Wasser ab. Andere wie zum Beispiel die Meeresschildkröte vergraben sie im Sand. Wenn die Jungen schlüpfen, haben sie schon ihre endgültige Körperform.

Reptilien und Amphibien

Es gibt ungefähr 5000 verschiedene Reptilienarten und 2500 verschiedene Amphibienarten.

Was sind Reptilien?

Reptilien sind Wirbeltiere. Sie haben einen Panzer oder sind mit Schuppen bedeckt wie zum Beispiel Schlangen und Eidechsen.

Schlangen häuten sich.
Einmal im Jahr wechseln Schlangen ihre Haut. Dabei löst sich die alte Körperhülle vom Kopf bis zum Schwanz vollständig ab und die neue Haut kommt zum Vorschein.

Wie vermehren sich die Frösche?
Das Weibchen legt seine Eier im Wasser ab, die dann vom Männchen befruchtet werden. Später schlüpft aus dem Ei eine Kaulquappe, die über ihre Kiemen atmet. Wenn die Kaulquappe wächst, verliert sie ihren Schwanz und die Kiemen wachsen zu. Gleichzeitig entwickeln sich 4 Beine. Der ausgewachsene Frosch verlässt das Wasser. Er kann nun an Land und im Wasser leben.

Was sind Amphibien?

Amphibien sind Wirbeltiere, die sowohl im Wasser als auch an Land leben können. Sie lassen sich in 3 große Gruppen einteilen: Amphibien ohne Beine wie zum Beispiel die Blindwühlen, Amphibien ohne Schwanz, zu denen Frösche und Kröten gehören, und solche, die einen Schwanz besitzen wie zum Beispiel Salamander und Molche. Amphibien sind wechselwarme Tiere, die keine konstante Körpertemperatur haben. Je nach Außentemperatur kühlen sie sich ab oder wärmen sich auf.

Amphibien können außer durch die Lungen oder die Kiemen auch über die Haut atmen. Sie bleiben immer in Wassernähe, weil sie über die Haut auch die nötige Feuchtigkeit aufnehmen. In der Haut sitzen Schleimdrüsen, die sie zusätzlich feucht halten.

Großer Laubfrosch

Salamander

Krokodile
Krokodile leben in Flüssen, feuchten Gebieten und Sümpfen und sind die größten Kriechtiere der Erde. Ihr Körper ist von dicken Schuppen bedeckt.

Meeresfische
Viele Fische leben ausschließlich im Salzwasser.

Der Körperbau eines Fisches

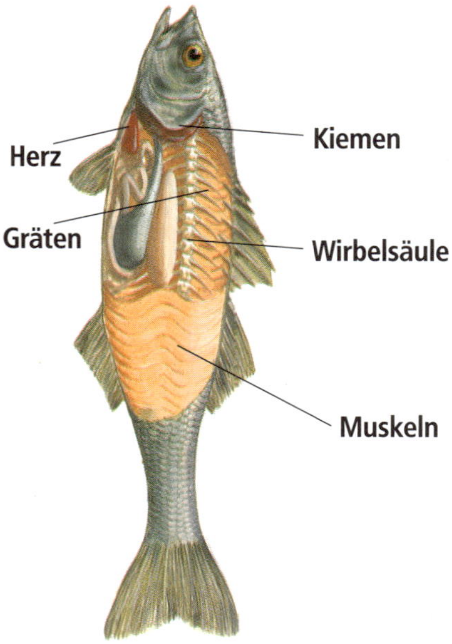

Fische

Insgesamt sind etwa 25 000 verschiedene Fischarten bekannt.

Was ist ein Fisch?

Fische gehören zu den Wirbeltieren. An der Luft können Fische nicht atmen, weil sie den Sauerstoff über ihre Kiemen aufnehmen. Viele Fische haben eine mit Gas gefüllte Schwimmblase. Diese bewirkt, dass sie im Wasser schweben können und nicht absinken.

Nicht alle Tiere, die im Wasser leben, sind Fische. Wale zum Beispiel sind Säugetiere und Krabben zählen zu den Krustentieren.

Seezunge

Kabeljau

Hai

Sardine

Seepferdchen

Wie atmen Fische?

Fische haben keine Lungen, sondern atmen über Kiemen, mit denen sie den Sauerstoff aus dem Wasser filtern können. Um zu atmen, pumpen sie sich über das Maul Wasser in die Kiemen. Dabei gelangt der Sauerstoff über feine Lamellen ins Blut. Anschließend tritt das Wasser durch die Kiemen wieder aus.

Der Walhai
Obwohl der Walhai bis zu 15 Meter lang werden kann, ist er völlig ungefährlich. Er ernährt sich von Plankton und ganz kleinen Fischen. Er hat keine Zähne, sondern nur Zahnschuppen, mit denen er die Nahrung aus dem Wasser filtert.

Süßwasserfische
Als „süß" wird das Wasser in Flüssen, Seen und Teichen bezeichnet. Reine Süßwasserfische können im Salzwasser nicht überleben.

Hecht

Rotauge

Elritze

Schleie

Ukelei

Karpfen

Aalquappe

Barsch

Brasse

Wie vermehren sich die Fische?
Das Weibchen legt meist einmal im Jahr die Eier im Wasser ab. Die Gesamtheit der Eier wird Laich genannt.

Das Männchen gibt seinen Samen ebenfalls ins Wasser ab und befruchtet damit die Eier.

Je nach Fischart dauert es einige Wochen oder sogar Monate, bis aus den Eiern die Larven schlüpfen.

Die Flossen
Fische haben die unterschiedlichsten Flossen. Manche Flossen dienen der Fortbewegung, andere der Steuerung oder zur Erhaltung des Gleichgewichts.

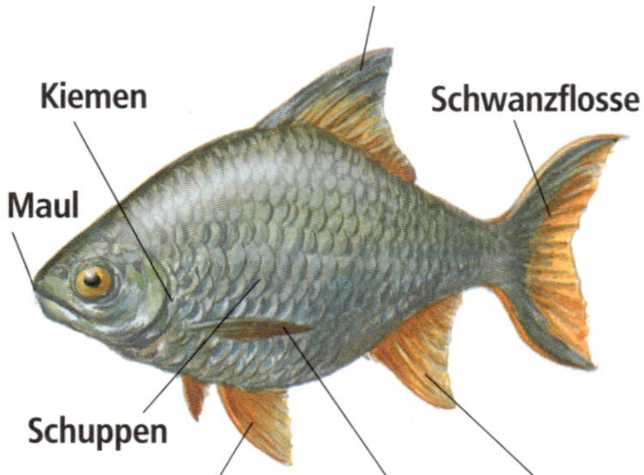

Fische haben verschiedene Körperformen
Platte Fische leben vor allem am Meeresgrund. Manche von ihnen sind durch ihre Farbe der Umgebung angepasst und deshalb kaum zu sehen.
1. Seezunge
2. Rochen
Fische mit einem schlangenförmigen Körper können besonders gut zwischen Wasserpflanzen, Algen und Steinen hindurchschwimmen.
3. Aal
4. Meeraal
Lang gestreckte Fische bieten durch ihre Körperform nur wenig Widerstand und können dadurch oft sehr schnell schwimmen. Manche schießen wie ein Pfeil durch das Wasser.
5. Meeresforelle
6. Lachs
7. Hai
8. Stör

Wie kommen Fische zur Welt?

Die meisten Fische schlüpfen aus Eiern. Das Weibchen legt tausende von Eiern, auch Laich genannt, im Wasser ab. Diese werden dann mit dem Samen des Männchens befruchtet. Aber nicht aus allen Eiern schlüpfen kleine Fische, denn viele werden schon vor dem Schlüpfen von anderen Tieren gefressen. Wenn die kleinen Fische aus dem Ei schlüpfen, ist ihr Körper noch nicht vollkommen ausgebildet – häufig fehlen noch die Flossen. Viele der jungen Fische werden gefressen, bevor sie ausgewachsen sind.

Was fressen Fische?

Fische ernähren sich von Würmern, Krustentieren, Plankton oder fressen die Eier anderer Fische. Manche Fische wie zum Beispiel der Karpfen sind Pflanzenfresser. Diese ernähren sich ausschließlich von Wasserpflanzen.

Die Fischlarven wachsen und verändern dabei ihre Körperform.

Aus der Fischlarve ist nun ein ausgewachsener Fisch geworden.

Der Aal, ein wandernder Fisch
Aale leben im Süßwasser der europäischen Flüsse. Sie wandern in der Laichzeit in die Sargassosee im Westatlantik, wo sie selbst geschlüpft sind. Dort legen sie ihre Eier ab und sterben kurz darauf. Die Larven werden vom Golfstrom an die europäischen Küsten getragen. Wenn sie bei uns ankommen, sind sie etwa 3 Jahre alt. Um sich zu vermehren, schwimmen sie wieder in die Sargassosee zurück.

Warum laichen manche Fischarten in anderen Gewässern?

Fische sind ständig unterwegs, um Nahrung zu suchen. Aber Aale und Lachse überwinden besonders große Entfernungen um ihre Eier an der Stelle abzulegen, an der sie selbst geschlüpft sind. Lachse wandern aus dem Meer die Flüsse hinauf um dort zu laichen. Ihre Reise geht dabei oft über tausende von Kilometern.

Die Ruderfußkrebse gehören zum Plankton.

Plankton
So werden all die verschiedenen mikroskopisch kleinen Tiere und Pflanzen, die im Meer vorkommen, genannt. Das Plankton dient vielen Fischen und anderen Meeresbewohnern als Hauptnahrung.

Vom Ei zum Schmetterling
Der weibliche Schmetterling legt seine Eier auf ein Blatt. Aus jedem Ei schlüpft eine Raupe.

Die Raupe ernährt sich von Blättern.

Die Raupe spinnt um sich herum eine Hülle aus Seidenfäden und wird zur Puppe. In diesem Kokon entwickelt sie sich zu einem Schmetterling.

Insekten

Es gibt über eine Million verschiedene Insektenarten.

2 verschiedene Arten von Augen
Insekten besitzen 2 Augenpaare. Punktaugen und Fassettenaugen. Die Fassettenaugen bestehen aus hunderten von Einzelaugen. Damit können sie das, was wir Menschen als eine Bewegung sehen, als Abfolge von vielen Einzelbildern wahrnehmen. Deshalb können sie so schnell entkommen, wenn man sich ihnen nähert.

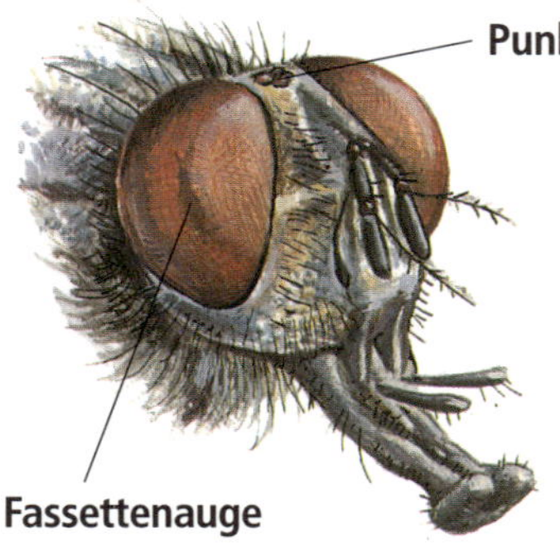

Was sind Insekten?

Insekten sind wirbellose Tiere mit 6 Beinen und meistens auch mit Flügeln. Ihr beweglicher Körper besteht aus 3 Abschnitten: Kopf, Brust und Hinterleib. Insekten tragen ihr Skelett nicht im Körper, sondern außen als harte, schützende Hülle. Sie haben 2 sehr einfache Punktaugen und zusätzlich 2 große Fassettenaugen. Viele Insekten wie zum Beispiel Schmetterlinge ernähren sich vom Blütennektar.

Der Stachel als Waffe
Bienen und Wespen produzieren zur ihrer Verteidigung ein Gift. Dieses spritzen sie mit dem Stachel, der am Ende ihres Hinterleibes sitzt, in den Körper des Gegners. Wespen können mit ihrem Stachel mehrmals stechen. Bei den Bienen ist der Stachel mit feinen Widerhaken versehen und bleibt so in der Haut des Angreifers stecken.
Aber es gibt Insekten, die gefährlicher sind als Bienen und Wespen. Mücken und manche Fliegenarten können sogar Krankheiten übertragen.

Der Körperbau einer Wespe

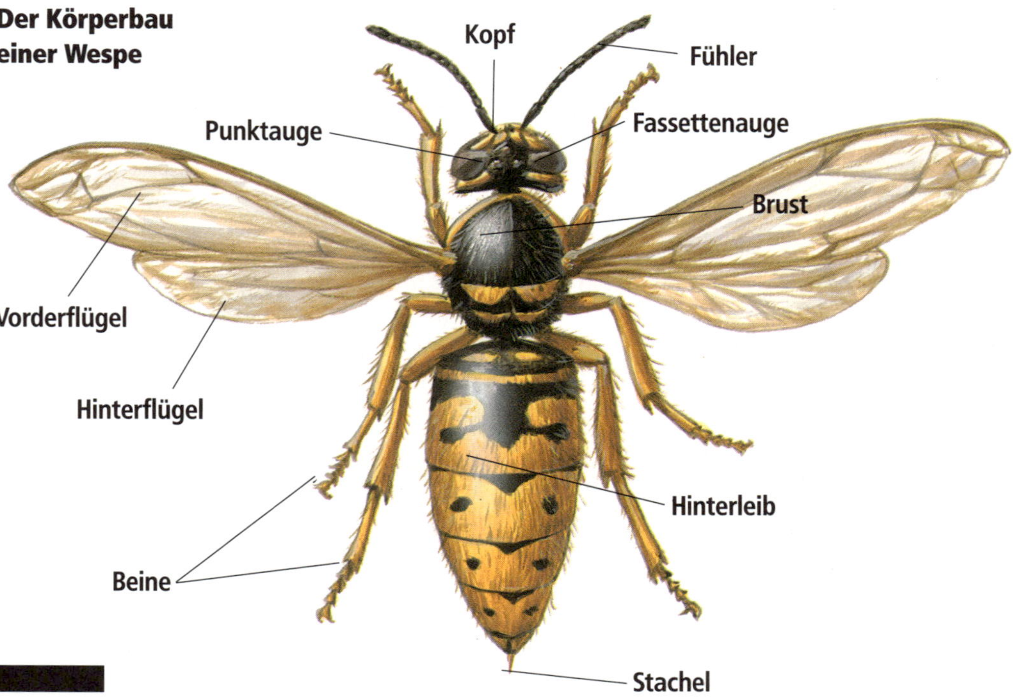

Der Kokon platzt auf und ein Schmetterling erblickt das Tageslicht.

Zuerst sind die Flügel und sein Körper noch ganz weich, aber schon nach einer Stunde kann er losfliegen.

Was bedeutet „Metamorphose eines Insekts"?

Insekten legen Eier, ebenso wie Vögel und Reptilien. Aber aus den Insekteneiern schlüpfen keine fertigen Insekten. Im Ei des Schmetterlings entwickelt sich eine Raupe, aus der, nach der Verpuppung, ein Schmetterling entsteht. Aus dem Ei der Fliege schlüpft eine Made, die zuerst zur Puppe und dann zur Fliege wird. Diese Reihe von Verwandlungen, die ein Insekt durchlebt, bis es ausgewachsen ist, nennt man Metamorphose.

Es sind heute ungefähr eine Million verschiedener Insektenarten bekannt und es werden jedes Jahr neue Arten entdeckt. Die einzelnen Insektenarten unterscheiden sich sehr stark voneinander. Sie können wenige Millimeter groß sein oder eine Körperlänge von bis zu 50 Zentimetern wie die Stabheuschrecken haben. Einige Insekten wie die Flöhe haben keine Flügel.

Der Hummer
Mit der größeren Schere knackt er seine Beute und mit der kleineren schabt er das Fleisch von den Knochen oder Schalen.

Krebstiere legen Eier, in denen Larven heranwachsen. Aus diesen Larven entstehen dann die erwachsenen Tiere.

Eier einer Krabbe

Larve einer Krabbe

Die Meerspinne
Wie alle Krabben hat auch die Meerspinne keinen Schwanz. Sie bewegt sich seitwärts fort.

Krebstiere

Es gibt ungefähr 5000 bis 6000 verschiedene Arten von Krebstieren. Die meisten leben im Süß- oder im Salzwasser.

Was ist ein Krebstier?

Krebstiere sind wirbellose Tiere, deren Körper von einem schützenden Panzer bedeckt ist. Wie die Fische können Krebstiere über Kiemen im Wasser atmen. Sie haben keine Flossen, sondern 10 oder mehr Beine, mit denen sie laufen oder schwimmen können. Wenn sich die Garnele oder der Hummer bedroht fühlt, bringt er sich mit einem kräftigen Stoß des Schwanzes rückwärts in Sicherheit.

Ein Krebstier aus dem Süßwasser: der Flusskrebs
Der Flusskrebs lebt in Flüssen und Seen. Wie der Hummer bewegt er sich von der Stelle, indem er rückwärts läuft oder schwimmt.

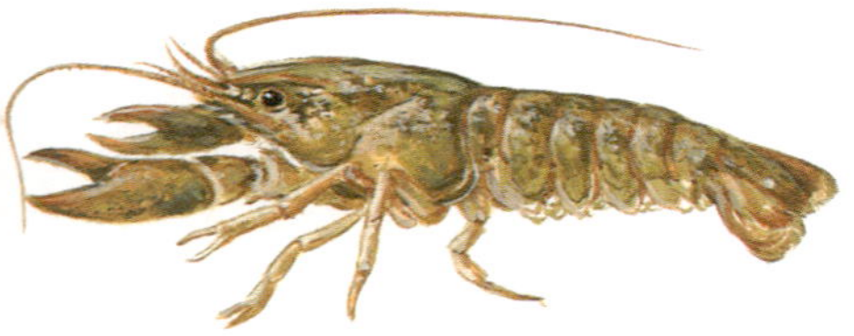

Auch ein Krebstier: die Assel
Asseln sind Allesfresser. Die meisten Arten leben im Meer. Manche wie die Kellerassel sind zum Landleben übergegangen. Sie braucht immer eine feuchte Umgebung, weil sie die Kiemenatmung beibehalten hat.

Die Garnele
Die Garnele schwimmt mit ihren Beinen langsam gegen den Strom. Garnelen können sich durch Farbwechsel dem Untergrund anpassen.

Die Fühler
Krebstiere haben meist 4 Fühler, 2 große und 2 kleine. Diese Fühler reagieren sehr empfindlich auf Gerüche und Bewegungen, damit können die Tiere drohende Gefahren frühzeitig erkennen. Außerdem können sie mit den Fühlern ihr Gleichgewicht halten.

Warum häuten sich Krebstiere?

Der Panzer der Krebstiere wächst nicht mit. Wenn das Tier größer wird, reißt der Panzer auf und bricht. Das Tier befreit sich vom Panzer und ist für einige Stunden schutzlos. Während dieser Zeit wächst sein Körper sehr schnell und die Haut, die den Körper umgibt, verhärtet sich. Erst dann ist das Krebstier wieder vor Angriffen geschützt. Diesen Vorgang nennt man Häutung. Im Leben einer Krabbe geschieht das mehr als 10-mal.

Der Einsiedlerkrebs
Der Hinterleib des Einsiedlerkrebses ist nicht durch einen Panzer geschützt. Deshalb verkriecht er sich in leeren Muschelgehäusen. Wenn er zu groß geworden ist, zieht er in eine andere, größere Muschel um.

Muscheln
Muscheln und Austern filtern kleinste Nahrungsteilchen durch ihre Kiemen aus dem Wasser.

Miesmuschel

Auster

Weichtiere ohne sichtbare Schale

Die Nacktschnecke erzeugt eine dünne, schleimige Schicht, auf der sie sich fortbewegt.

Kraken ernähren sich von Krebstieren und besitzen acht Arme, die man Tentakel nennt. Jeder Tentakel hat ungefähr 200 Saugnäpfe, mit denen die Nahrung gefangen und zum Maul geführt wird.

Der Tintenfisch hat 10 Fangarme. 2 von ihnen sind länger als die anderen. Ebenso wie die Kraken verteidigt sich der Tintenfisch, indem er Tinte ausstößt und den Schrecken des Angreifers ausnützt um zu fliehen.

Weichtiere

Es gibt ungefähr 45 000 verschiedene Arten von Weichtieren. Viele von ihnen sind durch eine Schale geschützt.

Was ist ein Weichtier?

Weichtiere sind wirbellose Tiere, die oft eine Kalkschale besitzen, die als Schutzgehäuse dient. Viele Arten wie die Venusmuschel oder das Tritonshorn leben im Wasser. Andere wie einige Schneckenarten leben auf dem Land. Bei Schnecken besteht die Schale aus einem Stück, bei Muscheln aus 2 Schalenhälften.

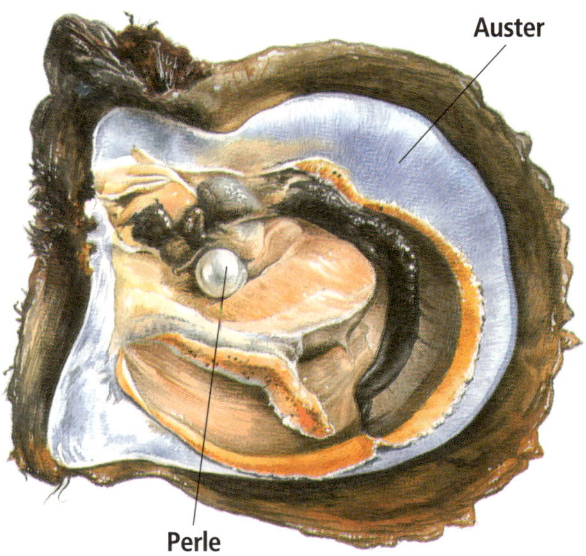

Austern
Manche Austern, die in wärmeren Gebieten leben, bilden in ihrem Inneren Perlen. Wenn ein Fremdkörper wie zum Beispiel ein Sandkorn in die Auster eindringt, bildet sie Schichten aus Perlmutt um diesen Körper herum. Je mehr Schichten sie bildet, umso größer wird die Perle. Inzwischen züchtet man Perlen künstlich, indem man ein kleines Stück Perlmutt an der Stelle der Auster befestigt, an der die besten Perlen gebildet werden.

Jakobsmuschel

Venusmuschel

Scheidenmuschel

Schnecken
Fühlt sich die Schnecke bedroht, zieht sie ihren Kopf und ihr Hinterende in ihr Schneckenhaus.

Gibt es bei Schnecken Männchen und Weibchen?

Schnecken sind Zwitter, das heißt, sie sind gleichzeitig männlich und weiblich.

Weinbergschnecke

Wie entsteht die Schale der Weichtiere?

Der Körper der Weichtiere ist mit einer Haut umgeben, die man Mantel nennt. Dieser Mantel besteht aus Kalk, den das Tier aus dem Wasser oder der Erde aufnimmt, und bildet die Schale. Die Schale wächst mit dem Tier und bietet Schutz vor Angriffen. Das Innere der Schale einiger Weichtiere ist mit Perlmutt überzogen, das ebenfalls aus Kalk entsteht.

Napfschnecke

Tritonshorn

Seeohr

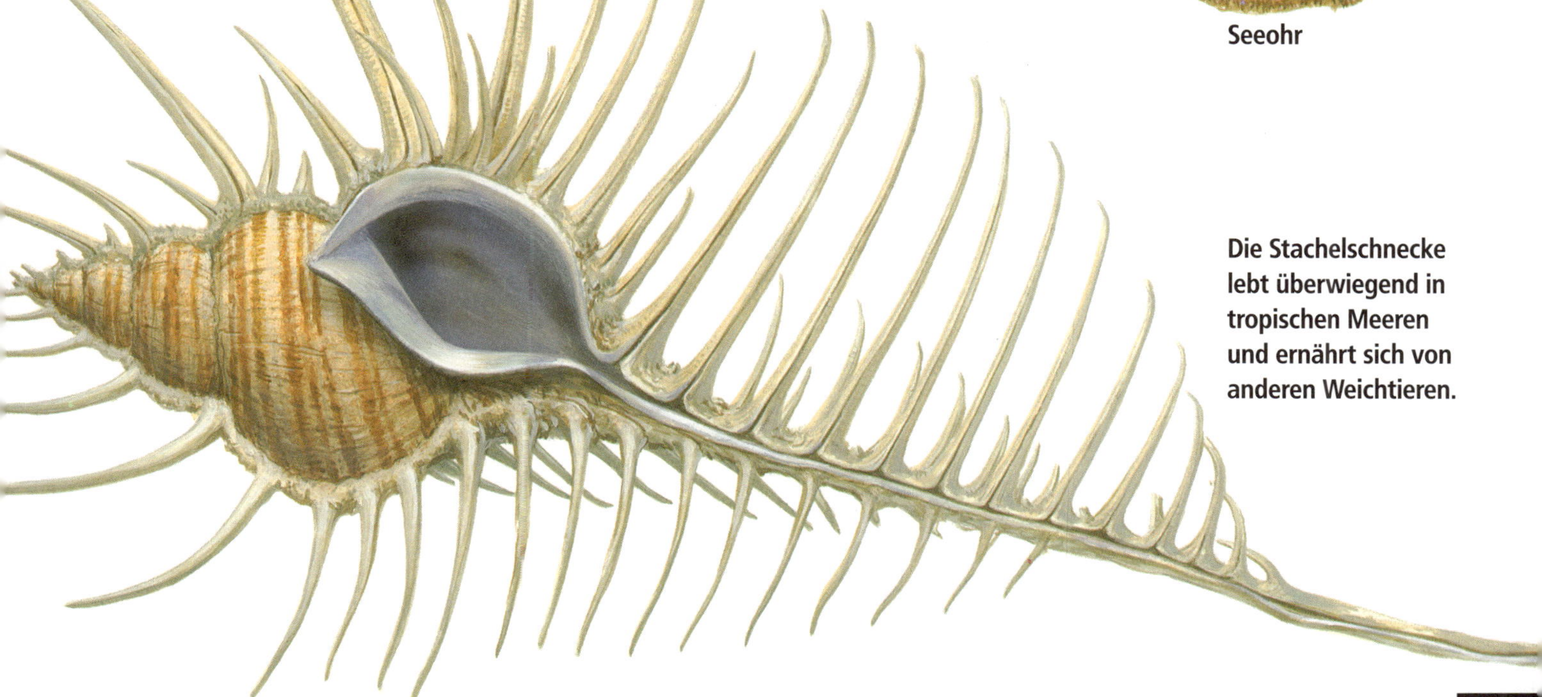

Die Stachelschnecke lebt überwiegend in tropischen Meeren und ernährt sich von anderen Weichtieren.

Geschützte Tierarten
Sie dürfen weder gefangen noch getötet werden. Manchmal allerdings passiert es, dass eine geschützte Tierart sich zu sehr vermehrt. Dann wird ihre Nahrung knapp. In diesem Fall wird ein Teil dieser Tiere eingefangen und an einer anderen Stelle ausgesetzt.

Der Biber, wegen seines Fells und seines Fleisches sehr beliebt, ist nahezu ausgestorben.

Igel ernähren sich von Insekten und bekommen dadurch die Wirkung von Insektengiften zu spüren. Auch werden sie oft von Autos überfahren.

Artenschutz

Täglich sterben bis zu 150 Tier- und Pflanzenarten aus. Viele Tiere und Pflanzen stehen deshalb unter Artenschutz

In den Pyrenäen gibt es nur noch ungefähr 20 Braunbären.

Warum verschwinden viele Tierarten von der Erde?

Viele Tierarten sterben aus, weil sie vom Menschen rücksichtslos bejagt werden. Dazu zählen zum Beispiel die Berggorillas in Afrika, die Steinadler in Europa oder die Haie. Andere Tierarten können nicht überleben, weil ihr Lebensraum zerstört wird wie zum Beispiel durch die Abholzung des tropischen Regenwalds. Sie finden weder Nahrung noch Unterschlupf zur Aufzucht ihrer Jungen. Mindestens 5000 Tierarten sind deshalb äußerst bedroht.

Der Steinbock besiedelt vor allem felsige Gelände im Hochgebirge.

Der Goldlaufkäfer wird durch Insektenschutzmittel bedroht, die auf Felder gesprüht werden. Auch Sammler, die ihn fangen, gefährden seinen Bestand.

Viele Schneckenarten sind bedroht, weil sie vom Menschen als Delikatesse angesehen und zu tausenden gesammelt werden.

Der Fuchs wird gejagt, weil er als Überträger von Krankheiten gilt.

Wale wurden wegen ihres Fleisches, ihres Trans und ihrer Barten gejagt. Sie sind äußerst bedroht und stehen heute international unter Schutz, was manche Länder jedoch nicht befolgen.

Obwohl der Kuckuck anderen Vögeln gegenüber ein Schmarotzer ist, ist er doch für den Menschen sehr nützlich. Er ernährt sich von Raupen, die sonst die Ernte auffressen würden.

Der Fischadler gehört zu den Raubvögeln. Weil der große Greifvogel Fische jagt, wird er vom Menschen verfolgt.

Wie kann man bedrohte Tierarten schützen?

Wenn man gefährdete Tiere schützen will, muss man vor allem ihre Lebensgewohnheiten und ihre Lebensräume gut kennen und respektieren. Es ist wichtig zu wissen, was sie fressen und wie sie ihre Jungen aufziehen.
Die Jagd auf diese Tierarten muss vollständig verboten werden. Heutzutage werden immer mehr Naturschutzgebiete eingerichtet, in denen der Bestand der Tiere geschützt und überwacht wird.

Störche ernähren sich vor allem von Fröschen, Eidechsen und Insekten. Sie bauen ihre Nester meist an hoch gelegenen Orten. Heute sieht man sie nur noch ganz selten. Es gibt zu wenig Feuchtgebiete, wo sie Nahrung finden können.

Die griechische Landschildkröte lebt in südlichen Regionen.

Die in Spanien und Afrika vorkommende Ginsterkatze ist leicht zu zähmen. Dieses kleine Tier, das vor allem nachts unterwegs ist, sieht man nur noch sehr selten. Inzwischen ist es verboten, sie zu fangen.

Zum Schutz der Eulen trägt bei, alte hohle Bäume zu erhalten, in denen sie nisten können. Inzwischen hat ihre Artenzahl wieder zugenommen.

Eule

Der Iltis ernährt sich von kleinen Nagetieren.

Apollofalter

Singdrossel

Viper

Was ist das Artenschutz-übereinkommen?

Die drohende Ausrottung der Raubkatzen, der Elefanten oder der Nashörner und die Befürchtung, dass immer mehr Tierarten von der Ausrottung bedroht werden könnten, führte 1973 zu einem internationalen Schutzvertrag, dem „Washingtoner Artenschutzübereinkommen“. Es regelt den Handel mit Wildtieren und -pflanzen. So konnte zum Beispiel die Elefantenwilderei eingedämmt werden. Doch ein wirksamer Artenschutz ist erst dann möglich, wenn die Menschen umdenken und das rücksichtslose Bejagen von Tieren einstellen.

Tunfisch

Hammel

Katze

Kröte

Gorilla

Der menschliche Körper

Die Haut
Das Gehirn und die 5 Sinne
Schlafen und Träumen
Muskeln und Bewegung
Die Knochen und das Skelett
Das Herz und das Blut
Die Atmung
Die Verdauung
Die Ernährung
Krankheiten und Medikamente
Leben entsteht

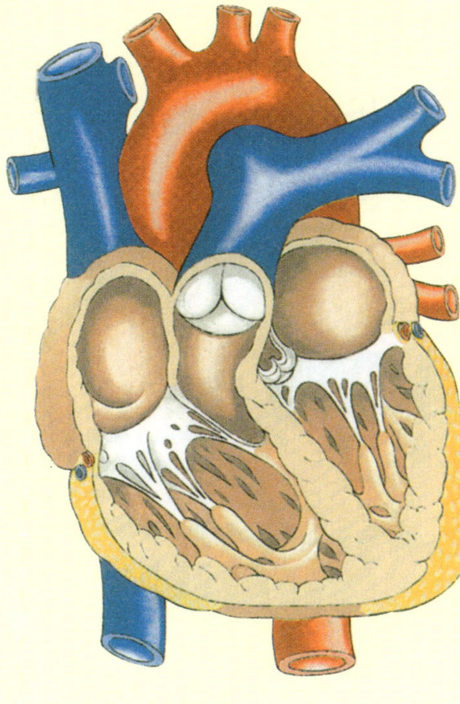

Finger- und Fußnägel
Die Nägel bestehen aus einem sehr harten Material, dem Keratin. Sie schützen die Spitzen der Finger und Zehen und wachsen im Monat ungefähr 3 Millimeter.
Die Nagelwurzel befindet sich unter der Haut.

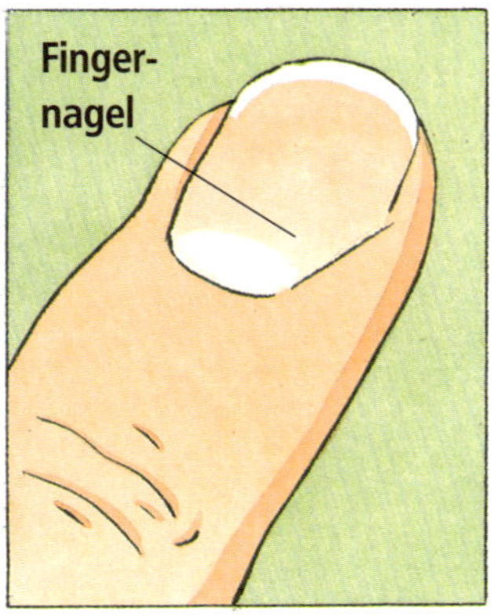

Der Bart
Auf Grund von verschiedenen Hormonen haben Männer und Frauen ein unterschiedliches Aussehen. Männliche Hormone verursachen unter anderem eine starke Behaarung im Gesicht, den Bartwuchs.

Die Haut

Die Haut schützt den Körper vor Verletzungen, Infektionen, Kälte und Hitze.

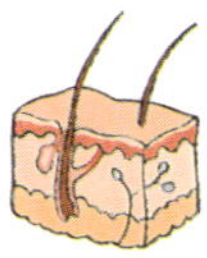

Wozu braucht man die Haut?

Die Haut ist das größte Organ des Körpers und bedeckt ungefähr eine Fläche von 2 Quadratmetern. Sie ist eine dehnbare und wasserdichte Hülle, die den ganzen Körper bedeckt. Die Haut wächst schneller als jedes andere Organ und erneuert sich das ganze Leben hindurch. Sie ist die natürliche Schutzhülle des Körpers.

Die Farbe der Haut
Die Haut erhält ihre Farbe durch das Melanin. Dunkelhäutige Menschen haben wesentlich mehr Melanin als hellhäutige Menschen. Wenn die Haut den ultravioletten Sonnenstrahlen ausgesetzt wird, erhöht sich die Produktion von Melanin und die Haut wird dunkler.

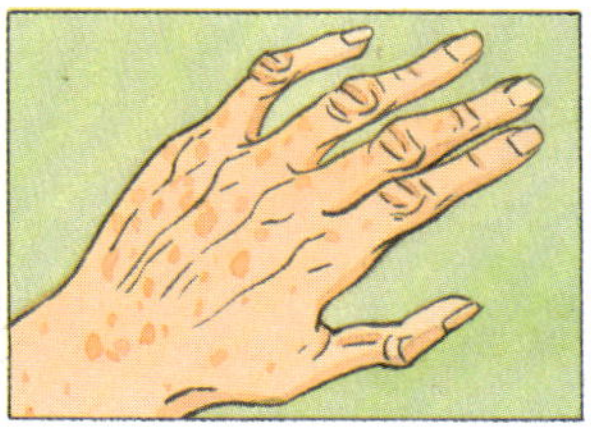

Hautfalten
Ab etwa dem 30. Lebensjahr wird die Haut trockener und dünner und es entstehen Falten. Man sieht sie vor allem im Gesicht und an den Händen.

Die Hitze der Sonne trocknet die Haut aus und lässt sie frühzeitig altern. Auch ein Sonnenbrand schädigt die Haut.

Was ist Schweiß?

Das ist eine Körperflüssigkeit, die durch Hautporen abgesondert wird. Durch den Schweiß reguliert der Körper seine Temperatur. Wenn es heiß ist oder wenn man sich besonders anstrengt, steigt die Körpertemperatur und der Körper beginnt zu schwitzen. Der Schweiß kühlt den Körper. Der Schweiß sondert Stoffe ab, die der Körper nicht mehr braucht. Deshalb hat der Schweiß einen leicht salzigen Geschmack.

Das Körperhaar
Körperhaare wachsen im Schnitt einen halben Zentimeter im Monat. Wenn sie ausfallen, wachsen an ihrer Stelle andere Haare nach.

1. Hautpore
2. Schweißkanal
3. Schweißdrüse
4. Körperhaar
5. Talgdrüse
6. Haaraufrichtermuskel
7. Blutgefäße
8. Nervenenden

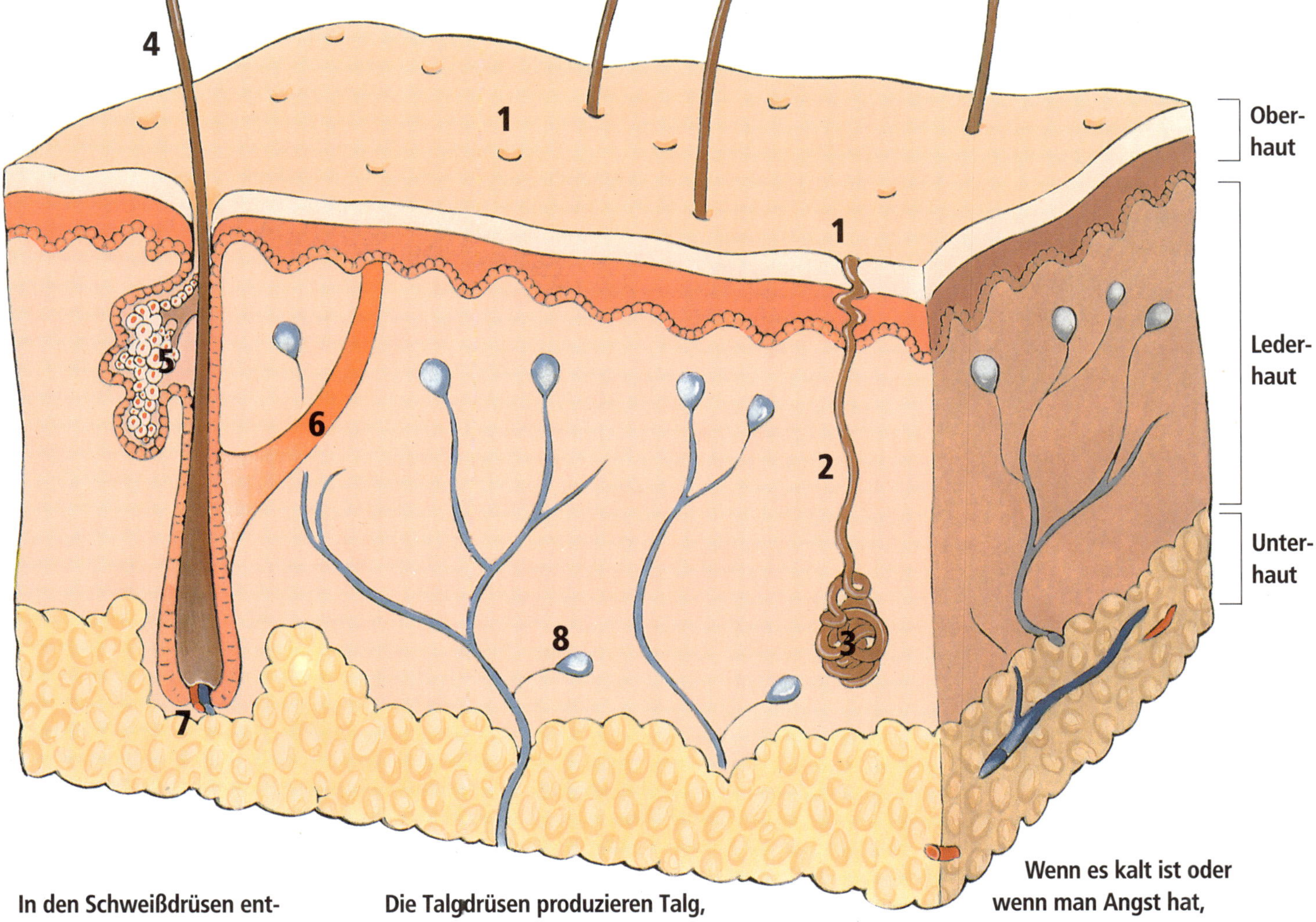

In den Schweißdrüsen entsteht Schweiß, der über die Poren nach außen geleitet wird.

Die Talgdrüsen produzieren Talg, der Haut und Haare bedeckt und sie geschmeidig hält. Außerdem enthält er Stoffe, die Krankheitserreger abtöten.

Wenn es kalt ist oder wenn man Angst hat, stellt der Haaraufrichtermuskel das Körperhaar auf und man bekommt eine Gänsehaut.

Das Gehirn und die 5 Sinne

Das Gehirn ist ununterbrochen aktiv: Es empfängt Informationen und erteilt Befehle.

Gehirn und Rückenmark
Das Rückenmark verbindet das Gehirn mit dem Körper. Gehirn und Rückenmark zusammen bilden das Zentralnervensystem. Sowohl vom Gehirn als auch vom Rückenmark gehen Nerven aus und verzweigen sich zu jedem Teil unseres Körpers. Sie übermitteln Signale und Informationen.

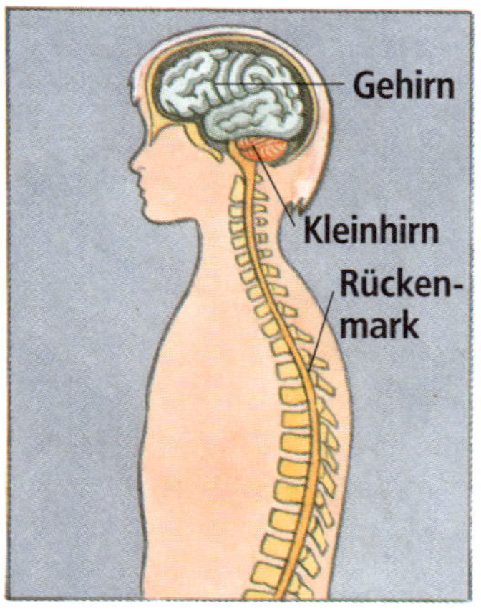

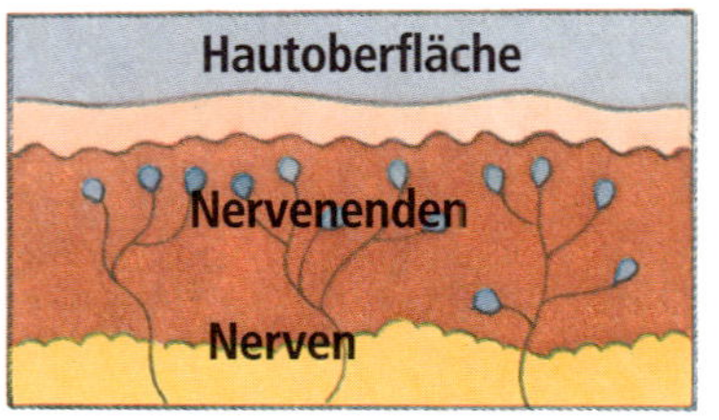

Der Tastsinn
Über Nervenenden, die unter der Hautoberfläche liegen, wird das Gehirn darüber informiert, ob etwas hart, weich, kalt oder heiß ist.

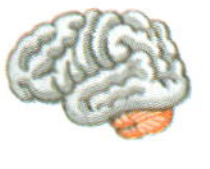

Was ist das Gehirn?

Das Gehirn ist die Kommandostelle des Körpers. Es gibt seine Befehle auf 2 Arten. Manche Dinge geschehen unbewusst, ohne dass wir etwas dafür tun. So zum Beispiel das Atmen, die Verdauung und der Herzschlag. Andere Gehirnfunktionen werden von unserem Willen beeinflusst: unsere Bewegungen, das Sprechen, die Gedanken und das Gedächtnis. Der Mensch nimmt über seine Sinne die Informationen aus der Umgebung auf. Die 5 Sinne sind: Sehen, Hören, Riechen, Schmecken und Fühlen.

Der Geruchssinn
Tausende kleiner Riechzellen im hinteren Teil der Nase nehmen die Informationen über Gerüche auf. Diese Informationen werden dann in Signale für das Gehirn umgewandelt.

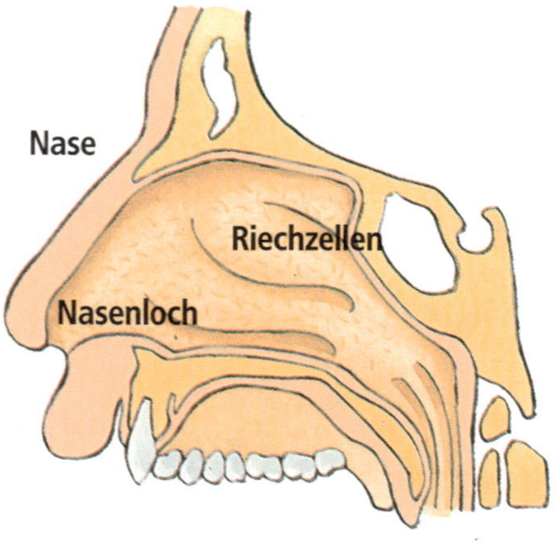

Das Sehen
Lichtstrahlen dringen von außen in das Auge ein und fallen durch die Pupille auf die Linse. Die gewölbte Augenvorderseite und die Linse stellen das Bild scharf und werfen es auf die Netzhaut. Die Netzhautzellen leiten die empfangene Nachricht als elektrische Impulse über den Sehnerv an das Gehirn weiter.

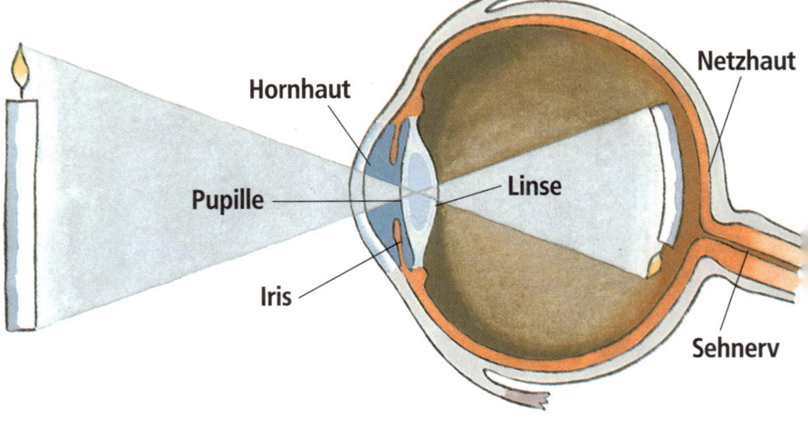

Der Geschmack
Auf der Zunge liegen tausende von Geschmacksknospen, die 4 verschiedene Geschmacksrichtungen wahrnehmen und die Informationen über den Geschmack der Nahrung zum Gehirn transportieren.

Die einzelnen Geschmacksknospen haben unterschiedliche Aufgaben. Manche schmecken das, was salzig ist, andere sind für Süßes zuständig, für Saures oder für Bitteres.

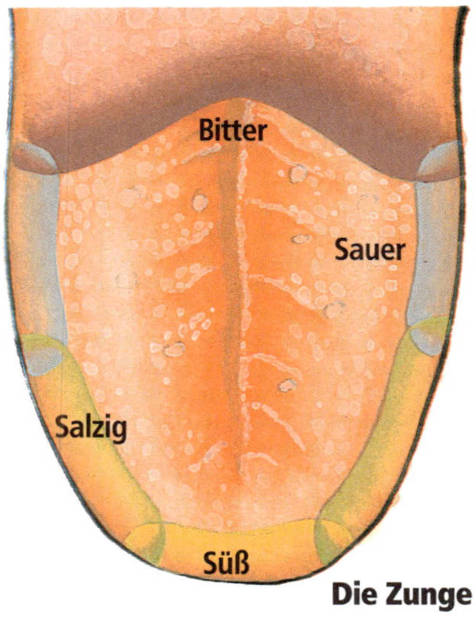

Die Zunge

Was sind Nerven?

Nerven sind äußerst feine Fasern, über die die einzelnen Organe des Körpers mit dem Gehirn und dem Rückenmark verbunden sind. Nerven geben zum Beispiel Informationen von den Sinnesorganen an das Gehirn weiter. Sie leiten vom Gehirn Befehle an die Muskeln. Informationen und Befehle werden über elektrische und chemische Signale durch die Nerven transportiert.

Das Gehör
Wenn ein Ton über den Gehörgang ins Innere des Ohrs gelangt, bringt er eine kleine Haut, das Trommelfell, zum Schwingen. Diese Schwingung wird von den Knochen des Mittelohrs verstärkt und der Steigbügel überträgt sie auf die Schnecke, eine mit Flüssigkeit gefüllte kleine Blase. Von der Schnecke aus werden die Nervenimpulse direkt an das Gehirn geleitet. Dank der Bogengänge im Innenohr können wir Oben und Unten unterscheiden und das Gleichgewicht halten.

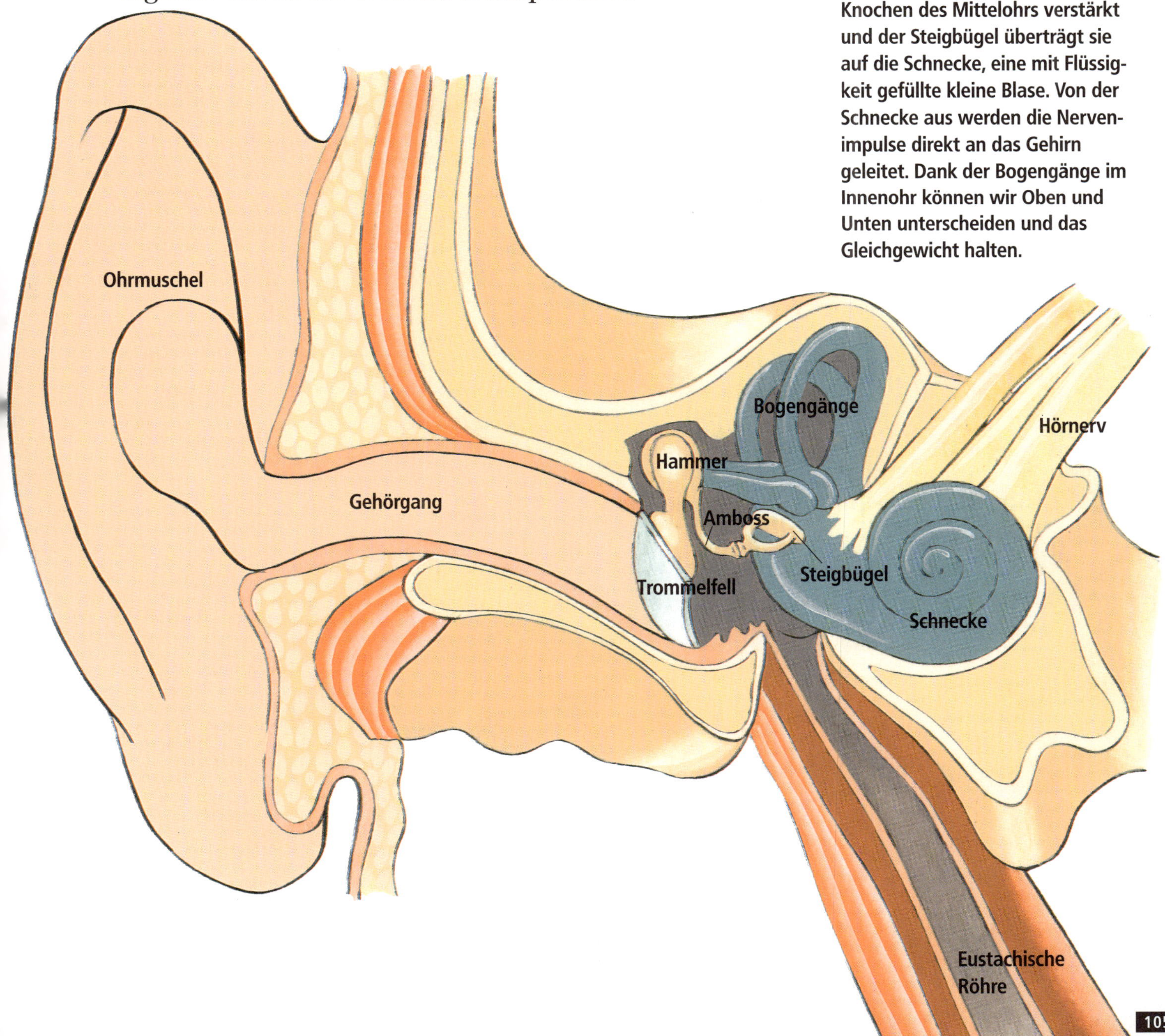

Warum gähnt man?
Wenn man müde ist, kann man ein Gähnen oft kaum unterdrücken. Ausgelöst wird das Gähnen, wenn man nicht tief genug atmet und somit zu wenig Sauerstoff ins Gehirn gelangt. Beim Gähnen werden große Mengen von Luft und damit Sauerstoff eingeatmet.

Die verschiedenen Schlafphasen
Die Einschlafphase: Der Körper ist müde, die Konzentration lässt nach. Die Augenlider werden schwer und der Körper verlangsamt seine Bewegungen.

Die Tiefschlafphase: Wer 8 Stunden schläft, befindet sich insgesamt etwa 3–4 Stunden in der Tiefschlafphase. Der Körper erholt sich mehr und mehr. Die Muskeln entspannen sich und das Herz schlägt langsam und gleichmäßig. Auch das Gehirn ruht in dieser Zeit.

Schlafen und Träumen

Nach einer Zeit der Aktivität braucht unser Körper Ruhe.

Wie lange schlafen wir?
Ein Erwachsener schläft zwischen 6 und 8 Stunden täglich. Ein 60-jähriger Mensch hat ungefähr 20 Jahre seines bisherigen Lebens verschlafen und in dieser Zeit 5 Jahre geträumt.

In der Nacht

Am Tag

Warum schlafen wir?

Der Körper erzeugt Energie, die er bei der Bewegung wieder verbraucht. Das Herz und die Muskeln, vor allem die Atemmuskeln, müssen zwischendurch immer wieder entspannen und ausruhen. Das geschieht während des Schlafes. Dann schlägt das Herz langsamer, die Muskeln entspannen sich und der Atem wird ruhiger.

Unterschiedliche Gewohnheiten
Kinder lutschen beim Einschlafen oft am Daumen, nuckeln am Taschentuch oder an ihrem Teddybär. Manchmal brauchen sie beim Schlafen ein kleines Licht im Kinderzimmer. Aber auch Erwachsene haben ihre Gewohnheiten. Manche lesen noch vor dem Einschlafen, andere schließen Vorhänge und Fensterläden. All das ist völlig normal und ermöglicht es, ruhig einzuschlafen und eine erholsame Nacht zu verbringen.

Die Traumschlafphase:
20 Minuten lang ist der Körper in der tiefsten Schlafphase, aber das Gehirn wacht langsam auf und wir träumen. Im Traum arbeitet das Gehirn fast wie im Wachzustand.

Die Aufwachphase:
Der Schlaf wird leichter und der Körper erwacht langsam. Ist man noch nicht völlig ausgeruht, beginnt jetzt eine neue Tiefschlafphase. Hat man aber genug geschlafen, wacht man auf.

Wie träumen wir?

Mehrmals in jeder Nacht lässt das Gehirn für 10–15 Minuten Bilder entstehen und Erinnerungen auftauchen. Auf unsere Träume haben wir keinen Einfluss. Wenn man kurz nach dem Träumen erwacht, erinnert man sich vielleicht daran, wird man erst längere Zeit nach einem Traum wach, hat man ihn meist wieder vergessen.

Was träumen wir?
Im Traum werden die Erlebnisse des Tages verarbeitet. Während des Träumens erinnern wir uns an Menschen, erlebte Situationen, Gespräche oder andere Dinge, die uns begegnet sind. Manchmal aber träumen wir auch ganz neue Dinge, die wir niemals erlebt haben. Träume können schön sein, aber sie können auch Angst machen. Diese nennt man dann Albtraum.

Die Gelenke

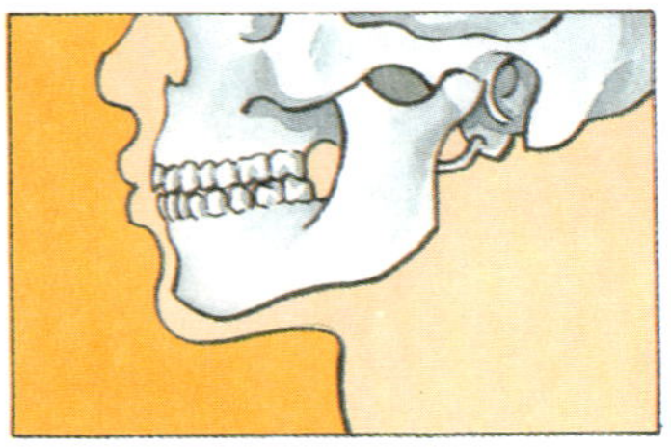
Kiefergelenk

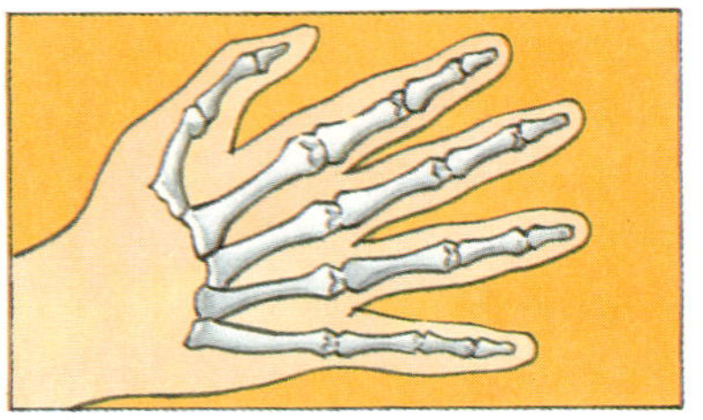
Fingergelenke

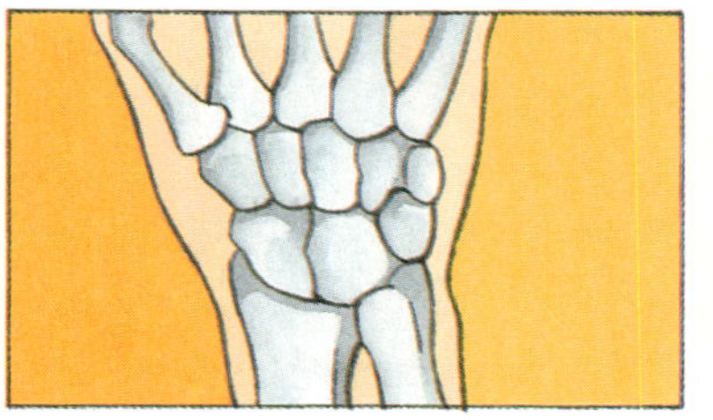
Handgelenk

Das Ellenbogengelenk
Wir können unseren Unterarm nur nach vorne bewegen. Ellenbogen- und Kniegelenk lassen sich wie ein Scharnier bewegen und deshalb nur in eine Richtung beugen.

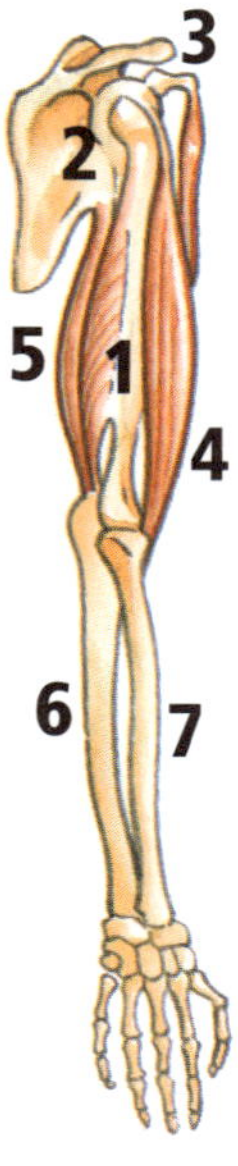

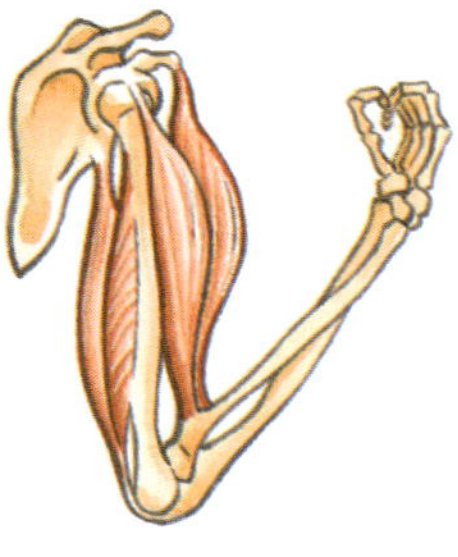

Muskeln und Bewegung
Wird der Arm gebeugt, zieht sich der Muskel im Oberarm zusammen und zieht den Unterarm nach oben. Dieser Muskel heißt Bizeps.
Wird der Arm gestreckt, zieht sich der Muskel auf der anderen Seite des Oberarms, der Trizeps, zusammen und zieht den Unterarm nach unten.

1. Oberarmknochen
2. Schulterblatt
3. Sehne
4. Bizeps
5. Trizeps
6. Elle
7. Speiche

Muskeln und Bewegung

Unser Skelett wird von den Muskeln bewegt.

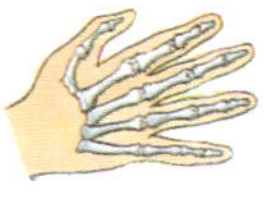

Was ist ein Gelenk?

Ein Gelenk ist die Stelle, an der 2 Knochen über Bänder miteinander verbunden sind. Hier sind die Knochen von Knorpel umgeben. Zwischen den Knochen befindet sich eine kleine, mit Flüssigkeit gefüllte Kapsel. Diese Flüssigkeit erleichtert die Bewegung des Gelenks. Es gibt verschiedene Arten von Gelenken: zum Beispiel das Scharniergelenk am Knie oder das Kugelgelenk an der Schulter.

Das Innere eines Muskels
Im Muskel zirkuliert Blut, das ihn mit Nahrung und Sauerstoff versorgt. Beides braucht er um arbeiten zu können.
Je mehr der Muskel arbeitet, desto mehr Energie verbraucht er.

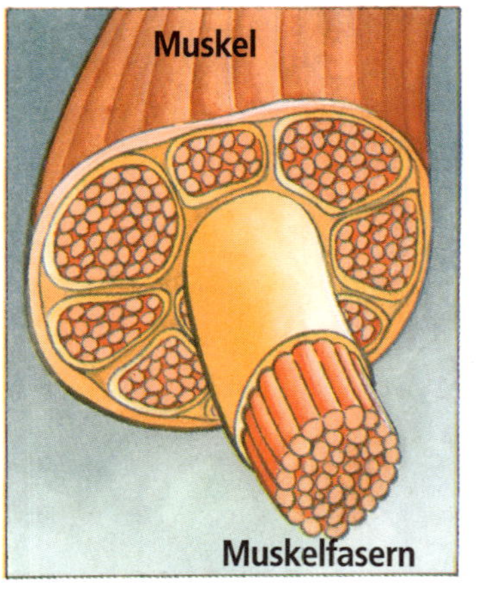

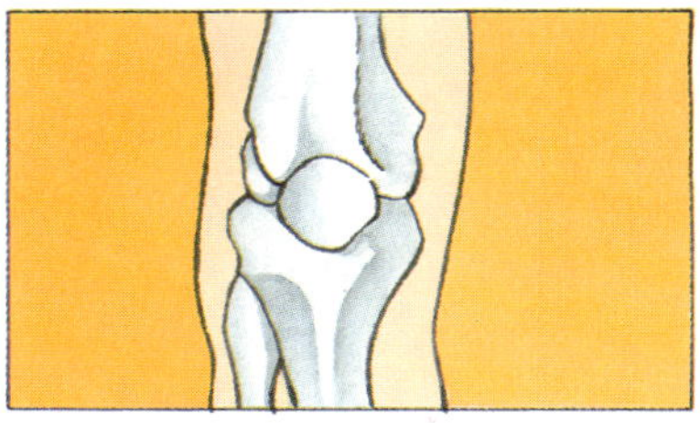

Kniegelenk

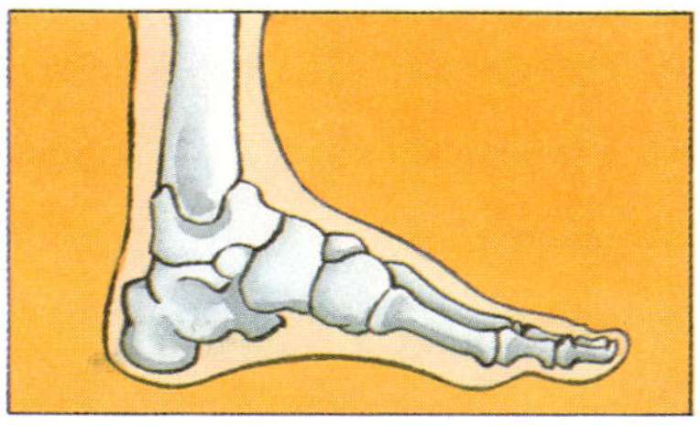

Fußgelenk

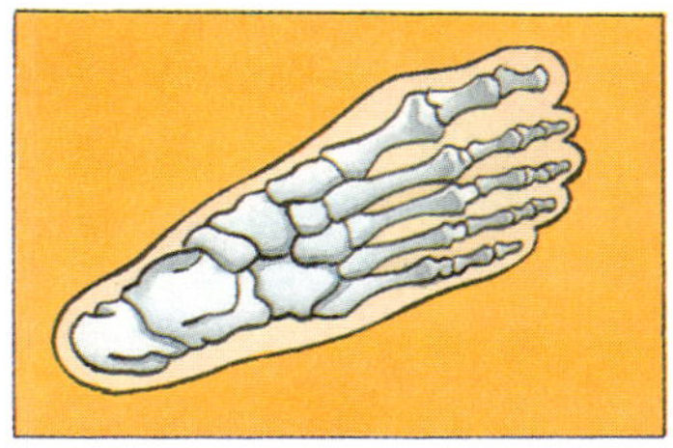

Zehengelenke

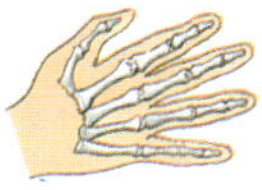

Was ist ein Muskel?

Muskeln bestehen aus einzelnen Fasern, die sich zusammenziehen können. Es gibt glatte Muskeln, die man nicht beeinflussen kann, wie zum Beispiel die Darmmuskeln. Es gibt auch quer gestreifte Muskeln, die direkt auf einen Befehl des Gehirns reagieren. Dazu zählen die Muskeln, die über Sehnen mit Knochen verbunden sind und unsere Glieder bewegen. Der Körper verfügt über 639 dieser Muskeln. Dazu gehört auch der Herzmuskel, dessen Bewegungen wir nicht beeinflussen können.

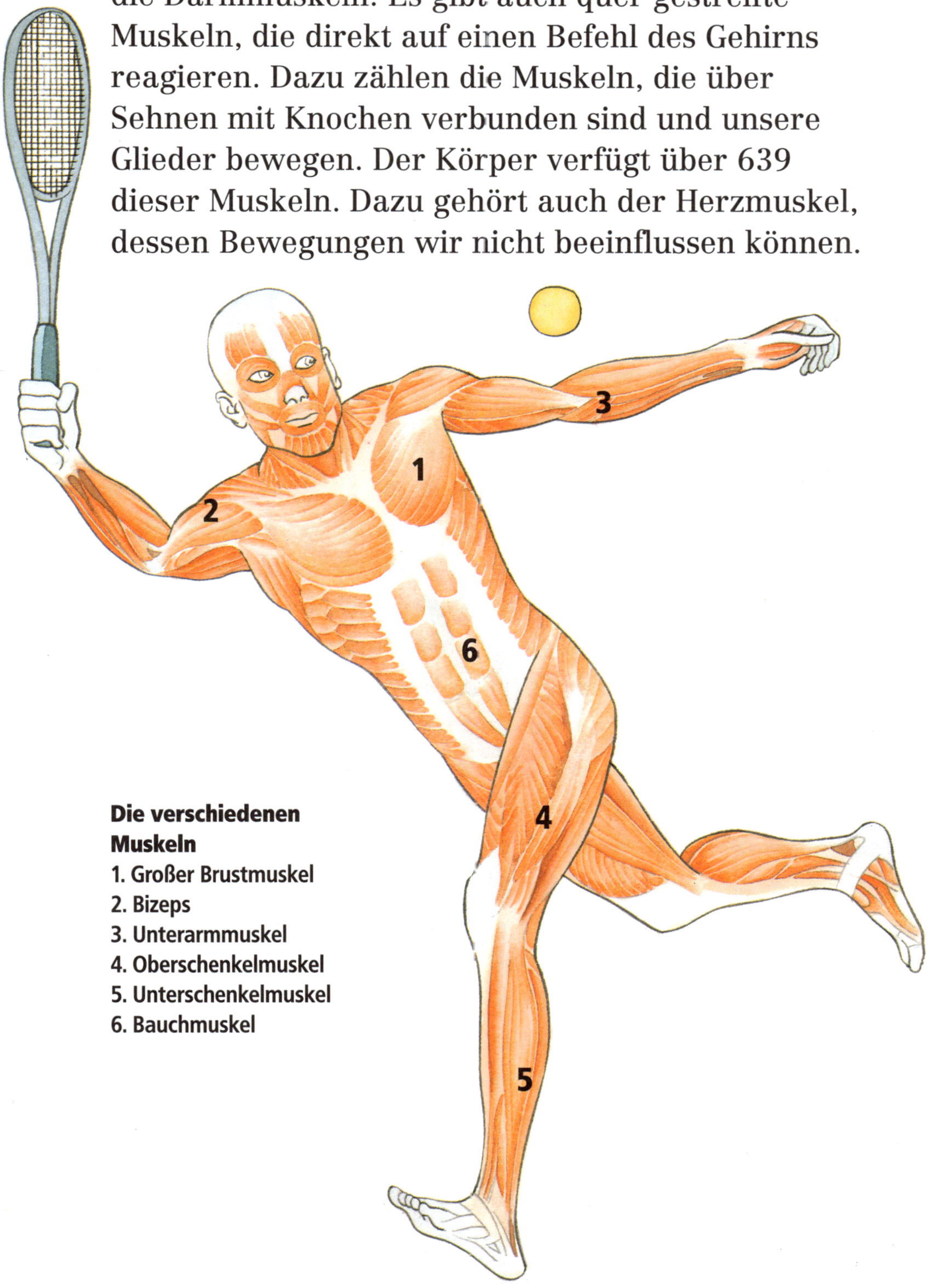

Die verschiedenen Muskeln
1. Großer Brustmuskel
2. Bizeps
3. Unterarmmuskel
4. Oberschenkelmuskel
5. Unterschenkelmuskel
6. Bauchmuskel

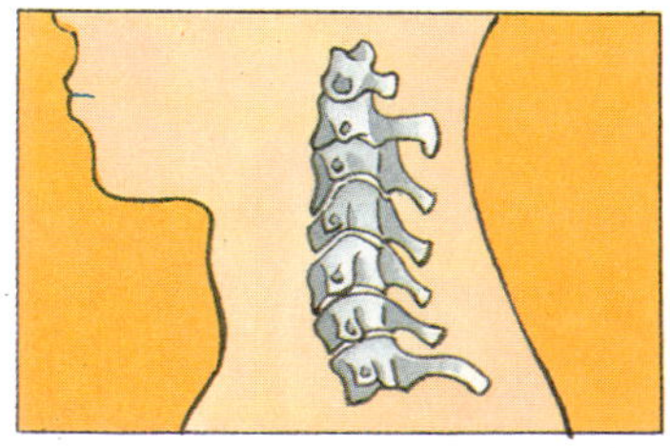

Wirbelgelenke

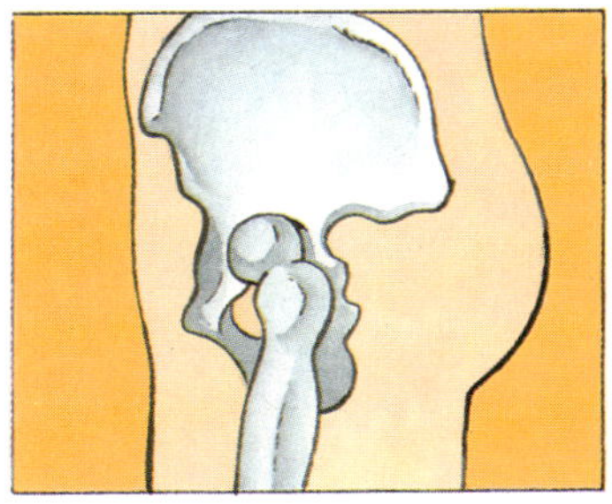

Hüftgelenk

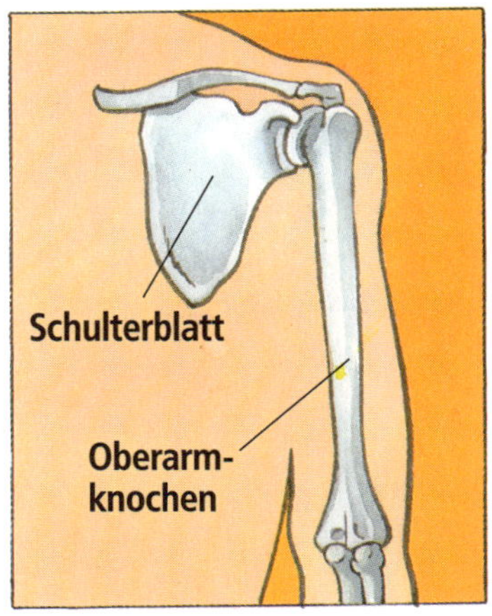

Das Schultergelenk
Die Arme lassen sich nach allen Richtungen bewegen. Das kommt daher, dass der Oberarmknochen über ein Kugelgelenk mit dem Schulterblatt verbunden ist. Auch das Hüftgelenk ist ein Kugelgelenk, das die Beine in alle Richtungen beweglich macht.

Der größte Knochen
Der Oberschenkelknochen ist der größte Knochen unseres Körpers. Beim erwachsenen Menschen kann er bis zu 50 Zentimeter lang werden.

Der kleinste Knochen
Eines unserer Gehörknöchelchen, der Steigbügel, ist der kleinste Knochen des menschlichen Körpers. Dieser Knochen ist nur 3 Millimeter groß.

Die Knochen und das Skelett

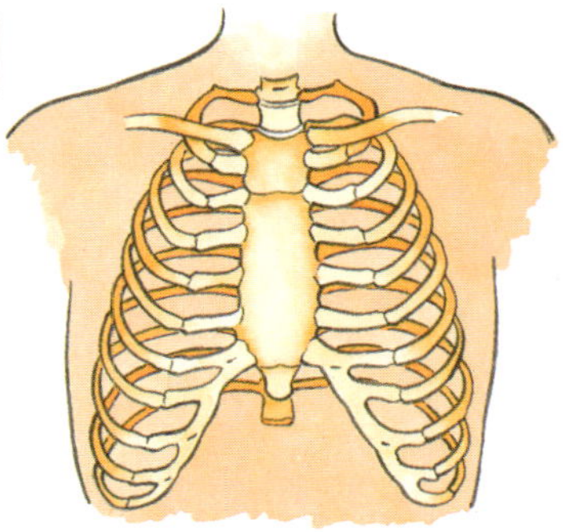

Ohne die Knochen könnten wir unseren Körper nicht aufrecht halten.

Die Wirbelsäule
Aus 33 einzelnen Wirbelknochen, die durch die Bandscheiben abgefedert werden, besteht die menschliche Wirbelsäule. Sie schützt die Nervenbahnen des Rückenmarks und ermöglicht den aufrechten Gang.

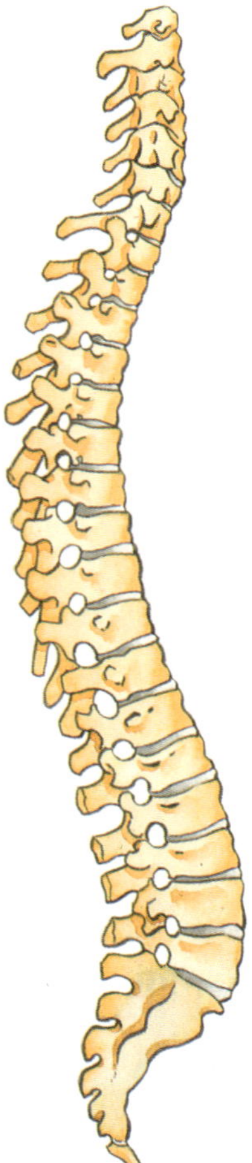

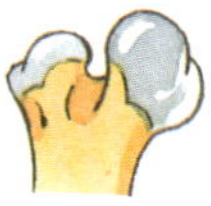

Was ist das Skelett?

Alle Knochen im Körper sind miteinander verbunden und bilden zusammen das Skelett. Dieses besteht aus insgesamt 206 Knochen. Die Knochen sind hart und stabil und bestehen hauptsächlich aus Kalzium. Sie wachsen von unserer Geburt bis ungefähr zum Alter von 20 Jahren. Die Knochen geben dem Körper seine Form und Festigkeit. Außerdem schützen sie empfindliche Teile des Körpers wie Gehirn, Herz und Lunge.

Der Schädel
Verschiedene Knochenplatten, die das Gehirn bedecken, bilden den Schädel. Diese Knochenplatten sind fest miteinander verbunden, nur der Unterkieferknochen ist durch ein Gelenk beweglich.

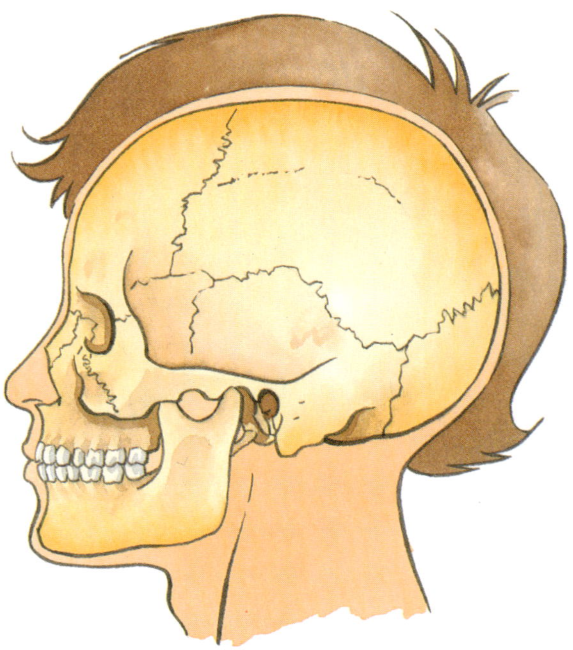

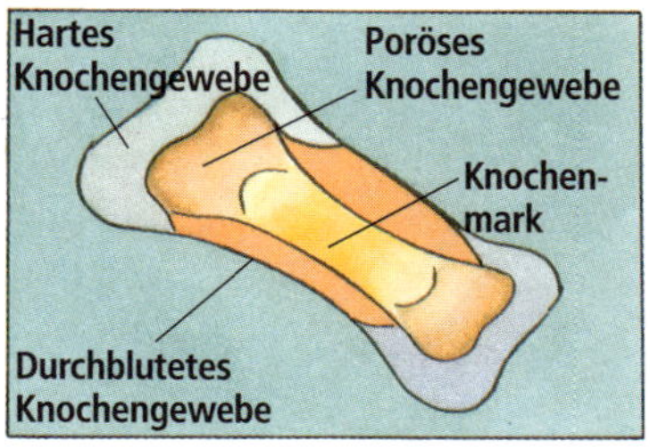

Knochen setzen sich aus lebenden Zellen zusammen. In Knochen ist Knochenmark enthalten, aus dem weiße und rote Blutkörperchen entstehen.

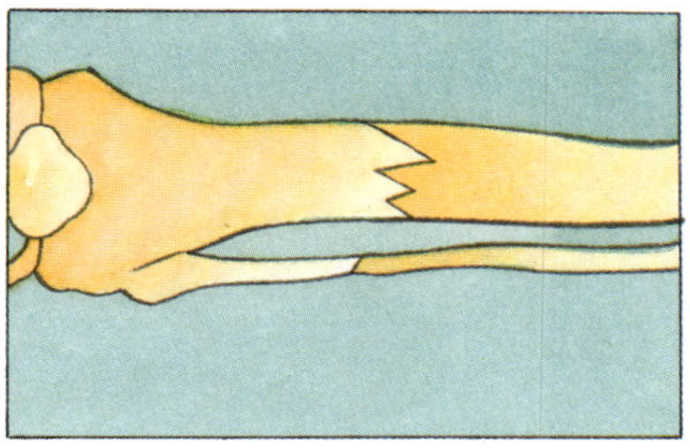

Gebrochene Knochen werden mit einem Gipsverband ruhiggestellt, damit sie wieder zusammenwachsen können.

Wie wachsen Knochen?

An den Enden der Knochen gibt es einen weichen Teil, den Knorpel. Durch Kalzium verlängert und verhärtet er sich. Wenn ein Knochen gebrochen ist, hilft das Kalzium bei der Heilung.

Das Becken
Zwischen den Knochen des männlichen und des weiblichen Skeletts gibt es keine Unterschiede. Das weibliche Becken ist aber breiter, so hat im Falle einer Schwangerschaft das Baby genug Platz.

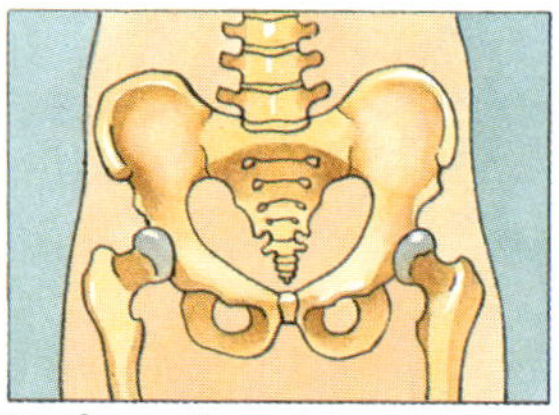

Becken eines Mannes

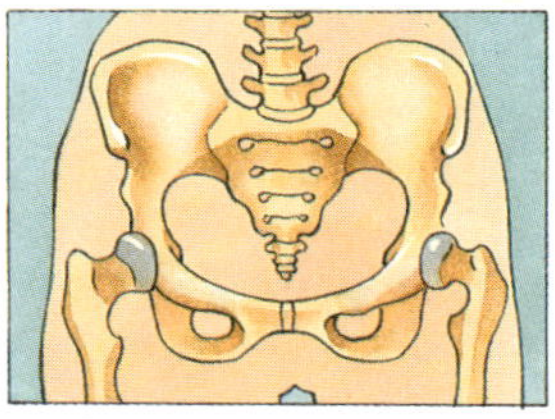

Becken einer Frau

Der Brustkorb
Der Brustkorb besteht aus 24 Knochen, den Rippen. Diese schützen Herz und Lunge und sind sowohl über Gelenke mit der Wirbelsäule als auch über Gelenkknorpel mit dem Brustbein verbunden.

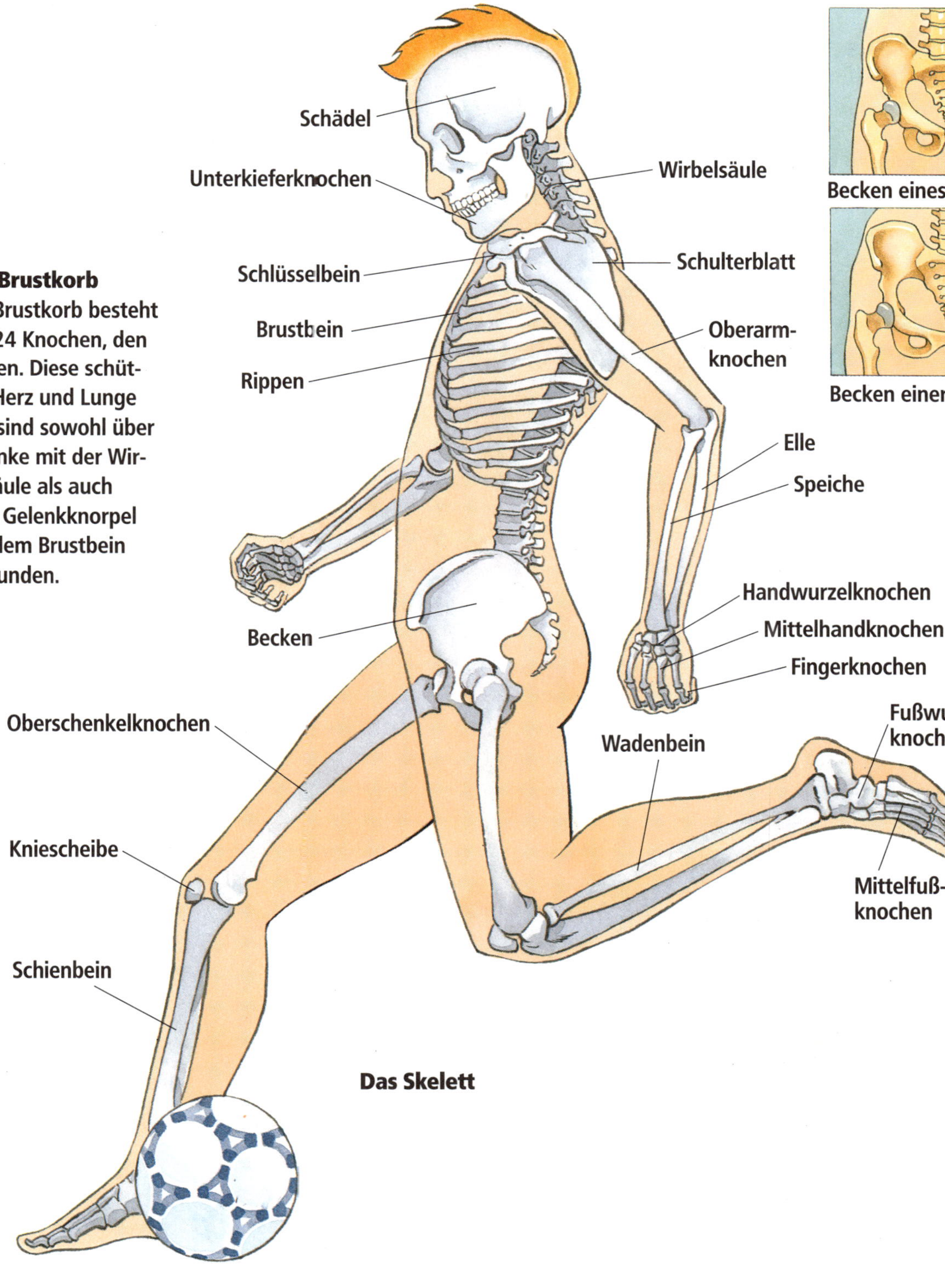

Das Skelett

Das Herz schlägt unterschiedlich schnell.

Nachts ruht das Herz aus. Es schlägt dann ungefähr 60-mal in der Minute.

Nach einem schnellen Lauf schlägt das Herz bis zu 180-mal pro Minute.

Wenn der Körper keiner besonderen Belastung ausgesetzt ist, schlägt das Herz ungefähr 70- bis 80-mal pro Minute.

Das Herz und das Blut

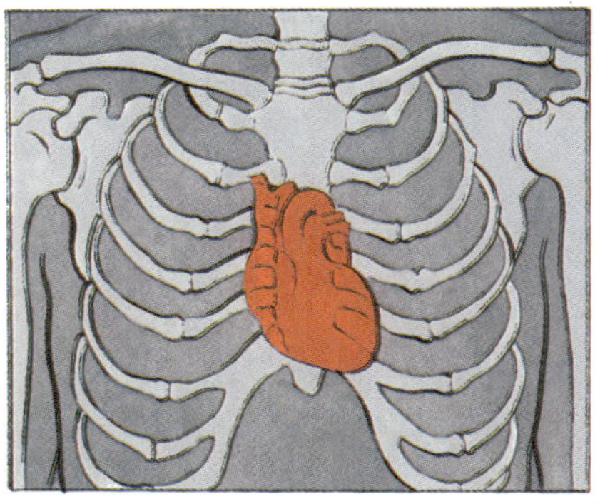

Das Herz ist eine Pumpe.
Es transportiert ungefähr 5 Liter Blut durch den Körper.

Was ist das Herz?

Das Herz ist ein Muskel, der aus 2 verschiedenen Kammern besteht. Es hat die Größe einer Faust und wiegt ungefähr 300 Gramm. Jede der beiden Herzhälften besteht aus einem Herzvorhof und einer Herzkammer. Das Herz zieht sich ungefähr 70-mal pro Minute zusammen und dehnt sich dann wieder aus. Wie eine Pumpe bewegt es Blut durch die verschiedenen Teile des Körpers und versorgt ihn mit wichtigen Nährstoffen und Sauerstoff.
Im Gegensatz zu den Muskeln der Arme und Beine bewegt sich der Herzmuskel ohne Befehl durch das Gehirn.

Blut gerinnt
Wenn eine Vene geöffnet wird, fließt das Blut heraus. Sofort sammeln sich Blutplättchen und es bilden sich Fasern, die das Blut zurückhalten. Nun entsteht ein Blutgerinnsel, das die Wunde verschließt und die beschädigten Blutgefäße abdichtet.

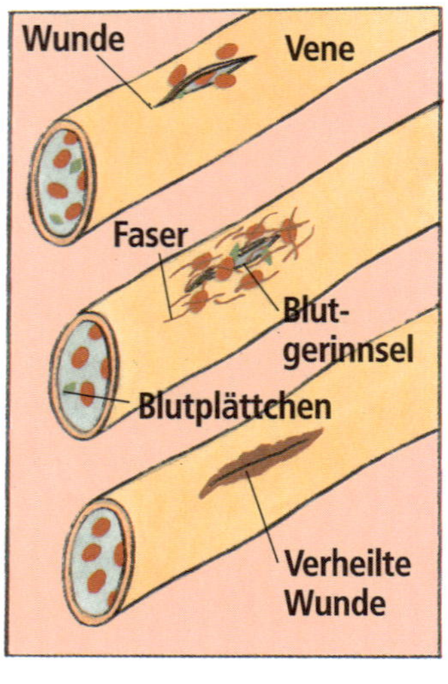

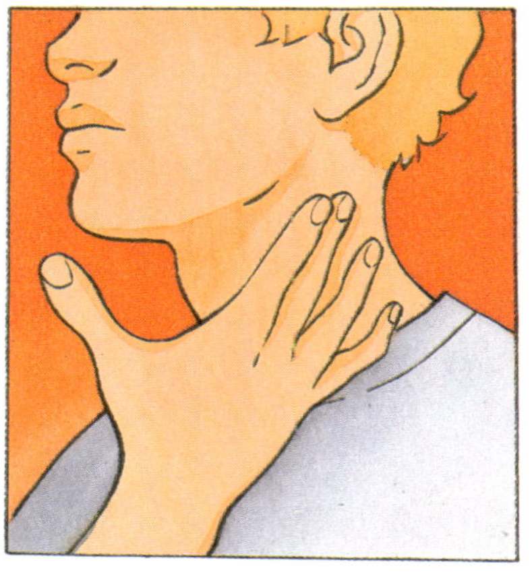

Den Puls fühlen
An einigen Stellen des Körpers kann man fühlen, wie die Arterien den Herzschlag weiterleiten. Man spürt den Puls besonders gut, wenn man die Hand auf die Halsschlagader legt, durch die das Blut zum Gehirn transportiert wird.

Das Herz von Kindern schlägt schneller als das von Erwachsenen. Bei der Geburt schlägt das Herz eines Säuglings 140-mal in der Minute.

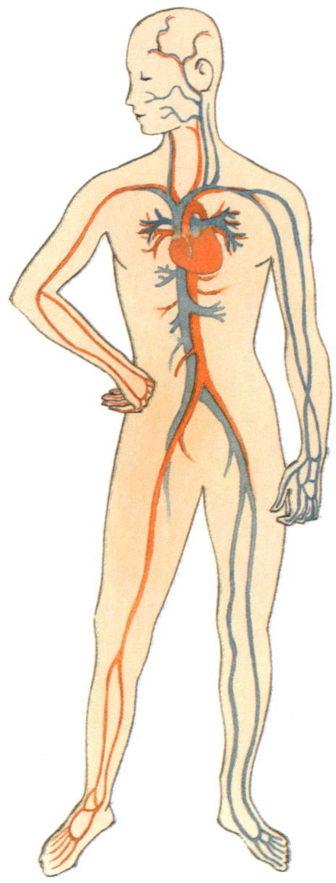

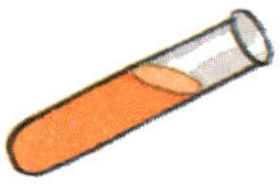

Was ist Blut?

Blut ist die rote Körperflüssigkeit. Es besteht aus 3 verschiedenen Arten von Zellen: den roten Blutkörperchen, die Sauerstoff und Kohlendioxid transportieren, den weißen Blutkörperchen, die für die Bekämpfung von Krankheiten zuständig sind, und den Blutplättchen, die für die Blutgerinnung wichtig sind.

Der Blutkreislauf
Das Blut, das von den Lungen kommt, ist hellrot, weil es viel Sauerstoff enthält. Über die linke Herzkammer wird dieses frische Blut durch die Arterien im ganzen Körper verteilt. Wenn das Blut durch die Venen aus dem Körper ins Herz zurückkommt, ist es dunkelrot, weil es Kohlendioxid transportiert. Über die rechte Herzkammer wird das Blut jetzt wieder in die Lungen gepumpt. Hier gibt das Blut das Kohlendioxid ab und nimmt Sauerstoff auf. Dann fließt es über die linke Herzkammer wieder in den Körper. Insgesamt sind die Arterien, Venen und kleinen Blutgefäße, die unser Blut im Körper transportieren, 96 000 Kilometer lang.

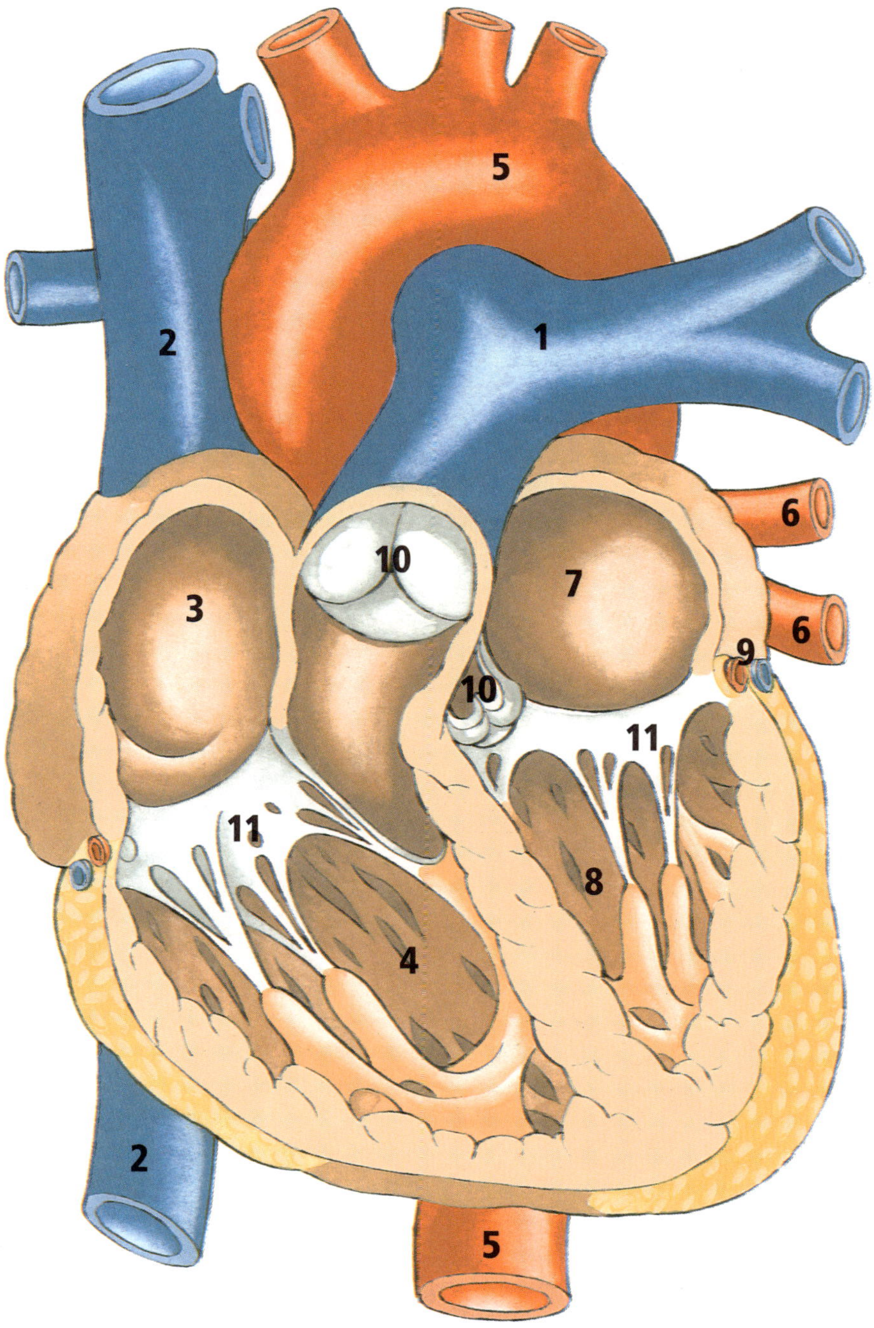

Das Herz
1. Lungenarterie
2. Hohlvene
3. Rechter Herzvorhof
4. Rechte Herzkammer
5. Aorta
6. 2 von insgesamt 4 Lungenvenen
7. Linker Herzvorhof
8. Linke Herzkammer
9. Herzkranzvene und Herzkranzarterie
10. Herzklappen
11. Segelklappen

Ein- und Ausatmen
Die durch den Brustkorb geschützte Lunge ist eine Art Luftschwamm, der sich aufbläht und wieder zusammenschrumpft.

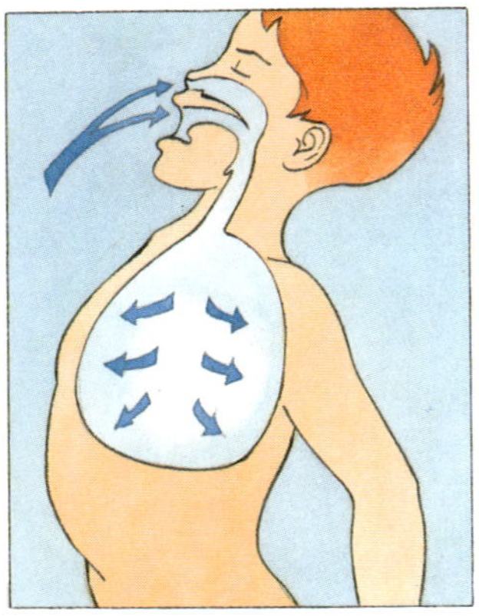

Einatmen
Das Zwerchfell zieht sich zusammen. Die Lunge dehnt sich aus und Sauerstoff strömt hinein.

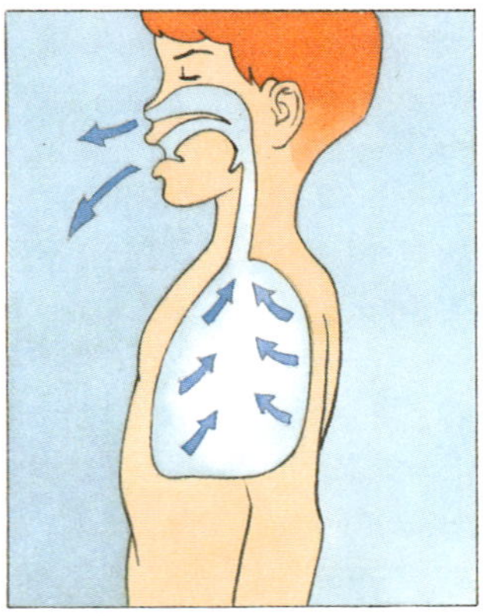

Ausatmen
Das Zwerchfell entspannt sich und der Brustkorb zieht sich zusammen. Die Lunge entleert sich und die verbrauchte Luft strömt aus.

Schluckauf
Manchmal zieht sich das Zwerchfell mehrere Male hintereinander schnell zusammen. Luft füllt schlagartig die Lunge, die Stimmbänder schnappen zu und verursachen den Laut, den wir als Schluckauf kennen.

Die Atmung

Ohne zu atmen können wir nur wenige Minuten überleben.

Warum atmen wir?

Unser Körper braucht zum Leben Sauerstoff, der in der Luft enthalten ist. Wurde dieser verbraucht, wandelt er sich in Kohlendioxid um, das der Körper wieder an die Luft zurückgibt. Beim Einatmen wird Sauerstoff über die Lunge aufgenommen, beim Ausatmen wird Kohlendioxid über die Lunge wieder abgegeben. Die Lunge besteht aus 2 Hälften, den Lungenflügeln.

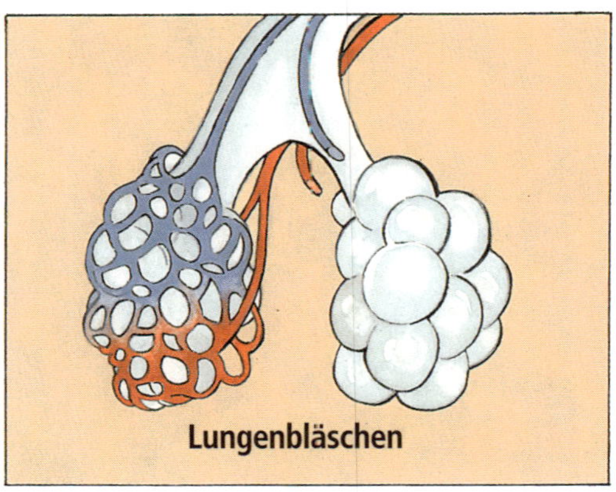

Der Austausch von Sauerstoff und Kohlendioxid
Über die Lungenbläschen gelangt ein Teil des Sauerstoffs aus der eingeatmeten Luft ins Blut. Und umgekehrt gelangt Kohlendioxid aus dem Blut über die Lungenbläschen in die Luft, die ausgeatmet wird. Auf diese Weise tauscht das Blut in der Lunge das Kohlendioxid gegen frischen Sauerstoff aus.

Warum niest man?
Beim Niesen werden sehr schnell und stark große Mengen Luft durch die Nase ausgestoßen. So können sich die Nasenwände von störenden Teilen wie Staubkörnchen und Krankheitserregern befreien.

Warum gerät man nach einer körperlichen Anstrengung außer Atem?
Wenn die Muskeln schwere Arbeit leisten, steigt ihr Sauerstoffverbrauch an und die Atmung wird schneller. Der Austausch von Sauerstoff und Kohlendioxid im Blut muss dann viel schneller vonstatten gehen. Man kann auch nach einer Gefühlserregung, bei Angst oder durch eine Überraschung außer Atem sein. Der Grund dafür ist, dass man in solchen Momenten kurzzeitig aufhört zu atmen. Danach braucht die Atmung ein paar Minuten, um zu ihrem normalen Rhythmus zurückzufinden.

Was passiert im Inneren der Lunge?

In der Lunge nimmt das Blut frischen Sauerstoff auf, um ihn dann im Körper zu verteilen. Anschließend gibt das Blut Kohlendioxid ab, das über die Ausatmung den Körper verlässt. Dieser Austausch von Sauerstoff und Kohlendioxid findet in den Millionen Lungenbläschen statt.

1. Nase
2. Mund
3. Luftröhre
4. Lunge
5. Bronchien
6. Bronchiolen
7. Lungenbläschen
8. Herz
9. Zwerchfell

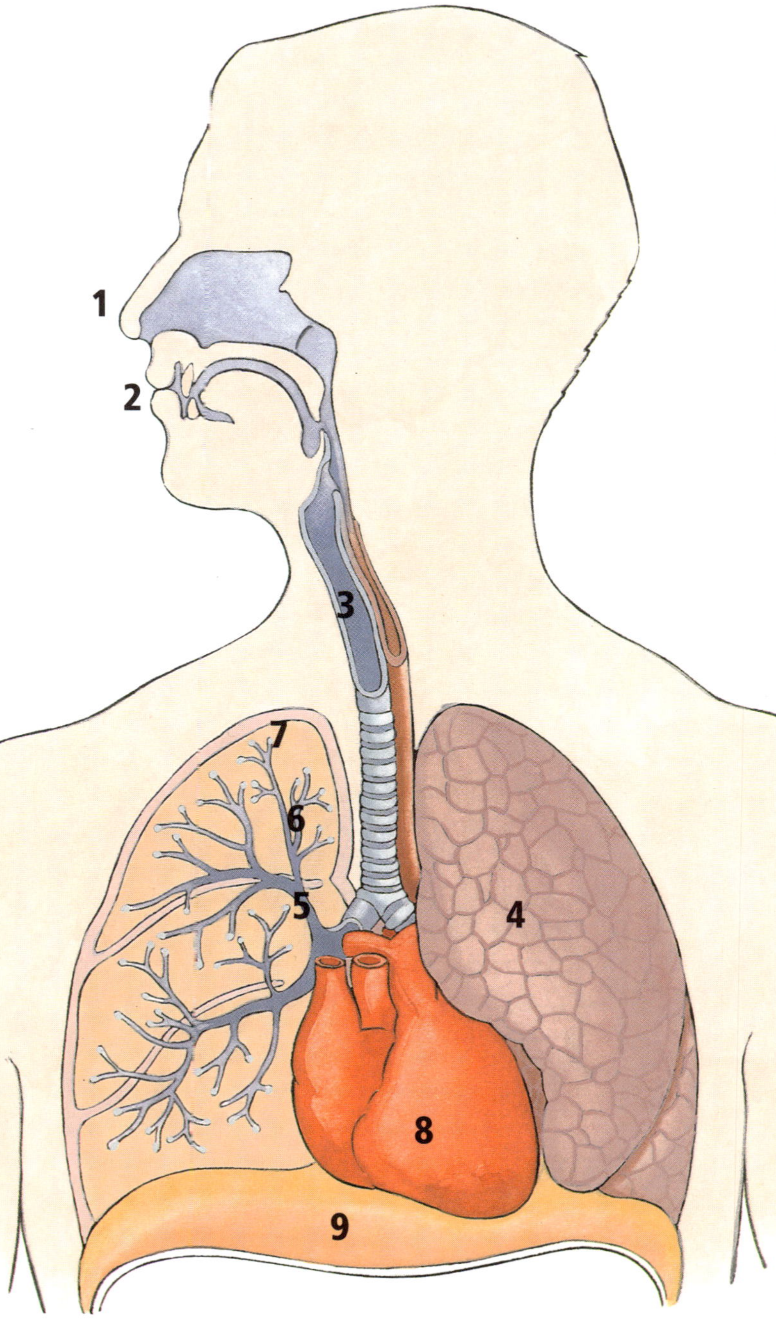

Unsere Atmung
Beim Einatmen strömt über Nase (1) oder Mund (2) Luft in die Luftröhre (3) und dann in die Bronchien (5) in der Lunge (4). Die Bronchien verzweigen sich in die Bronchiolen (6). An deren Ende sitzen die Lungenbläschen (7).

Die Zähne
Zähne sind mit Zahnschmelz überzogen. Mit den Zähnen wird die Nahrung zerkleinert und zermahlen, damit die Nährstoffe besser aufgenommen werden können.

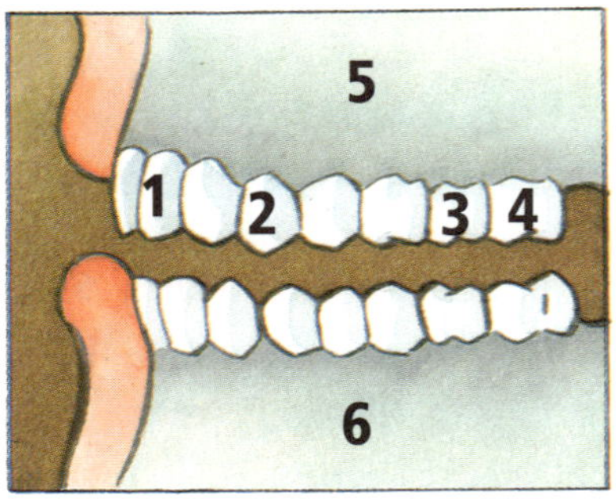

1. Die Schneidezähne sind flach und sehr scharf. Sie schneiden die Nahrung.

2. Die Eckzähne sind fein und spitz. Sie zerreißen die Nahrung.

3. und 4. Die Backenzähne sind groß und kräftig. Mit ihnen wird die Nahrung zermahlen.

5. Oberkiefer

6. Unterkiefer

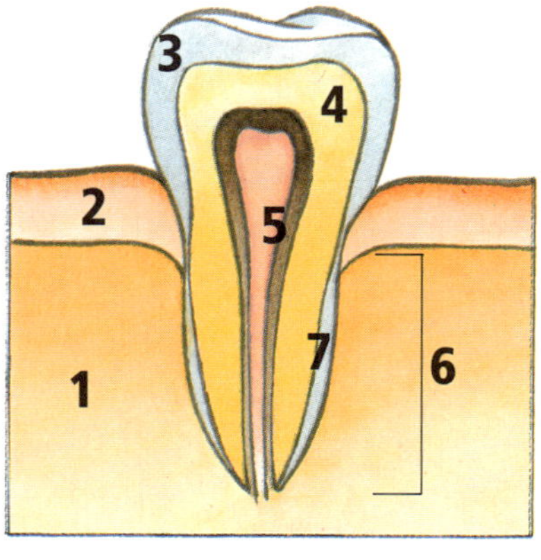

Das Innere eines Zahns
1. Kieferknochen
2. Zahnfleisch
3. Zahnschmelz
4. Zahnbein
5. Zahnmark
6. Zahnwurzel
7. Zement

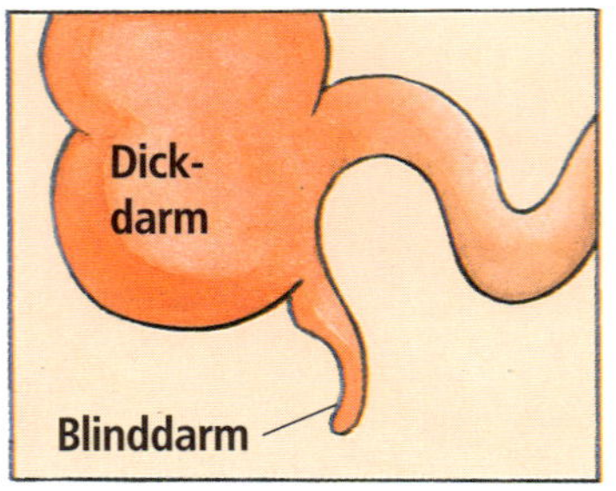

Was ist ein Blinddarm?
Der Blinddarm ist eine kleine Tasche am Dickdarm. Wenn er sich entzündet, kann das sehr schmerzhaft sein. Man nennt das Blinddarmentzündung. In diesem Fall muss der Arzt den Blinddarm herausoperieren.

Die Verdauung

Der Körper verdaut die Nahrung, die zugeführt wird, innerhalb von 24 Stunden.

Was ist Verdauung?

Die Nahrung, die der Mensch zu sich nimmt, kann vom Körper nicht direkt verwertet werden. Er muss sie vorher verdauen. Zunächst wird der Nahrungsbrei in immer kleinere Teile aufgelöst und die Nährstoffe an das Blut abgeben. Anschließend werden die unverdaulichen Teile von den verwertbaren getrennt. Die Verdauung beginnt bereits im Mund, setzt sich im Magen fort und wird im Darm beendet. Der Verdauungvorgang dauert ungefähr 24 Stunden, wobei die Abfallstoffe ausgeschieden werden.

Das Blut – ein Transportmittel für Nahrung und Abfälle
Das Blut versorgt die Organe unseres Körpers mit Eiweiß, Fett, Kohlenhydraten, Mineralien und Vitaminen. Wenn diese verschiedenen Nahrungsteile verbraucht sind, entstehen Abfallstoffe, die vom Blut in die Nieren transportiert und von dort über die Harn ableitenden Wege ausgeschieden werden.

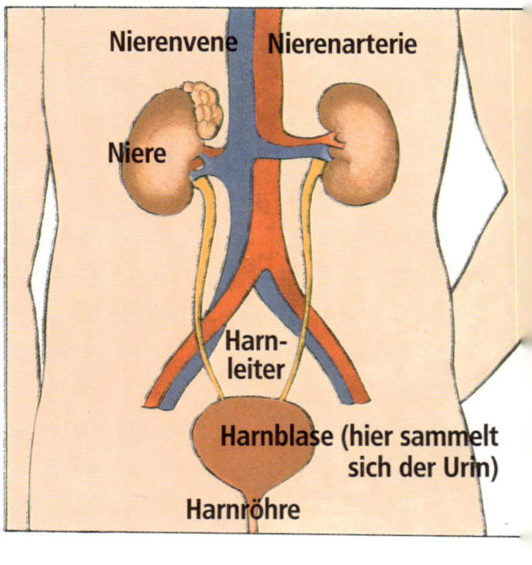

Die verschiedenen Abschnitte der Verdauung

Im Mund: Hier wird die Nahrung durch die Zähne zerkleinert und mit Speichel eingeweicht.

In der Speiseröhre: Durch diesen Schlauch gelangt die Nahrung in den Magen.

Im Magen: Hier wird die Nahrung in kleinste Teile zerlegt und durch den Magensaft desinfiziert und vorverdaut.

Im Darm: Die Leber, die Bauchspeicheldrüse und der Darm sondern Säfte ab, durch die unsere Nahrung in einzelne Bestandteile zerlegt wird. Der Darm ist ungefähr 6 Meter lang. Die wertvollen Teile der Nahrung gelangen über die Darmwände ins Blut. Nicht verwertbare Teile werden im Dickdarm gesammelt. Der Kot wird über den After ausgeschieden.

Warum hat man manchmal Bauchschmerzen?

Einige Nahrungsmittel wie zum Beispiel Fisch oder Brot sind leicht zu verdauen. Sie bleiben 2 oder 3 Stunden im Magen und gelangen dann in den Dünndarm. Sehr fette Speisen bleiben 7 bis 8 Stunden im Magen. Wenn man zu viel isst, sind der Magen und der Darm überfordert und der Körper reagiert mit Bauchschmerzen. Es kann sogar passieren, dass der Magen überhaupt nicht mehr verdaut, sodass man sich übergeben muss. Mit Übelkeit und Erbrechen reagiert der Körper auch, wenn man verdorbene Nahrungsmittel zu sich genommen hat.

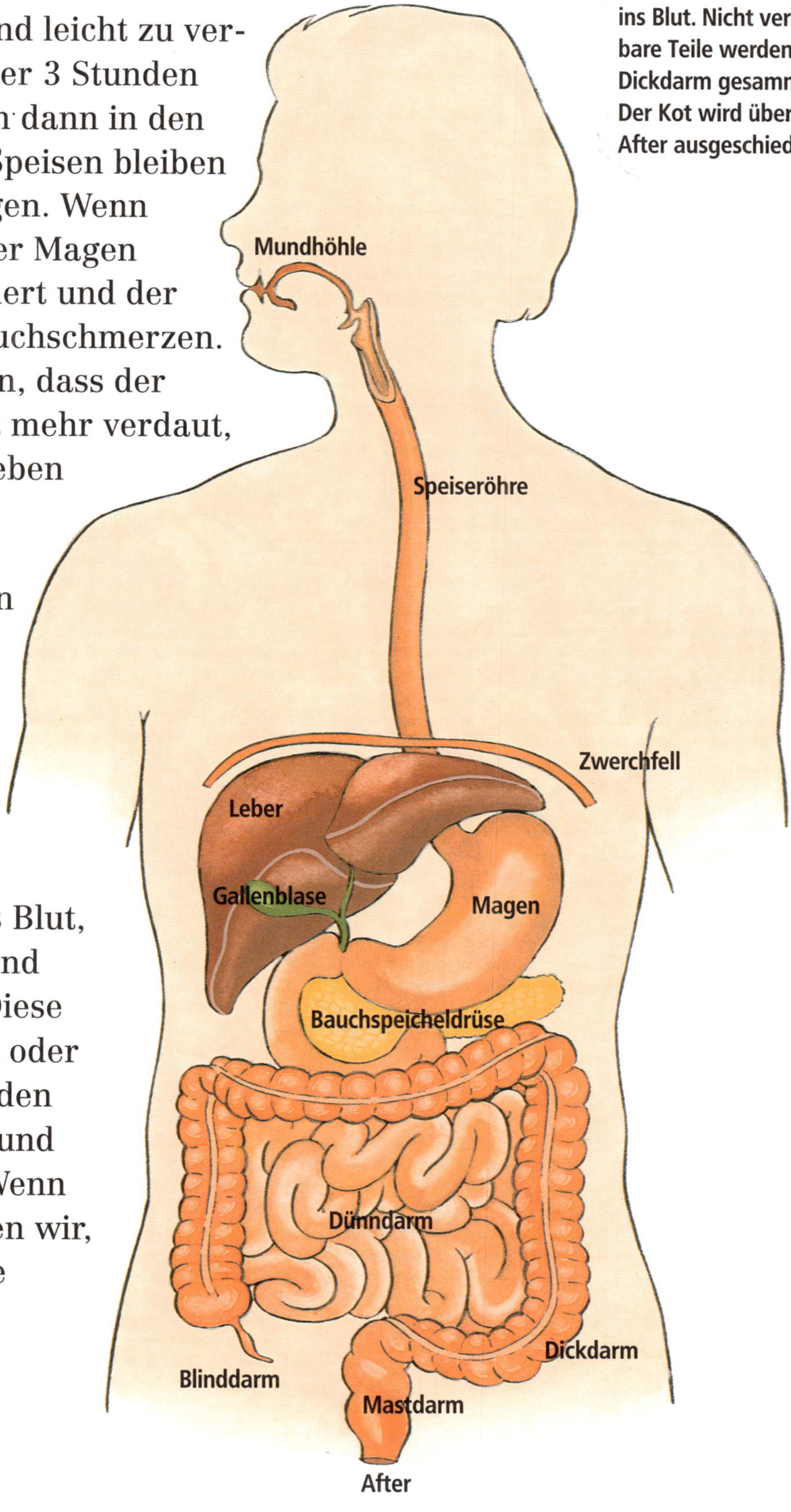

Was ist Urin?

Die Nieren reinigen das Blut, indem sie Abfallstoffe und Wasser herausfiltern. Diese Flüssigkeit ist der Harn oder Urin. Er tröpfelt durch den Harnleiter in die Blase und wird dort gesammelt. Wenn die Blase voll ist, merken wir, dass wir auf die Toilette müssen.

Kilokalorien
Man zählt die Energiemenge, die in der Nahrung enthalten ist, in Kilokalorien. Diese Menge ist je nach Nahrungsart unterschiedlich. Um 250 Kilokalorien zu sich zu nehmen, braucht man zum Beispiel:

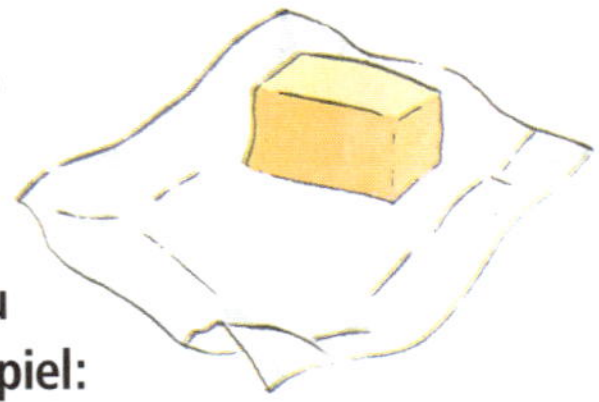
32 Gramm Butter

50 Gramm Schokolade

1,25 Kilogramm Tomaten

Je nach Tätigkeit benötigt ein Erwachsener täglich zwischen 1800 und 3500 Kilokalorien. Wer mehr Kalorien zu sich nimmt, nimmt an Gewicht zu.

In welchen Nahrungsmitteln sind die wichtigsten Nährstoffe enthalten?

Proteine (Eiweiße)
Fleisch, Fisch, Eier, Milch, Gemüse
- Bausteine des Körpers, Wachstum

Kohlenhydrate
Früchte, Getreide und Gemüse
- Zufuhr von Energie

Wasser und mineralische Salze
In allen Lebensmitteln
- Wachstum und lebensnotwendige Funktionen des Körpers

Vitamine
In allen rohen Nahrungsmitteln
- Gutes Funktionieren der Körperorgane

Ballaststoffe
Früchte, Getreide und Gemüse
- Erleichtert das Ausscheiden der Abfallstoffe

Die Ernährung

So wie der Mensch atmen muss, so braucht er auch Nahrung.

Warum müssen wir essen?

Nahrung enthält viele Substanzen, die der Körper braucht, um Energie zu gewinnen, zu wachsen und sich zu erneuern. Auch für unsere Gesundheit ist die Nahrung wichtig. Nährstoffe, Vitamine und Mineralien erhält unser Körper aus tierischer Nahrung (Fleisch, Fisch, Milch, Eiern), aus pflanzlichen Produkten (Früchten und Gemüse) und aus Wasser und Salz.
Essen ist lebensnotwendig und man sollte darauf achten sich abwechslungsreich zu ernähren, damit der Körper alle notwendigen Nährstoffe erhält.

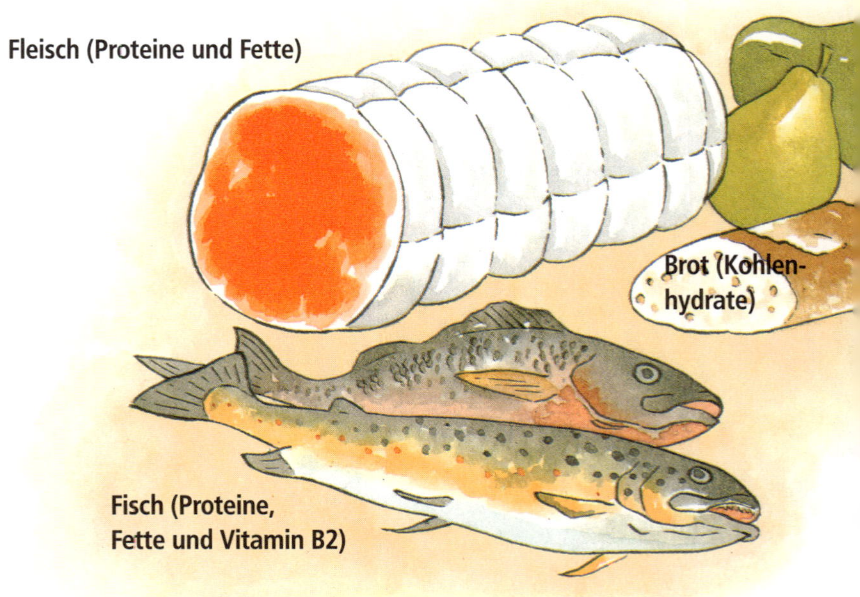

Unser Körper braucht Wasser
Wir verlieren am Tag ungefähr 2 Liter Wasser durch Schwitzen, über den Urin und über die Luft, die ausgeatmet wird. Dieses Wasser muss dem Körper durch Trinken oder durch wasserhaltige Nahrung wieder zugeführt werden.

Nimmt man mit der Nahrung mehr Energie auf, als der Körper verbraucht, wird der Überschuss in Fett umgewandelt und gespeichert. Auf die Dauer werden dabei auch das Herz und die Arterien belastet.

Was ist eine ausgewogene Ernährung?

Um Energie zu produzieren braucht der Körper täglich Kohlenhydrate und Fette. Um gesund zu bleiben werden außerdem Proteine, mineralische Salze und Vitamine benötigt.
Eine ausgewogene Ernährung führt dem Körper alle diese Stoffe in der richtigen Menge zu. Eine solche Ernährung sollte abwechslungsreich und gut über den Tag verteilt sein.

Zuviel Zucker schadet nicht nur den Zähnen.

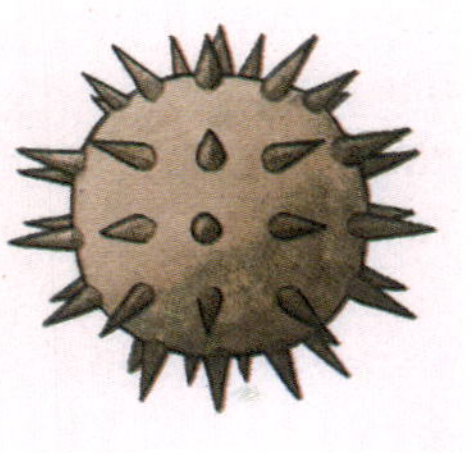

Aids
Das HI-Virus, das Aids verursacht, wird durch Blut und Sperma übertragen. Es greift die weißen Blutkörperchen an und schwächt den Körper, der sich nicht mehr gegen andere Viren und Bakterien verteidigen kann. Bei einem Aids-Kranken bricht die Abwehr des Körpers allmählich zusammen. Bis jetzt gibt es noch kein Heilmittel gegen diese Krankheit.

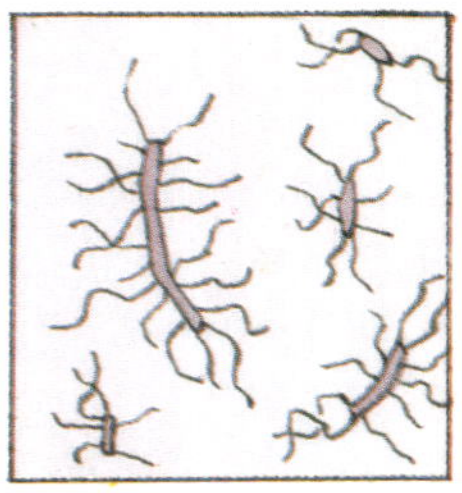
Bakterien

Bakterien
Diese winzig kleinen Organismen können für den Körper auch sehr nützlich sein. So helfen sie zum Beispiel bei der Verdauung der Nahrung. Manche Bakterien verursachen Krankheiten.

Krankheiten und Medikamente

Wenn Bakterien und Viren in den Körper eindringen, werden die weißen Blutkörperchen, die Schutzpolizei des Körpers, aktiv.

Woher kommen Krankheiten?

Viele der Infektionskrankheiten werden durch winzig kleine Organismen ausgelöst. Beispielsweise Tetanus durch Bakterien und Grippe durch Viren. Ohne Mikroskop kann man die Bakterien oder Viren nicht sehen. Sie befallen den Körper, dringen in das Blut ein und vermehren sich sehr schnell.

Die Impfung
Der Körper kann sich besser gegen Infekte verteidigen, wenn er bereits mit den Viren und Bakterien in Berührung gekommen ist. Genau das geschieht beim Impfen. Man spritzt die Krankheitserreger in einer ganz kleinen Menge in das Blut. Sie sind so schwach, dass sie keine Krankheit verursachen können, aber die weißen Blutkörperchen lernen, sie zu erkennen und sich gegen sie zu verteidigen.

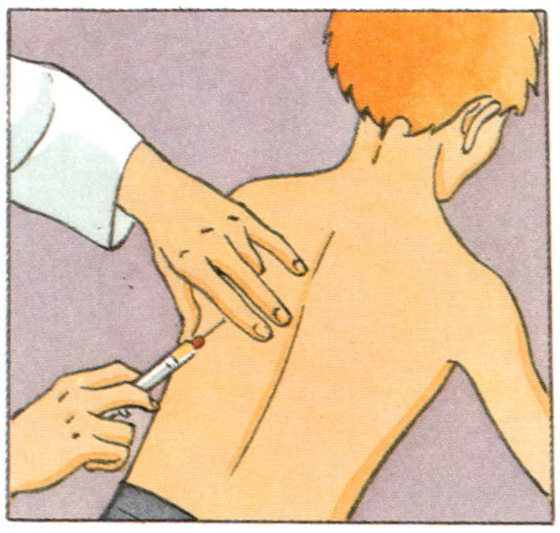

Krebs
Diese Krankheit entsteht, wenn die Zellen, die unsere Organe und unser Blut bilden, aus dem Gleichgewicht geraten. Sie beginnen sich unaufhaltsam zu vermehren und bilden möglicherweise Tumore, von denen aus sie andere Körperorgane befallen.

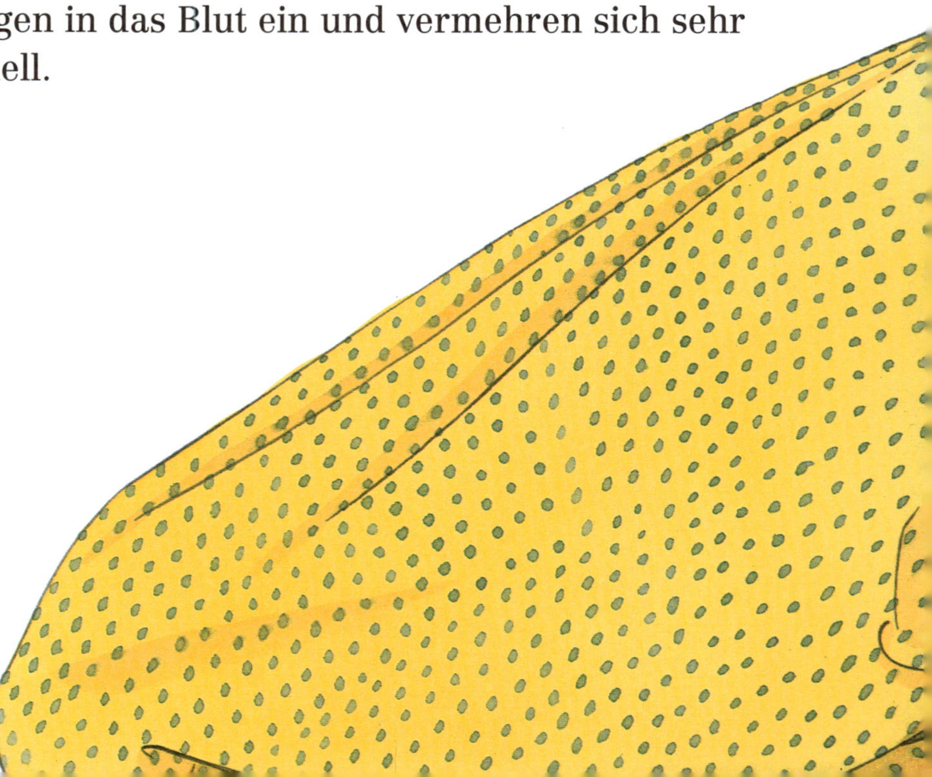

Die weißen Blutkörperchen
Weiße Blutkörperchen vermehren sich sehr schnell und greifen Bakterien an.

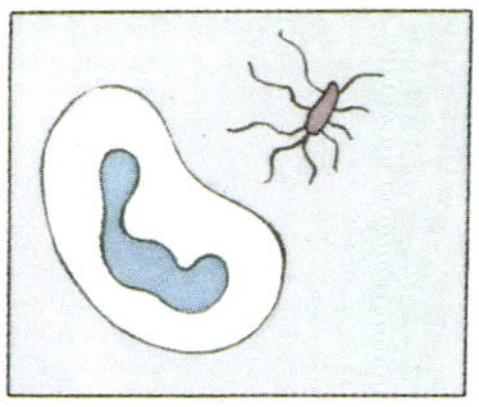

Das weiße Blutkörperchen schließt eine Bakterie ein. Es „frisst" die Bakterie und tötet sie.

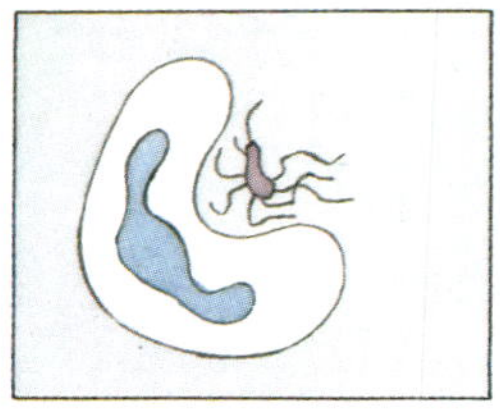

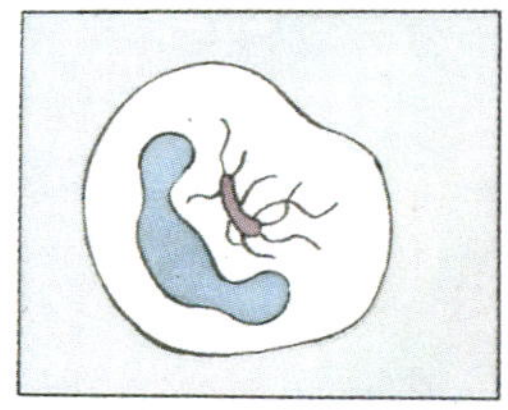

Die Gefahr ist gebannt. Jetzt stirbt auch das weiße Blutkörperchen und die Zahl der weißen Blutkörper im Blut geht auf ein normales Maß zurück.

Masern werden durch ein Virus übertragen und sind darum ansteckend. Wer an Masern erkrankt, bekommt überall am Körper rote Pusteln. Andere Krankheiten zum Beispiel Krebs werden nicht durch Viren oder Bakterien übertragen.

Wie wirken Medikamente bei Infektionskrankheiten?

Wenn der Körper sich gegen eine Krankheit nicht mehr selbst wehren kann, muss man ihm mit Medikamenten helfen. Antibiotika zum Beispiel wirken gegen Bakterien, indem sie diese daran hindern sich auszubreiten oder sie abtöten. Aber Antibiotika wirken nur gegen Bakterien. Gegen Viren sind sie machtlos. Der beste Schutz gegen Viren ist eine Impfung.

Fieber
Normalerweise hat der menschliche Körper eine Temperatur von 37 °C. Wenn Bakterien oder Viren den Körper befallen und sich vermehren, steigt die Temperatur und kann bis zu 41 °C erreichen. Der Körper verteidigt sich gegen die Krankheitserreger und reagiert mit Fieber. Dabei schlägt das Herz schneller, die Atmung beschleunigt sich und man beginnt zu schwitzen.

Was ist die Pubertät?
In der Pubertät verändert sich der Körper. Das Kind wird erwachsen und geschlechtsreif, das bedeutet, dass Mädchen und Jungen zeugungsfähig werden. Die Pubertät zeigt sich zuerst am Haarwachstum an den Geschlechtsorganen und unter den Armen. Die Stimme der Jungen wird in der Pubertät tiefer und im Gesicht wachsen Barthaare. Bei den Mädchen entwickeln sich die Brüste und sie bekommen ungefähr alle 28 Tage ihre Regelblutung. Einmal im Monat verdickt sich die Innenwand der Gebärmutter und bildet zusätzliche Blutgefäße aus. Sie bereitet sich so auf die Einnistung einer befruchteten Eizelle vor. Wenn das nicht geschieht, wird die Gebärmutter wieder dünner, die Blutgefäße lösen sich und das Blut tritt aus dem Körper aus.

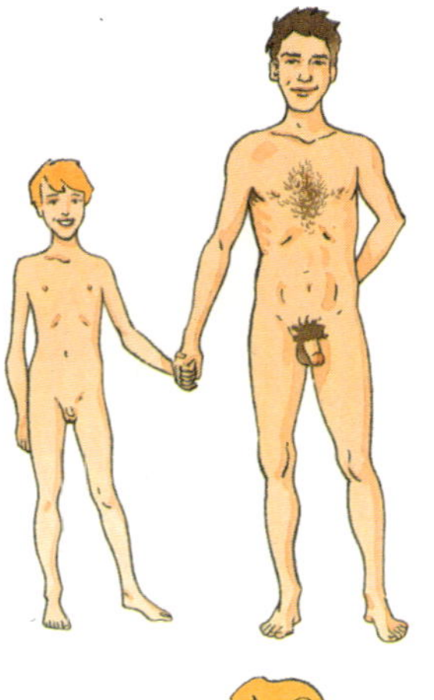

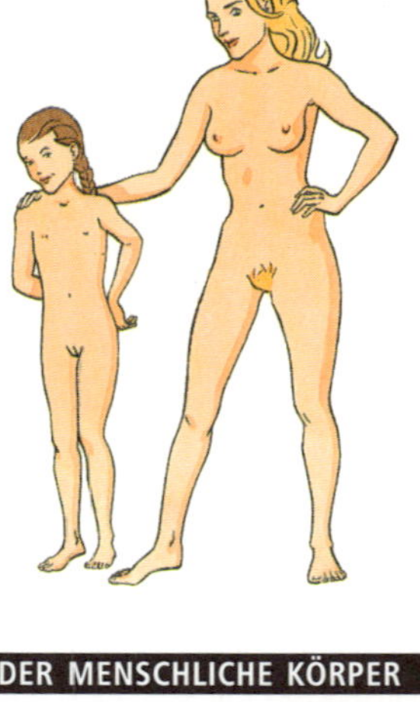

Ein Kind entsteht.
Die männliche Samenzelle befruchtet die Eizelle.

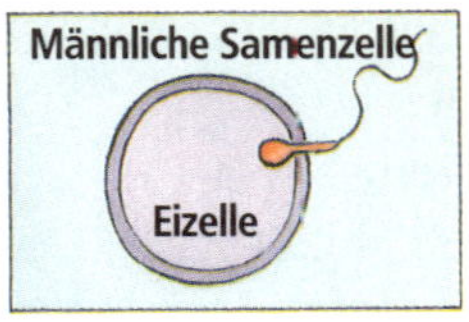

Die befruchtete Eizelle teilt sich immer wieder. In den ersten 8 Wochen nach der Befruchtung bezeichnet man das ungeborene Kind als Embryo.

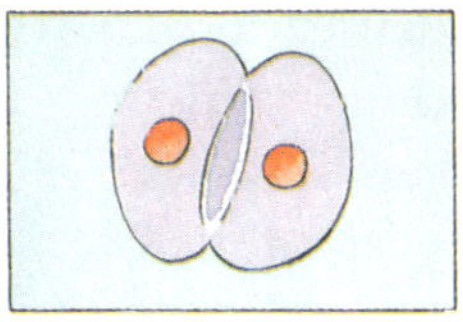

Der Embryo wächst in der Gebärmutter heran. Er befindet sich in der Fruchtblase.

Leben entsteht

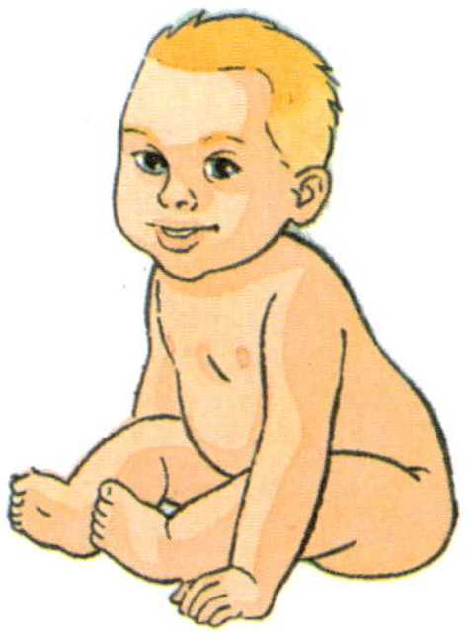

Mann und Frau können zusammen ein Kind zeugen.

Wie entstehen Kinder?

Wenn ein Mann und eine Frau miteinander schlafen, gelangen seine Samen in ihre Scheide. Die Samenzellen schwimmen bis zur Gebärmutter und gelangen von dort in die Eileiter. Eine Samenzelle befruchtet nun die weibliche Eizelle. Wenn Samenzelle und Eizelle zu einer Zelle verschmelzen, nennt man das Zeugung. Jetzt ist die Frau schwanger. Nach neun Monaten Schwangerschaft wird ein Kind geboren.

Die Geschlechtsorgane der Frau
Die weiblichen Geschlechtsorgane liegen im Inneren des Körpers. In den Eierstöcken sind die weiblichen Eizellen enthalten. Über die Eileiter gelangen die Eizellen in die Gebärmutter.

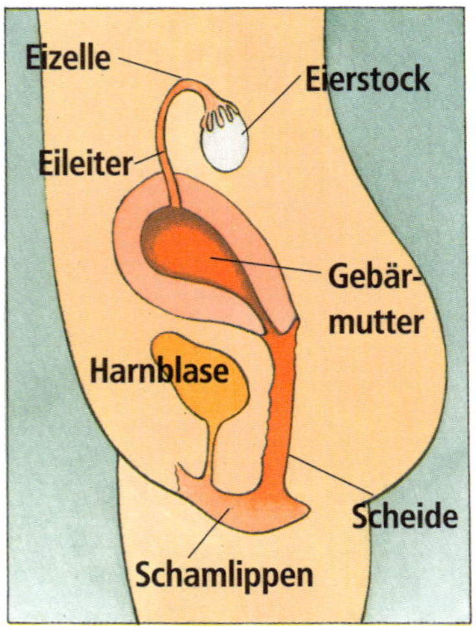

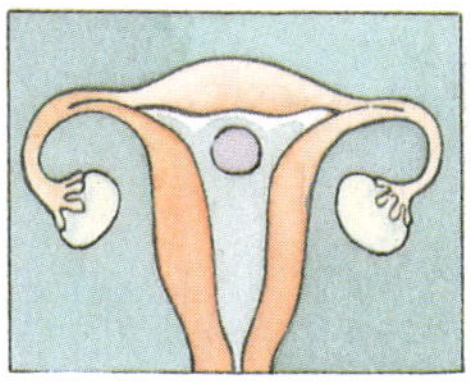

Im 2. Monat hat der Embryo eine Größe von ungefähr 4 Zentimetern und wird nun als Fötus bezeichnet. Durch die Nabelschnur erhält es Nährstoffe.

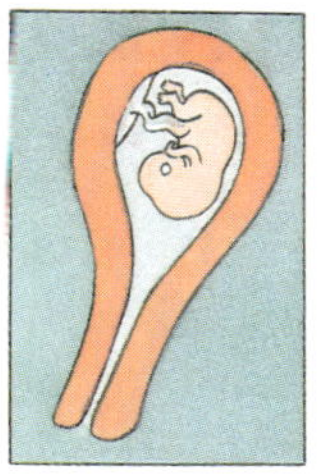

Im 4. Monat beginnt das ungeborene Kind sich zu bewegen.

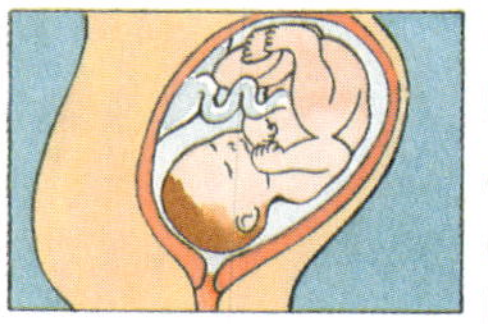

Im 6. Monat kann der Fötus Geräusche von außen hören. Nun dauert es noch 3 Monate, bis er vollständig ausgewachsen und entwickelt ist, um geboren werden zu können.

Was ist eine Schwangerschaft?

Als Schwangerschaft bezeichnet man den Zeitraum von der Zeugung bis zur Geburt eines Kindes. Das dauert ungefähr 9 Monate. Während dieser 9 Monate entsteht ein Kind. Sein Körper entwickelt sich, das Herz schlägt, es bewegt sich und es kann hören. Durch die Nabelschnur ist es mit der Mutter verbunden. Es ist von einer mit Flüssigkeit gefüllten Hülle umgeben, der Fruchtblase.

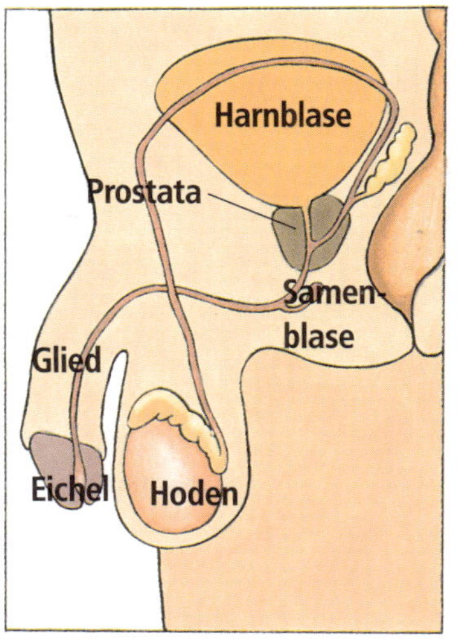

Die männlichen Geschlechtsorgane
Die winzig kleinen männlichen Samenzellen entstehen in den Hoden. Diese Samenzellen schwimmen in einer Flüssigkeit. Zusammen bilden sie das Sperma. Die Flüssigkeit wird von der Samenblase und der Prostata produziert. Wenn ein Mann sexuell erregt ist, tritt das Sperma aus dem Glied aus.

Zwillinge
Die Eizelle hat sich zweigeteilt. Es entstehen eineiige Zwillinge.

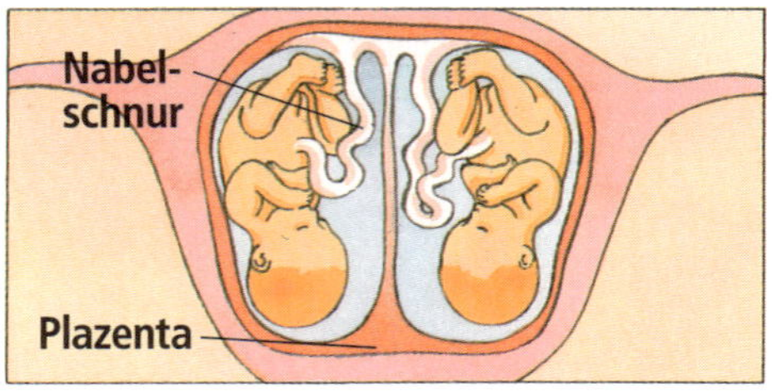

2 verschiedene Eizellen wurden befruchtet: Es entstehen zweieiige Zwillinge.

Die Geburt
Etwa 6 bis 12 Stunden nachdem die Wehen eingesetzt haben, ziehen sich die Muskeln der Gebärmutter immer stärker zusammen. Die Mutter presst das Baby durch den Muttermund und die Scheide. Erst erscheint der Kopf des Kindes und anschließend der ganze Körper. Das Baby beginnt zu schreien und atmet zum ersten Mal selbstständig. Nun wird die Nabelschnur durchtrennt.

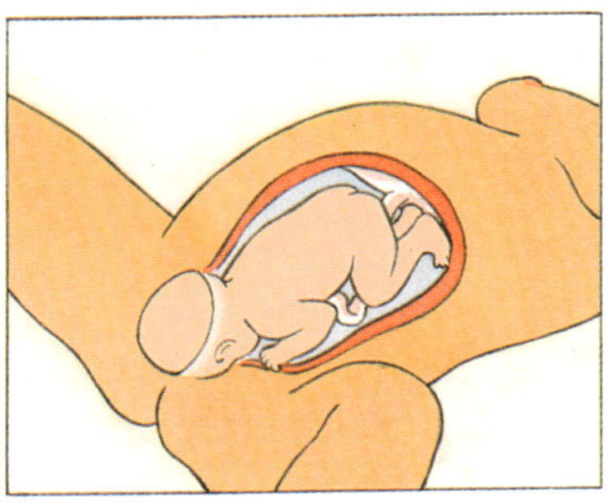

Was ist eine Entbindung?

Eine Entbindung ist der Moment der Geburt. Sie dauert oft mehrere Stunden und beginnt, wenn sich die Muskeln der Gebärmutter schmerzhaft zusammenziehen. Die Mutter spürt das als Wehen.

Wie entstehen Zwillinge?

Manchmal teilt sich die befruchtete weibliche Eizelle in 2 Embryos. Es entstehen 2 Mädchen oder 2 Jungen, die sich vollkommen ähnlich sehen. Man nennt sie eineiige Zwillinge. Es kann aber auch geschehen, dass gleichzeitig 2 Eizellen befruchtet werden. Dann werden 2 Kinder geboren; sie können unterschiedliche Geschlechter haben und verschieden aussehen. Sie sind zweieiige Zwillinge.

Das Stillen
Nach der Geburt füllt sich die Brust der Mutter mit Milch und wird größer. Das Baby ernährt sich von der Muttermilch. Wenn es größer ist und nicht mehr gestillt wird, produziert die Brust keine Milch mehr.

Unsere Geschichte

Die Entstehung des Lebens
Die Urgeschichte
Das Altertum
Das Mittelalter
Die Renaissance
Die industrielle Revolution
Das 20. Jahrhundert

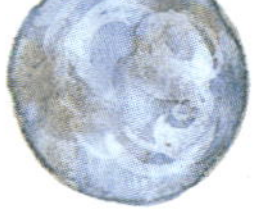

Die Entstehung des Lebens

Auf der Erde vergingen viele 100 Millionen Jahre, bevor darauf Leben entstehen konnte.

Die Erde vor etwa 200 Millionen Jahren
In der Zeit, als die Saurier lebten, war die Erde mit riesigen Wäldern bedeckt. In dem heißen, feuchten Klima konnten Baumfarne, Bärlappgewächse und Schachtelhalme gut gedeihen.

Wie begann das Leben auf der Erde?

Die ersten Lebewesen, die Bakterien und die Algen entstanden in den Ozeanen. Aus ihnen entwickelten sich die ersten Pflanzen, die sich vor ungefähr 400 Millionen Jahren auf dem Land entfalteten. Bald darauf verließen auch die ersten Tiere das Wasser und gingen zum Landleben über.

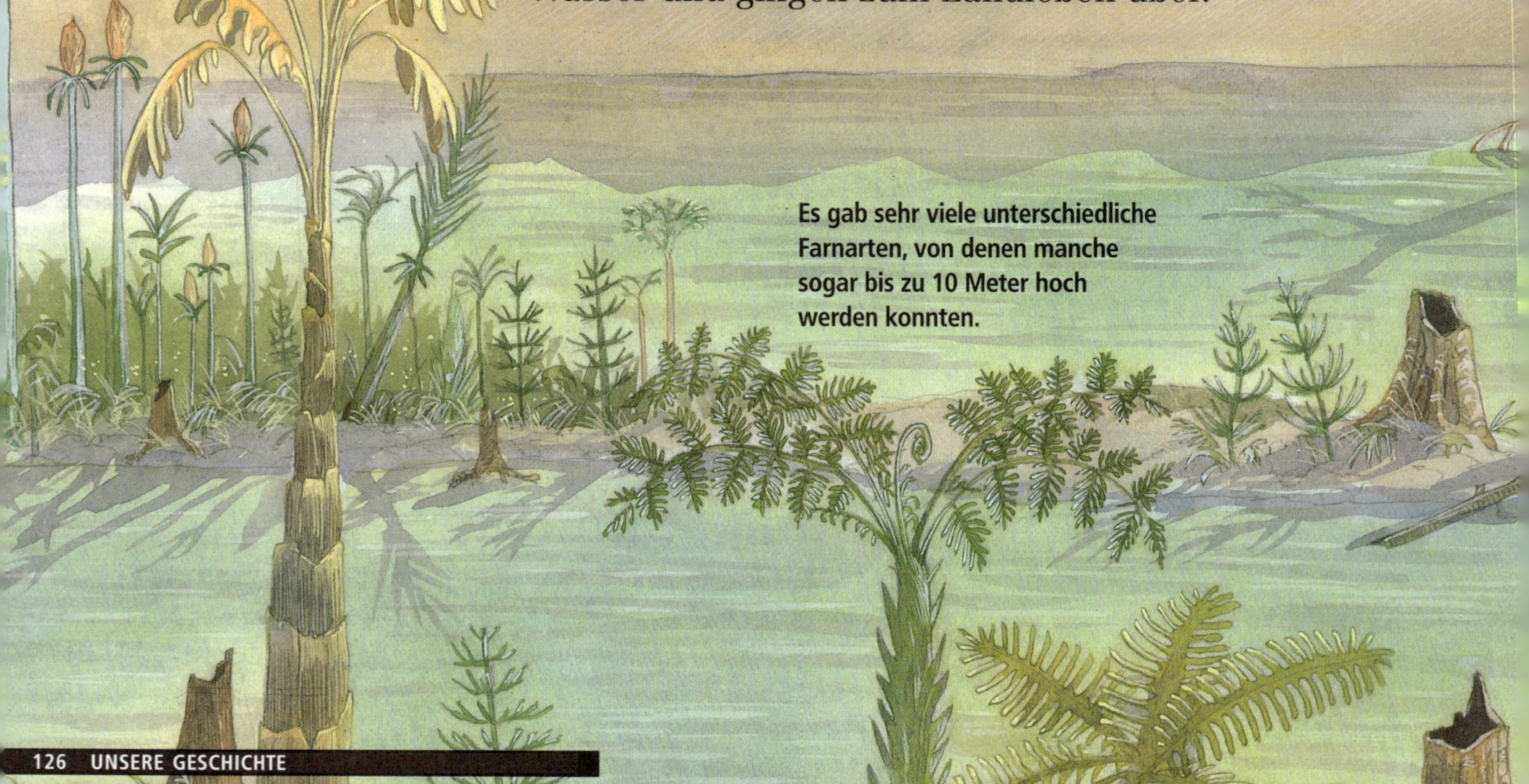

Es gab sehr viele unterschiedliche Farnarten, von denen manche sogar bis zu 10 Meter hoch werden konnten.

Vor 225 Millionen Jahren:
Die Saurier leben auf der Erde.

Vor 4 Millionen Jahren:
Der Urmensch erobert die Erde.

Wie ist die Kohle entstanden?

In Sumpfgebieten entstanden riesige Wälder aus Baumfarnen und anderen hohen Bäumen. Abgestorbene Bäume stürzten in das Moorwasser, wo sie nur unvollständig zersetzt und zu Torf wurden. Im Laufe der Zeit lagerten sich viele Torfschichten übereinander ab. In der Tiefe fand unter hohem Druck die chemische Umwandlung von Torf in Kohle statt.

Die urzeitlichen Wälder hatten wahrscheinlich große Ähnlichkeit mit den Mangrovenwäldern unserer Zeit.

Riesenlibellen
Diese großen Libellen lebten in den urzeitlichen Wäldern. Sie hatten eine Flügelspannweite von 70 Zentimetern.

Mosasaurier und Plesiosaurier gehörten zu den Meeresreptilien. Sie lebten im Wasser, waren aber keine Fische. Das Ungeheuer von Loch Ness wird für einen Plesiosaurier gehalten.

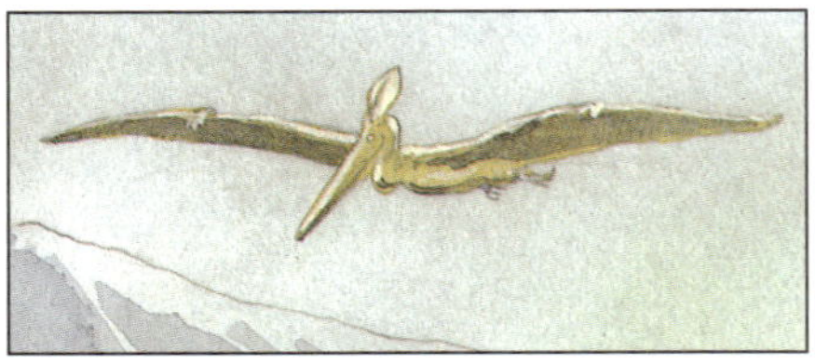

Pterodactylus
Dieser Saurier gehörte zu den Flugsauriern. Wie die anderen Saurier war auch er ein Reptil.

Wann lebten die Saurier?

Die ersten Saurier bevölkerten vor 225 Millionen Jahren die Erde. Es gab zweifüßige und vierfüßige Saurier. Die meisten von ihnen waren Pflanzenfresser und nur ganz wenige ernährten sich von Fleisch. Sie konnten 30 Meter lang werden und bis zu 30 Tonnen wiegen. Neben den großen Dinosauriern gab es auch kleinere, etwa von der Größe eines Huhns. Versteinerungen von Knochen und Eiern der Urtiere geben uns Aufschluss, wie die Saurier aussahen und wie sie lebten. Auch wurden schon versteinerte Fußspuren und Abdrücke ihrer Haut entdeckt.

Diplodocus, Tyrannosaurus rex, Brachiosaurus und Stegosaurus waren Dinosaurier. Der Name bedeutet: „Schreckensechsen".

Chriacus

Ptilodus

Die Säugetiere
Die ersten Säugetiere hatten etwa die Größe einer Ratte und lebten bereits zur Zeit der Saurier. Als die Riesen der Urzeit verschwanden, entwickelten sich die Säugetiere weiter und vermehrten sich rasch.

Wann starben die Saurier aus?

Die Saurier verschwanden vor 65 Millionen Jahren von der Erde, also noch vor dem Erscheinen des ersten Menschen. Möglicherweise war eine Klimaveränderung der Auslöser dafür, aber den genauen Grund kennt man bis heute nicht. Nach dem Verschwinden der Saurier breiteten sich die Säugetiere mehr und mehr aus.

Am Ende der Kreidezeit vor 65 Millionen Jahren starben die Dinosaurier, die Flugsaurier und die Meeressaurier aus. Auf der Erde wuchsen zu dieser Zeit schon die ersten Blütenpflanzen.

Archaeopteryx lebte zur Zeit der Saurier. Er besaß einige Merkmale der Vögel wie Federn und Flügel, aber auch Körpereigenschaften der Reptilien wie Echsenaugen, eine Schwanzwirbelsäule und Zähne. Damit war er ein Bindeglied zwischen Reptilien und Vögeln.

Vor 4 Millionen Jahren:
Australopithecus erscheint.

Vor 2,5 Millionen Jahren:
Homo habilis erscheint.

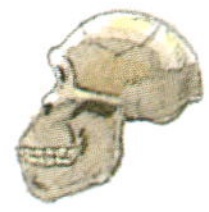

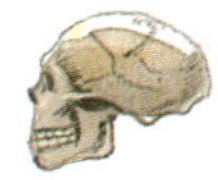

Menschen und Affen
Menschen und Affen benutzen Gegenstände als Werkzeuge. Aber im Gegensatz zum Menschen können Affen diese Gegenstände nicht selbst herstellen.

Die Urgeschichte

Die Urmenschen haben sich in Millionen Jahren über viele Zwischenstufen entwickelt. Vor etwa 5 Millionen Jahren trennte sich die Entwicklungslinie des Menschen von der der Menschenaffen.

Die Steinzeit
In der Steinzeit fertigten die Menschen die ersten groben Werkzeuge aus Stein. Herstellung und Verwendung dieser Steingeräte gaben dieser Zeit ihren Namen.

Stammt der Mensch vom Affen ab?

Früher glaubte man, der Mensch stamme vom Affen ab, weil beide ähnliche Körper- und Verhaltensmerkmale besitzen. Heute vermuten die Wissenschaftler, dass Menschen und Affen einen gemeinsamen Vorfahren haben: Ein urzeitliches Wesen, das sich in 2 Zweigen fortentwickelt hat. Einerseits als Affe (Gorillas, Paviane und Schimpansen) und andererseits als Mensch.

Behauener Stein
Dieses grobe Schneidwerkzeug wurde etwa vor ungefähr 2 Millionen Jahren verwendet.

Faustkeil
Dieses Werkzeug wurde vor 1 Million Jahren vielseitig verwendet.

Messer aus Feuerstein,
Dieses sehr scharfe Schneidwerkzeug wurde etwa vor 30 000 Jahren hergestellt.

Die Vorfahren des Menschen
1. Australopithecus: Er lebte im östlichen Afrika und war ungefähr 1,20 Meter groß. Seine Nahrung bestand vorwiegend aus Pflanzen und kleinen Wildtieren.

2. Homo habilis („geschickter Mensch"): Er lebte in Afrika und fertigte erste Werkzeuge an.

Vor 1,5 Millionen Jahren:
Der Homo erectus entsteht.

Vor 150 000 Jahren:
Der Neandertaler entwickelt sich.

Vor 40 000 Jahren:
Der Homo sapiens breitet sich aus.

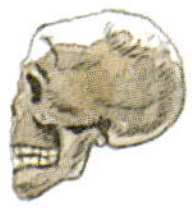

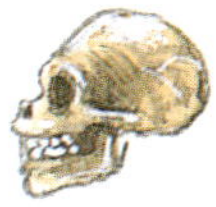

Wer waren die ersten Menschen?

Die ersten Menschen entstanden vor ungefähr 4 Millionen Jahren. Sie waren für unsere Verhältnisse recht klein und konnten sich auf 2 Beinen fortbewegen. Diese bezeichnet man heute als Australopithecus. Vor ungefähr 2,5 Millionen Jahren entwickelte sich der Homo habilis, der begann, erste Werkzeuge aus Stein herzustellen. Der Homo erectus breitete sich vor 1,5 Millionen Jahren aus. Er hatte einen aufrechten Gang und lernte das Feuer für sich zu nutzen.

Das Feuer
Bevor der Mensch selbst Feuer machen konnte, lernte er, natürlich entstandenes Feuer zu nutzen und zu erhalten. Unsere Vorfahren verwendeten das Feuer um sich zu wärmen, die Nahrung zuzubereiten, zum Schutz vor wilden Tieren und um die Dunkelheit zu erhellen.

Zum Feuermachen wurden 2 Holzstücke aneinander gerieben. Das eine musste sehr weich, das andere sehr hart sein. Man konnte auch 2 Steine dazu benutzen (Feuerstein und Pyrit). Durch die Reibung entstand Hitze, mit der sich trockenes Moos oder Gras leicht entzünden ließen.

3. Homo erectus („aufrechter Mensch"): Er lebte in Afrika, Europa und Asien. Er stellte bereits scharfe Faustkeile her und konnte Feuer machen.

4. Neandertaler: Er war auf der ganzen Welt mit Ausnahme Amerika verbreitet und fertigte viele verschiedene Werkzeuge (Schaber, Bohrer und Spitzen). Durch seine verbesserten Werkzeuge war er ein ausgezeichneter Jäger.

5. Homo sapiens: Er breitete sich auf der ganzen Welt aus und ist der Urahn der heutigen Menschheit.

Vor 2 Millionen Jahren:
Altsteinzeit

Vor 8000 Jahren:
Jungsteinzeit

Vor 4500 Jahren:
Die ersten Metalle
werden verwendet.

Was ist der Homo sapiens?

Der Homo sapiens bevölkerte vor ungefähr 40 000 Jahren die Erde. Sein Name bedeutet „der wissende Mensch“ und er sah dem heutigen Menschen bereits sehr ähnlich. Er war ein guter Jäger und folgte den Herden der Mammuts, Bisons, Rentiere, Wildpferde und Auerochsen. Über die Beringstraße, die Verbindung des Beringmeers mit dem Nordpolarmeer, gelangte der Homo sapiens nach Sibirien und Alaska. Er bevölkerte allmählich auch Amerika und Australien.

Auf der Jagd
Die Menschen der Urzeit jagten Mammuts, Rentiere, Bisons, Hirsche, Auerochsen, Pferde und Nashörner.

An den Wänden mancher Höhlen im Süden Europas wie zum Beispiel in Lascaux (Frankreich) oder Altamira (Spanien) finden sich 15 000 Jahre alte Zeichnungen, Malereien und Gravierungen dieser Tiere.

Die Frau von Brassempouy
Dieser Frauenkopf wurde aus dem Elfenbein eines Mammuts geschnitzt. Er ist ungefähr 20 000 Jahre alt und wurde in Brassempouy im Südwesten Frankreichs gefunden.

Das Leben in der Jungsteinzeit
Die Menschen hatten gelernt, Getreide anzubauen und Tiere zu züchten. Sie ernährten sich nicht mehr von dem, was sie zufällig erjagen konnten, sondern sorgten gezielt für ihren Lebensunterhalt. Man nennt diese Periode auch Neolithikum.

Vor 3800 Jahren:
Bronzezeit

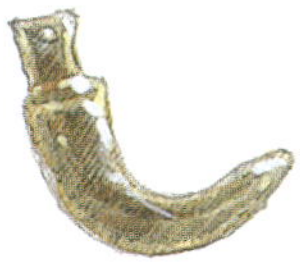

Vor 2800 Jahren:
Eisenzeit

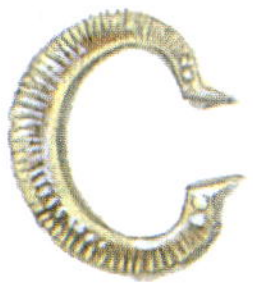

52 v. Chr.:
Eroberungen der Römer

Gegenwart

Seit wann erzeugen Menschen ihre Nahrung selbst?

Vor ungefähr 8000 Jahren begann die Jungsteinzeit, auch Neolithikum genannt. Die ersten Dörfer wurden gebaut, die Töpferei entwickelt und es gab die ersten Kleidungsstücke aus Leinen und später aus Wolle. In dieser Epoche begann der Mensch, Tiere zu züchten und Getreide anzubauen (Gerste, Weizen und Hirse).

Die Megalithen
Vor 4000 Jahren stellten die Menschen große Menhire, das sind unbehauene Steinsäulen, (1) auf und bauten Dolmen (2). In Carnac in der Bretagne (Frankreich) stehen die größten Menhire. Die Bedeutung der Menhire kennt man bis heute nicht, aber man weiß, dass die Dolmen als Gruppengräber dienten.

3500–500 v. Chr.: die Sumer

3000 v. Chr.: die Minoer

2800–450 v. Chr.: die Ägypter

1000–600 v. Chr.: die Griechen

Ramses II. (1301–1235 v. Chr.) Ägyptischer Pharao

Perikles (495–429 v. Chr.) Griechischer Staatsmann

Plato (427–348/347 v. Chr.) Griechischer Philosoph

Das Altertum

Das Altertum begann mit der Einführung der Schrift und der Entwicklung der ersten Zivilisationen.

Wer waren die Sumer?
Die Sumer lebten in Mesopotamien. Sie entwickelten die Keilschrift, die nach den Kerben im Ton so bezeichnet wurde.

Die Schreiber der Sumer ritzten die Schriftzeichen in feuchten Ton.

Welches waren die wichtigsten Völker des Altertums?

Die erste große Zivilisation des Altertums war die Kultur der Sumer. Dieses Volk lebte vor ungefähr 5000 Jahren in Mesopotamien. An den Ufern des Mittelmeers entstanden in der Folgezeit die Kulturen der Ägypter, Griechen, Minoer und schließlich der Römer. Alle diese Völker hatten eine Schrift und eine hoch entwickelte Architektur.

Wer waren die Minoer?
Die Minoer lebten auf der Mittelmeerinsel Kreta. Benannt wurden sie nach dem mythischen König Minos.

Wer waren die Ägypter?
Die Ägypter lebten in Nordafrika am Nil. Ihre Herrscher, die Pharaonen, ließen riesige Pyramiden bauen, in denen sie nach ihrem Tod beigesetzt wurden.

750 v. Chr. – 510 n. Chr.:
die Römer

0: Christi Geburt

410: Die Westgoten
erobern Rom.

Alexander der Große
(356–323 v. Chr.)
König der Makedonien

Archimedes
(287–212 v. Chr.)
Griechischer Gelehrter

Julius Cäsar
(101–44 v. Chr.)
Römischer Kaiser

Welche Religionen gab es früher?

Die Völker der alten Kulturen hatten viele verschiedene Götter. Es gab Kriegsgötter, Fruchtbarkeitsgötter, Götter der Liebe und viele mehr. Die Menschen bauten Tempel, in denen sie Skulpturen ihrer Götter aufstellten.
Die ägyptischen Herrscher wurden von ihrem Volk als lebende Götter verehrt.

Wer waren die Griechen?
Die Griechen entwickelten die Literatur, die Philosophie und das Theater. Die griechischen Städte trugen alle 4 Jahre Olympische Spiele aus.

Was war Rom?
Rom war die größte Stadt des Altertums und wurde zum Mittelpunkt des Römischen Reiches, das den größten Teil Westeuropas beherrschte.

Wer waren die Gallier?
Die Gallier wanderten vor 3000 Jahren aus Osteuropa in Frankreich ein. Im Jahr 52 v. Chr. wurde der gallische Herrscher Vercingetorix in der Schlacht von Alésia von den Römern besiegt.

Gallischer Druide

481: Chlodwig I., König der Franken

800: Kaiserkrönung Karls des Großen

844–1000: Kriegszüge der Wikinger

1066: Schlacht von Hastings

1096: Der erste Kreuzzug

Attila (400–453) Hunnenkönig, eroberte einen Teil Europas

Mohammed (570–632) Begründer der Religion des Islam

Karl der Große (747–814) Kaiser von Italien, Frankreich und Deutschland

Wer waren die „Barbaren"? So nannten die Römer die Stämme, die um 500 in ihr Reich einfielen. Das Wort bedeutet „Fremde". So fielen die Germanen in Großbritannien ein, die Ostgoten in Italien, die Westgoten in Spanien und Südgallien sowie die Franken in Frankreich und Belgien.

Das Mittelalter

Das Mittelalter begann im 5. Jahrhundert n. Chr. mit dem Untergang des Römischen Reichs.

Wer war Karl der Große?

Karl der Große wurde 768 zum König der Franken gekrönt und führte Kriege gegen die Langobarden, die Sachsen und später in Spanien gegen die Araber. Am Weihnachtsabend des Jahres 800 wurde Karl der Große in Rom vom Papst zum Kaiser gekrönt. Sein Herrschaftsgebiet umfasste Italien, Deutschland und Frankreich. Er ließ Straßen bauen und führte eine moderne Verwaltung ein. Nach seinem Tod 814 fiel sein großes westeuropäisches Reich auseinander.

Wer waren die Franken? Im 5. Jahrhundert vertrieben die Franken die Römer. Das Römische Reich zerfiel, nur eine vereinende Kraft blieb – das Christentum. Es entstanden neue Staatswesen mit gläubigen Christen an der Spitze. Der Frankenkönig Chlodwig I. ließ sich taufen.

Wer waren die Kreuzritter? Ihr Name leitete sich von dem Kreuz ab, das sie sich an die Kleidung genäht hatten. Sie waren Angehörige geistlicher Ritterorden z. B. des Deutschen Ordens.

Wann wurden die Kathedralen gebaut? Während des Mittelalters war die Bevölkerung Europas vorwiegend katholisch. Die Gläubigen bauten unzählige Kirchen und riesige Kathedralen im romanischen und gotischen Stil.

1209: Franz von Assisi gründet den Franziskanerorden.

1241: Die norddeutschen Städte bilden mit der Hanse einen Städtebund.

1348: Gründung der Universität Prag

1347–1349: Die Pest erreicht Europa.

1453: Die Osmanen erobern Konstantinopel.

Dschingis Khan (1162–1227) Herrscher der Mongolen

Marco Polo (1254–1324) Italienischer Reisender Seine Handelsreisen brachten ihn bis nach China.

Jeanne d' Arc (1412–1431) Führte das französische Heer gegen England.

Wer waren die Ritter?

Die Ritter waren schwer bewaffnete Reiter, die im Dienst des Königs oder eines hohen Adligen standen. Schon kleine Jungen wurden auf ihre spätere Aufgabe als Ritter vorbereitet. Mit 7 Jahren mussten sie in Burgen dienen, mit 14 begann ihre ritterliche Ausbildung im so genannten Knappendienst. Im Alter von 21 Jahren erhielten sie schließlich den Ritterschlag.

Was ist die Druckkunst?
Bis ins 15. Jahrhundert wurden Bücher von Hand abgeschrieben. Die Druckmaschine, die von Johannes Gutenberg erfunden wurde, ermöglichte den Druck in hohen Auflagen.

Die Druckmaschine von Gutenberg

Was ist eine Ritterburg?
Burgen waren die Wohn- und Herrschaftssitze von Fürsten und Adelsherren. Mächtige Steinmauern schützten das Innere einer Burg; auf den Türmen standen Wachen. In Kriegszeiten suchten die Dorfbewohner Schutz in der Burg.

1368–1644: Ming-Dynastie in China

1492: Christoph Kolumbus landet in Amerika.

1497: Vasco da Gama umrundet Südafrika.

Lorenzo de Medici (1395–1440) Stadtherr von Florenz

Christoph Kolumbus (1451–1506) Italienischer Seefahrer

Leonardo da Vinci (1452–1519) Italienischer Künstler und Erfinder

Die Renaissance

In der Renaissance gab es große technische, wissenschaftliche und künstlerische Fortschritte.

Was war die Renaissance?

Der Begriff „Renaissance“ bedeutet „Wiedergeburt“. Damit wird die Rückbesinnung auf die Werte und Formen der Antike in Literatur, Philosophie, Kunst und Wissenschaft im 15. und 16. Jahrhundert bezeichnet. In ganz Europa entstanden Literatur, Kunst- und Bauwerke nach antiken Vorbildern. Berühmte Künstler der Renaissance sind zum Beispiel Leonardo da Vinci, Michelangelo und Raffael.

Was war die Reformation?
Im 16. Jahrhundert löste sich Martin Luther von der katholischen Kirche, um eine grundsätzliche Erneuerung der Kirche zu bewirken. In der Folgezeit gab es heftige religiöse Auseinandersetzungen zwischen Protestanten und Katholiken.

Die Bartholomäusnacht
In der Nacht vom 23. auf den 24. August 1572 wurden in Paris 3000 Protestanten ermordet.

Adelige luden Maler, Bildhauer, Dichter und Musiker in ihre Schlösser ein.

1519–1522: Erste Weltumseglung Magellans

1519: Karl V. wird deutscher König.

1534: Jacques Cartier landet in Kanada.

1569: Mercator zeichnet die erste Weltkarte.

Nikolaus Kopernikus (1473–1543) Polnischer Gelehrter

Martin Luther (1483–1546) Deutscher Mönch Begründer des Protestantismus

Ignatius von Loyola (1491–1556) Spanier Begründer des Jesuitenordens.

Warum gelangte Kolumbus nach Amerika?

Stoffe, Edelsteine und Gewürze aus Asien waren bei Europäern sehr begehrt. Nach Indien und China zu reisen war aber stets äußerst beschwerlich. Kolumbus suchte einen neuen Weg nach Indien und berechnete eine Route über das Meer. Doch weil er von falschen Voraussetzungen ausging, landete er dabei nicht in Indien, sondern in Amerika, einem bis dahin unbekannten Kontinent. Weil er aber glaubte in Indien zu sein, nannte er die Ureinwohner „Indianer".

Der italienische Adel gab Kunstwerke in Auftrag, um durch Prachtentfaltung seine Bedeutung zu unterstreichen. Die Adeligen ließen sich porträtieren, Skulpturen fertigen und Bauwerke errichten.

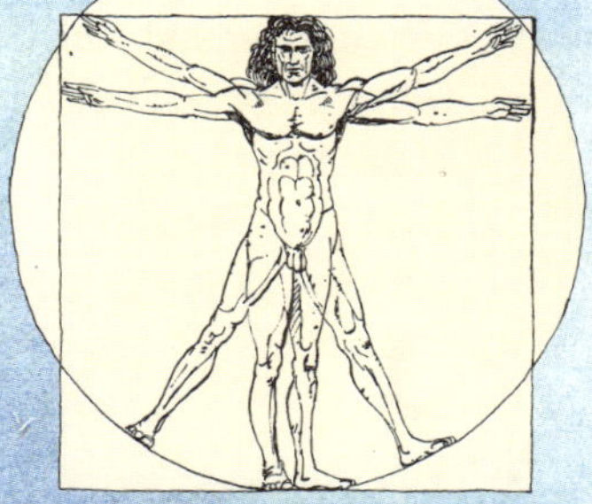

Was ist Humanismus?
Der Humanismus war eine Bewegung des 14. bis 16. Jahrhunderts in Europa, die die antiken Sprachen und die antike Philosophie, Wissenschaft und Literatur pflegte. Erasmus von Rotterdam in Holland und Melanchthon in Deutschland waren seine bedeutendsten Vertreter.

Was ist die so genannte „Neue Welt"?
Fortschritte in der Navigation erlaubten es den Europäern im 15. und 16. Jahrhundert, große Reisen über die Meere zu unternehmen. Nachdem Christoph Kolumbus, Hernán Cortés und Francisco Pizarro ihre ersten Fahrten nach Amerika unternommen hatten, begannen sie das Land zu erobern und die Königreiche der Inka und Azteken zu unterwerfen.

1837: Viktoria wird Königin von England.

1861: Italien wird Königreich.

1861–1865: Amerikanischer Bürgerkrieg

1868: Japan öffnet seine Grenzen.

Giuseppe Garibaldi (1807–1882) Italienischer Freiheitskämpfer

Abraham Lincoln (1809–1865) Präsident der Vereinigten Staaten von Amerika

Otto von Bismarck (1815–1898) Deutscher Staatsmann

Der Amerikanische Bürgerkrieg

Abraham Lincoln, der Präsident der Vereinigten Staaten von Amerika kämpfte gegen die Sklaverei. Die Südstaaten befürchteten ein Verbot der Sklavenhaltung und verließen daraufhin 1861 die Union. Ein Bürgerkrieg brach aus. 1865 siegten die militärisch überlegenen Nordstaaten und verboten im gesamten Gebiet der Vereinigten Staaten die Sklaverei.

Die industrielle Revolution

Im 19. Jahrhundert veränderten wichtige Erfindungen die Welt und das Leben der Menschen.

Was ist die industrielle Revolution?

Im 19. Jahrhundert gab es in Europa gewaltige technische Fortschritte. An Stelle der Handwerksbetriebe entstanden Fabriken. Mit der Erfindung der Dampfmaschine konnten Stoffe und Stahl in großen Mengen und zu günstigen Preisen hergestellt werden.

1870: Deutsch-französischer Krieg

1871: Gründung des Deutschen Reichs

1888: Wilhelm II. wird Kaiser von Deutschland.

Karl Marx
(1818–1883)
Deutscher Philosoph

Viktoria
(1819–1901)
Von 1837–1901 englische Königin

Louis Pasteur
(1822–1895)
Entwickelte Impfstoffe und eine Möglichkeit zur Abtötung von Mikroorganismen durch Hitze (Pasteurisieren).

Jules Ferry
(1831–1893)
Französischer Politiker und Schulreformer

Viele Bauern verließen ihr Land, um in den Fabriken zu arbeiten. Die Städte wuchsen und in der ganzen Welt entwickelte sich ein intensiver Handel.

Was ist das Zeitalter der Erfindungen?

Im 19. Jahrhundert gab es sehr viele Erfindungen, die den Menschen die Fortbewegung erleichterten. Der Suezkanal wurde gebaut, in der Schifffahrt ersetzte die Dampfmaschine das Segel, die ersten Eisenbahnen fuhren und am Ende des Jahrhunderts wurden das Auto und das Flugzeug erfunden. 1876 entwickelte der Amerikaner Graham Bell das Telefon.

Frankreich und das Deutsche Reich
Nach der Niederlage im deutsch-französischen Krieg übergab Napoleon III. die Macht an die Republik und ging ins Exil. Elsaß-Lothringen musste an das Deutsche Kaiserreich abgetreten werden.

Soziale Unruhen
Die Arbeiter in den Fabriken mussten täglich 12 Stunden und mehr für äußerst niedrige Löhne arbeiten. Um ihre Lebensumstände zu verbessern, gründeten sie Gewerkschaften und verlangten das Recht auf Streik. In ganz Europa wurden politische und soziale Reformen gefordert.

1917: Oktoberrevolution in Russland

1922: Die Sowjetunion wird gegründet.

1945: Die UNO wird gegründet.

1949: Gründung der Bundesrepublik Deutschland

1953: Ende des Koreakrieges

Mahatma Gandhi (1869–1948) Indischer Freiheitskämpfer

Josef Stalin (1879–1953) Sowjetischer Diktator

Charles de Gaulle (1890–1970) Präsident der Französischen Republik von 1958–1969

Das 20. Jahrhundert

Die letzten 100 Jahre in Europa waren von schweren Kriegen gekennzeichnet.

Das Ende der Kolonialzeit
Ab 1945 verlangten die ehemaligen Kolonien in Asien (z. B. Indien, Indochina) und Afrika (z. B. Algerien) ihre Unabhängigkeit. Oft mussten sie diese Freiheit mit Kriegen erkämpfen.

Wann waren die beiden Weltkriege?

Die erste Hälfte des 20. Jahrhunderts war von Kriegen geprägt. Der Erste Weltkrieg dauerte von 1914 bis 1918. Der Zweite Weltkrieg fand von 1939 bis 1945 statt. Nach dem Zweiten Weltkrieg standen sich in Europa im „Kalten Krieg" 2 verfeindete politische Gruppen gegenüber: die westlichen Staaten und der Ostblock. Erst mit dem Zusammenbruch der Sowjetunion 1990 wurde diese Teilung aufgehoben und Europa konnte einer gemeinsamen Zukunft entgegensehen.

West und Ost im Kalten Krieg

Westblock

Ostblock

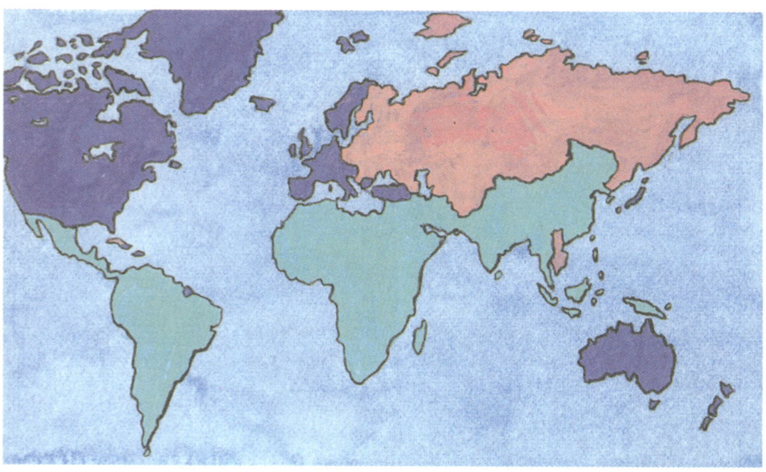

1956: Volksaufstand in Ungarn

1961: Bau der Berliner Mauer

1963: Präsident Kennedy wird ermordet.

1973: Ölkrise

1989: Fall der Berliner Mauer

Mao Zedong
(1893–1976)
Begründer der Chinesischen Volksrepublik

John F. Kennedy
(1917–1963)
Wurde 1960 Präsident der Vereinigten Staaten.

Martin Luther King
(1929–1968)
Amerikanischer Bürgerrechtler: Er kämpfte für die Rechte der Schwarzen.

Was war die Berliner Mauer?

Nach dem Zweiten Weltkrieg wurde Deutschland in Ost- und Westdeutschland geteilt. 1961 ließ die Regierung von Ostdeutschland mitten durch die Stadt Berlin eine Mauer bauen, um die Menschen daran zu hindern, von Ost nach West zu gelangen. Erst 28 Jahre später, am 9. November 1989, fiel die Mauer. Am 3. Oktober 1990 wurden die beiden deutschen Staaten wieder vereinigt. Mecklenburg-Vorpommern, Sachsen, Brandenburg, Sachsen-Anhalt und Thüringen wurden zu neuen Bundesländern und Berlin zur Hauptstadt des wiedervereinigten Deutschlands.

Was war die Ölkrise?
1973 reduzierten die Erdöl exportierenden Länder die Öllieferungen an die USA und Europa. Durch überhöhte Preise für Rohöl wurde eine weltweite Wirtschaftskrise ausgelöst.

1991: Zusammenbruch der Sowjetunion

1993: Gründung der Europäischen Union

2001: Angriff auf das World Trade Center in New York

2001: Afghanistan-Krieg

2003: Irakkrieg

Das World Trade Center (WTC) bestand aus zwei 411 m hohen Türmen mit jeweils 110 Stockwerken und war 1973 bei seiner Fertigstellung das höchste Bauwerk der Welt.
Am 11. September 2001 wurde das WTC nach einem Terrorakt vollständig zerstört. Dabei starben 2992 Menschen.

Afghanistan-Krieg
Der Afghanistan-Krieg war die direkte Folge der Terroranschläge in New York und Washington. Die USA machten den islamischen Fundamentalisten Osama bin Laden als Drahtzieher der Anschläge verantwortlich und forderten das radikal islamische Regime in Afghanistan auf, den Terroristen auszuliefern. Als sich die Machthaber weigerten, setzten die USA ihre Truppen in Bewegung.
Der Afghanistan-Feldzug führte zum Sturz des Regimes in Kabul.

Irakkrieg
Iraks Staatschef Saddam Hussein wurde von den USA als Hauptfeind im Kampf gegen den internationalen Terrorismus angesehen. Zwar gab es keinen direkten Zusammenhang zwischen den Terroranschlägen auf die USA und dem Irak, doch war bekannt, dass der Irak Terroristen ausbildete und Massenvernichtungswaffen besaß. Die USA war eine der Hauptstreitmächte im Krieg gegen den Irak, der im April 2003 mit dem Sturz des irakischen Diktators endete.

Die Europäische Gemeinschaft (EG)
1957 unterzeichneten Westdeutschland, Belgien, Frankreich, Italien, Luxemburg und die Niederlande die so genannten Römischen Verträge. Die 6 Staaten vereinbarten eine Zusammenarbeit auf wirtschaftlicher Ebene. 1972 schlossen sich Dänemark, Großbritannien und Irland der EG an. Es folgten Griechenland, Spanien und Portugal.

Was ist die UNO?

Die UNO (Organisation der Vereinten Nationen) ist ein Zusammenschluss von vielen Staaten der Welt und hat ihren Sitz in New York. Aufgabe der UNO ist es, Frieden zu erhalten, die Menschenrechte zu verteidigen und den Staaten der Dritten Welt zu helfen. Wenn irgendwo in der Welt ein Krieg ausbricht, kann die UNO Soldaten schicken, um zwischen den verfeindeten Armeen zu vermitteln. Diese Soldaten werden auch „Blauhelme“ genannt.

Der Euro
In Belgien, Deutschland, Finnland, Frankreich, Griechenland, Irland, Italien, Luxemburg, den Niederlanden, Österreich, Portugal und Spanien wurde am 1. Januar 2002 der Euro als gemeinsame Währung eingeführt.

Die Europäische Union (EU)
Nach Australien ist Europa der zweitkleinste der fünf Erdteile. 750 Millionen Menschen leben hier in 45 Staaten und sprechen 62 verschiedene Sprachen. Um das wirtschaftliche und politische Zusammenwachsen der europäischen Länder zu fördern, wurde die heutige Europäische Union gegründet. Zu den Mitgliedsstaaten der Europäischen Union gehören Belgien, Dänemark, Deutschland, Finnland, Frankreich, Griechenland, Großbritannien, Irland, Italien, Luxemburg, Niederlande, Österreich, Portugal, Schweden und Spanien. 2004 werden die Länder Estland, Lettland, Litauen, Malta, Polen, Slowakei, Slowenien, Tschechische Republik, Ungarn und Zypern der Europäischen Union beitreten. Für das Jahr 2007 ist eine erneute EU-Erweiterung vorgesehen.

Wissenschaft und Technik

Wasser
Licht
Energie
Physikalische Kräfte
Reibung
Zeit
Längenmaße
Computer
Luft

Im Gegensatz zu anderen Flüssigkeiten dehnt sich Wasser aus, wenn es gefriert. Füllt man eine Flasche bis zum Rand mit Wasser, verschließt diese dann fest und legt sie ins Eisfach, dehnt sich das gefrorene Wasser aus und sprengt die Flasche.

Wenn Wasserdampf gefriert, bilden sich Eiskristalle. Man kann diese Kristalle sehen, wenn man Schnee unter der Lupe betrachtet.

Wasser

Wasser ist eine Flüssigkeit, die sich in Eis und in Wasserdampf verwandeln kann.

Wenn es draußen kalt ist, kühlt sich auch die Fensterscheibe ab. Die Luftfeuchtigkeit setzt sich auf der Scheibe ab und beschlägt diese.

Warum kann Wasser einfach „verschwinden“?

Durch Zufuhr von Wärme wird Wasser zu einem unsichtbaren Gas, dem Wasserdampf. Die Moleküle des Wassers bekommen genug Energie, um als Gas zu entweichen. Man sagt: Das Wasser ist verdunstet oder verdampft.

Wasser wird zu Eis, wenn die Temperaturen unter 0 °C fallen. Das Meer friert meist nicht ganz zu, weil es einen niedrigeren Gefrierpunkt hat als Süßwasser. Am Nordpol ist es so kalt, dass das Meerwasser gefriert und Packeis bildet.

Wird Wasser auf 100 °C erhitzt, beginnt es zu kochen und verwandelt sich in Dampf.

Wolken bestehen aus Wasserdampf, der in der kalten Luft abkühlt und sich zum Teil verflüssigt. Ebenso bestehen auch die Kondensstreifen der Flugzeuge aus Wasserdampf.

Wann wird aus Wasser Eis?

Wenn die Temperatur unter 0 °C fällt, wird Wasser zu Eis. Die Moleküle des Wassers verlangsamen durch die Kälte ihre Bewegung und rücken zusammen. Sind sie langsam genug, erstarren sie zu einem festen Körper.

Wie wird Wasserdampf zu Wasser?

Wenn Wasserdampf abkühlt, verflüssigt er sich (kondensiert). Es bilden sich winzige Tröpfchen, die sich zu größeren Tropfen vereinen. Das Wasser geht vom gasförmigen in den flüssigen Zustand über.

Wenn die Sonne abends untergeht, gibt der Erdboden Wärme ab. In der Nacht verflüssigt sich der Wasserdampf über dem Boden und setzt sich als Tau auf den Pflanzen ab.

Nur ein kleiner Teil eines Eisbergs – etwa 12 % – ragt aus dem Wasser, der Rest liegt unter der Wasseroberfläche.

Warum sind Wassertropfen kugelförmig?
Innerhalb eines Wassertropfens gibt es eine Kraft, die ihn zusammenhält: die Oberflächenspannung. Auf Grund dieser Kraft hat der Tropfen eine kleine Ausdehnung, die Kugelform.

Dieser Wasserläufer kann sich dank der Oberflächenspannung auf dem Wasser fortbewegen, ohne unterzugehen.

Warum fließt Wasser?

Wie alle Körper unterliegt auch Wasser der Schwerkraft. Das Regenwasser bildet Tümpel oder sickert in den Boden um als Quelle wieder zum Vorschein zu kommen. Das Wasser mehrerer Quellen sammelt sich in den Tälern und bildet Flüsse, die ins Meer fließen.

Die Wasseroberfläche bleibt immer flach, auch wenn man eine Flasche zur Seite kippt.

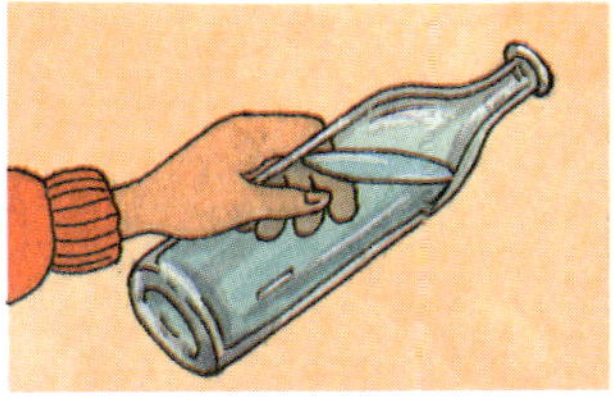

Das Glas ist mehr als voll.
Wenn man in ein randvolles Glas ganz vorsichtig noch etwas Wasser gießt, wölbt sich die Oberfläche wie eine Haut. Durch die Oberflächenspannung wird das Wasser zusammengehalten und fließt nicht über.

Warum ist die Wasseroberfläche immer flach?

Die Luft der Atmosphäre drückt auf die Oberfläche und gleichzeitig wirkt auch die Erdanziehungskraft auf das Wasser. Deshalb wird auch nach kräftigem Schütteln eines Wasserbehälters die Wasseroberfläche gleich wieder glatt.

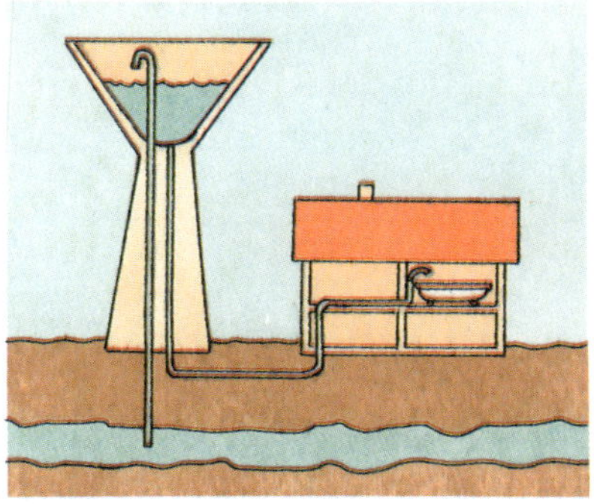

Das Wasser aus unseren Wasserhähnen kommt aus großen Wasserbehältern, die höher gelegen sind als die Häuser.

Wie kommt das Wasser in unsere Häuser?

Das Wasser, das aus den Hähnen fließt, kommt aus großen Behältern, die man Reservoirs nennt. Öffnet man den Wasserhahn, wird das Wasser durch die Erdanziehungskraft angezogen und fließt aus dem Hahn.

Der Wasserkreislauf
Das Wasser in den Gewässern wird von der Sonne aufgeheizt und gelangt als Wasserdampf in die Atmosphäre. Beim Aufsteigen kühlt dieser ab, bildet Wolken und fällt als Regen, Schnee oder Hagel auf die Erde zurück. Das Wasser bildet Flüsse, die ins Meer fließen, und der Kreislauf beginnt von neuem.

Die Augen und das Licht
Wenn das Licht schwach ist, öffnet sich die Pupille weit. Ist es sehr hell, wird sie kleiner.

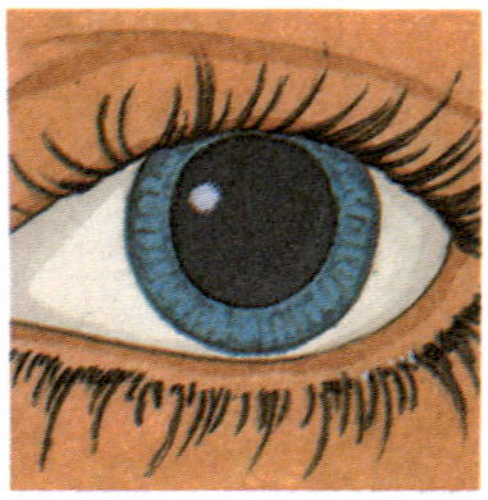

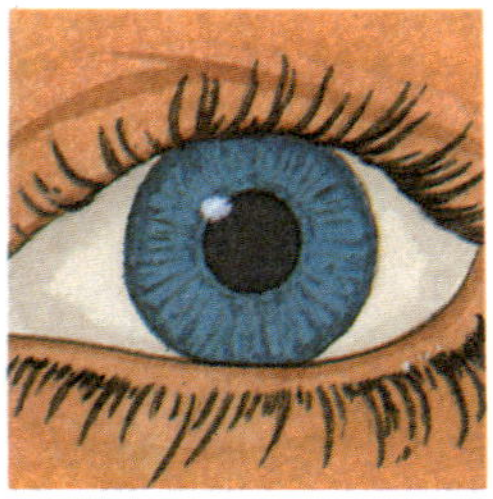

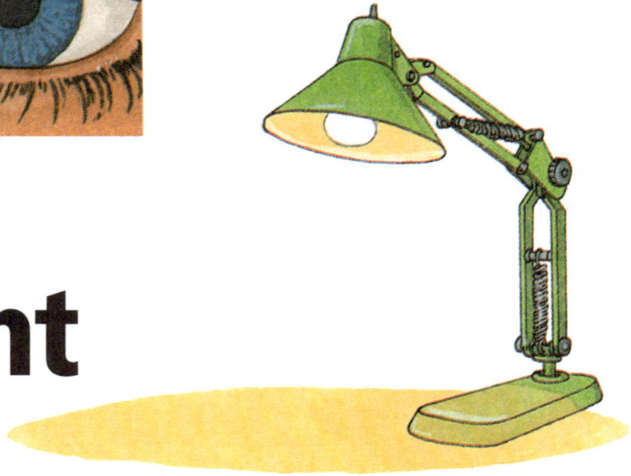

Licht

Tagsüber scheint die Sonne. Nachts brauchen wir elektrisches Licht.

Warum sind Schatten unterschiedlich lang?
Im Sommer, wenn die Sonne während des größten Teils des Tages hoch am Himmel steht, sind die Schatten kurz. Im Winter, sowie morgens und abends steht die Sonne niedriger am Himmel, dann sind die Schatten länger.

Warum gibt es Schatten?

Licht kann durchscheinende Materialien wie Glas und Wasser durchdringen, dichte Materie wie Eisen, Holz oder Stein jedoch nicht.
Wenn ein Körper, der aus dichtem Material besteht, von der Sonne angestrahlt wird, erscheint hinter ihm eine dunkle Fläche: sein Schatten.

Welche Farbe hat das Licht?

Sonnenlicht und elektrisches Licht erscheinen immer weiß. Tatsächlich aber setzt sich das Licht aus verschiedenen Farben zusammen, die man Spektralfarben nennt.

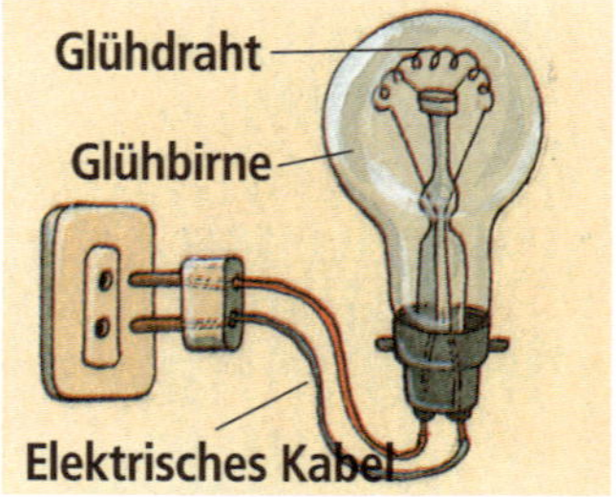

Elektrisches Licht
Über das Kabel gelangt elektrischer Strom zur Glühbirne. Der Glühdraht erhitzt sich bis zur Weißglut und die Glühbirne leuchtet. Damit der Glühdraht nicht verbrennt, ist das Innere der Glühbirne mit einem Edelgas gefüllt.

Die Südseite von Gebirgen erhält viel Sonnenlicht, während die Nordseite meist im Schatten liegt. Deshalb wachsen auf dieser Seite weniger Pflanzen.

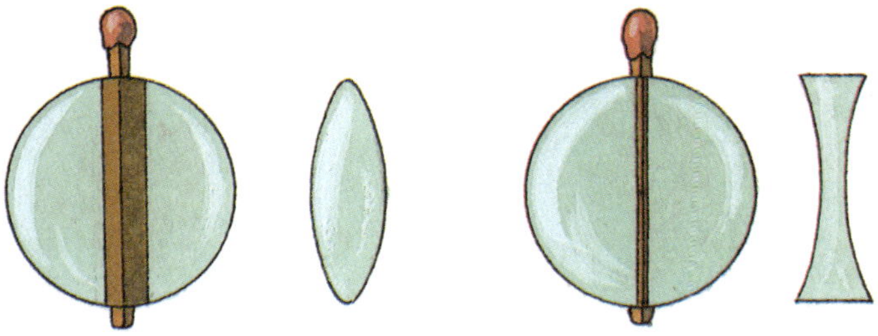

Licht kann die Richtung verändern.
Durch eine konkave, also eine nach innen gewölbte Linse erscheinen die Gegenstände kleiner. Eine konvexe, also eine nach außen gewölbte Linse dagegen vergrößert die Dinge.

Die Sonne bringt uns Licht und Wärme, deshalb ist es in der Sonne wärmer als im Schatten. Die ultravioletten Strahlen des Sonnenlichts bräunen unsere Haut.

Es sind die 7 Farben des Regenbogens. Außerdem gehören noch Infrarot und Ultraviolett dazu. Das menschliche Auge kann diese beiden Farben nicht wahrnehmen.

Wie breitet sich Licht aus?

In der Luft und im Wasser breitet sich Licht geradlinig aus. Beim Eintritt ins Wasser allerdings wird Licht abgelenkt. Deshalb sehen wir einen Stock, der zur Hälfte ins Wasser getaucht ist, als wäre er geknickt.
Manche Glasscheiben verändern den Weg des Lichtes. Wenn man durch sie hindurchschaut, erscheinen die Gegenstände größer oder kleiner. Man nennt diese Glasscheiben Linsen.

Solarzellen auf den Hausdächern bestehen aus Fotozellen. Sie nehmen Sonnenenergie auf und wandeln diese in Strom um.

Der Regenbogen
Wenn es regnet und gleichzeitig die Sonne scheint, wird das Sonnenlicht in den Regentropfen gebrochen. Ein Regenbogen entsteht. Das Licht wird in seine verschiedenen Wellenlängen aufgespalten und die einzelnen Farben können getrennt betrachtet werden.

2 Farben kann das menschliche Auge nicht wahrnehmen: das Ultraviolett, das eine kürzere Wellenlänge hat als das Violett, und das Infrarot, das eine längere Wellenlänge hat als das Rot. Bienen jedoch können Ultraviolett wahrnehmen und einige Schlangenarten sehen das Infrarot.

Pflanzen brauchen zum Wachsen Licht und Wärme.

Energie aus Holz und Pflanzen

Wenn Holz im Kamin verbrennt, entwickelt sich Hitze. Der größte Teil der Wärme entweicht jedoch ungenutzt durch den Schornstein.

Manche Pflanzen wie zum Beispiel das Zuckerrohr und die Zuckerrübe enthalten viel Zucker. Aus diesem energiehaltigen Stoff kann man Alkohol herstellen (Zuckerrohrschnaps).

1. Vor Millionen von Jahren lagerten sich auf der Erde pflanzliche Überreste und auf dem Meeresgrund das Plankton ab.

Energie

Für viele Dinge des täglichen Lebens brauchen wir Energie: zum Beleuchten, Heizen, zum Kühlen, zum Antrieb von Maschinen und zum Transport.

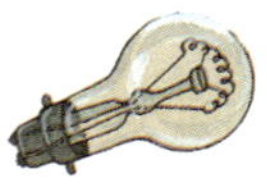

Welche unterschiedlichen Arten von Energie gibt es?

Im täglichen Leben benutzen wir viele verschiedene Arten von Energie: Öl, Gas, Kohle und Elektrizität. Auch aus Sonnenlicht und Wind kann man Energie gewinnen. In Atom-, Wasser-, Kohle- oder Gezeitenkraftwerken wird Energie erzeugt.

2. Die Pflanzenreste und das Plankton wurden mehr und mehr von Erdschichten bedeckt und veränderten sich im Lauf der Millionen Jahre.

3. Aus den Pflanzenresten wurde Kohle und das Plankton auf dem Meeresgrund verwandelte sich in Öl oder Gas.

Energie ist auch ein Maß für die Fähigkeit, Gegenstände in Bewegung zu setzen. Sie bewegen sich erst, wenn sie von einer Kraft angezogen oder abgestoßen werden.

Energiegewinnung
1. Bohrturm
2. Kohlebergwerk
3. Kohle
4. Gezeitenkraftwerk
5. Ölraffinerie
6. Ölfördertürme
7. Öl-Lagerstätte
8. Kohlekraftwerk
9. Atomkraftwerk
10. Sonnenenergie
11. Wasserkraftwerk mit Staudamm
12. Bioenergie
13. Windenergie

Was sind erneuerbare Energien?

Die Wärme der Sonne, die Kraft des Wassers und des Windes sind Energien, die immer vorhanden sind und sich somit nicht verbrauchen. Auch Energie, die aus pflanzlichen Prozessen entsteht, ist erneuerbar. Wenn man aber alles Öl, alles Gas und alle Kohle, die auf unserer Erde vorhanden sind, verbrannt hat, sind diese Energiequellen für immer verbraucht.

Aus Kuhmist entstehen im Biokraftwerk Gase, mit denen man Heizkessel betreiben kann.

Geothermische Energie
Diese Energie wird zum Heizen von Wohn- und Gewächshäusern verwendet. Man heizt mit dem heißen Wasser aus unterirdischen Quellen anderes Wasser auf und lässt es dann durch Heizkörper fließen.

Atomenergie
Wenn man den Kern eines Uranatoms spaltet, entsteht eine sehr große Energie, mit der man Wasser erwärmen kann, sodass Wasserdampf entsteht. Dieser Dampf treibt Turbinen an, die elektrischen Strom produzieren.

Der elektrische Strom fließt durch 2 Leitungen, die mit der Stromquelle (Steckdose oder Batterie) und einem Verbraucher (Glühbirne) verbunden sind. Der Stromkreislauf ist geschlossen und die Glühbirne leuchtet.

Wenn eine dieser beiden Leitungen unterbrochen wird, erhält die Lampe keinen Strom mehr und leuchtet nicht.

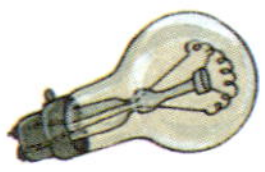

Was ist Elektrizität?

Elektrizität ist ein unsichtbarer Strom. Elektrischer Strom fließt, sobald eine Stromquelle und ein Verbraucher über Leitungen einen geschlossenen Stromkreis bilden. Die Stromquelle kann eine Batterie, eine Lichtmaschine oder auch eine Steckdose sein. Mit Elektrizität können wir Licht machen, heizen, Motoren antreiben und vieles mehr.

Elektrizität wird in Kraftwerken erzeugt, die mit Atomenergie, Kohle, Öl oder Gas betrieben werden. Elektrizität kann aber auch in Wasserkraftwerken, Gezeitenkraftwerken oder mit Sonnenlicht produziert werden.

Manche Stoffe wie Glas, Holz, destilliertes Wasser und die meisten Plastiksorten leiten keinen elektrischen Strom. Man nennt sie darum auch „isolierende Stoffe“.

Im Gegensatz dazu leiten Stoffe wie Kupfer und Aluminium den elektrischen Strom sehr gut. Deshalb werden elektrische Leitungen oft aus so genannten Leiterstoffen wie Kupfer gemacht.

Was stellt man aus Öl her?

Öl kann man nicht in seiner natürlichen Form verwenden, man muss es in so genannten Raffinerien bearbeiten. Dabei wird es in seine verschiedenen Bestandteile zerlegt, die dann aufbereitet werden. So erhält man Butan- oder Propangas zum Heizen oder Kochen, Kerosin als Treibstoff für Flugzeuge, Benzin oder Diesel für Autos, Heizöl zum Heizen und als Treibstoff für Maschinen sowie Teer für den Straßenbau. Aus Öl wird auch Plastik hergestellt wie Polyamid und Polyester.

Sonnenenergie
Manche Weltraumsatelliten sind mit Solarzellen ausgerüstet, mit denen sie Sonnenenergie in Elektrizität umwandeln. Auch auf der Erde verwendet man Sonnenenergie für beleuchtete Straßenschilder, für Pumpen und viele andere Geräte.

Mit Sonnenenergie kann man auch einen Teil der Heizung eines Hauses betreiben. In den Solarzellen ist eine Flüssigkeit enthalten, die von der Sonne aufgewärmt wird. Die Flüssigkeit gibt ihre Wärme an das Wasser ab, das in der Zentralheizung zirkuliert.

Die Zentrifugalkraft
Das Karussell steht still. Die Schwerkraft zieht die Kinder nach unten.

Das Karussell dreht sich. Die Zentrifugalkraft zieht die Kinder jetzt nach außen und die Sitze steigen nach oben. Sobald das Karussell anhält, wirkt keine Zentrifugalkraft mehr. Diese ist nichts anderes als eine Auswirkung der Massenträgheit.

Die Trägheitskraft
Der Stuhl ist leichter als der Schrank. Um den Stuhl zu schieben, braucht man weniger Kraft als beim Schrank, denn das größere Gewicht des Schranks setzt einer Bewegung mehr Widerstand entgegen.

Die Schwerkraft
Schwerkraft entsteht durch Erdanziehungskraft, die auf alle Gegenstände wirkt. Deshalb können wir überall auf der Erdoberfläche senkrecht stehen.

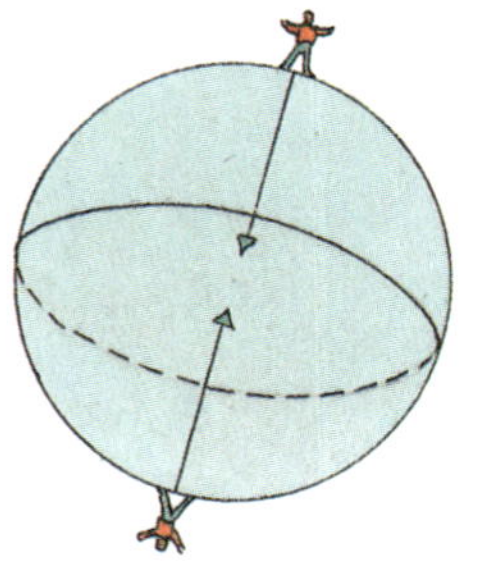

Physikalische Kräfte

In der Natur gibt es verschiedene Kräfte, die auf die Körper einwirken.

Warum fällt ein Körper immer nach unten?

Alle Gegenstände fallen auf die Erde. Sie werden durch eine Kraft angezogen, die man Erdanziehungskraft oder auch Schwerkraft nennt.
Die Schwerkraft hält uns aufrecht und gibt uns Gewicht. Je schwerer ein Gegenstand ist, desto stärker wirkt die Erdanziehungskraft.

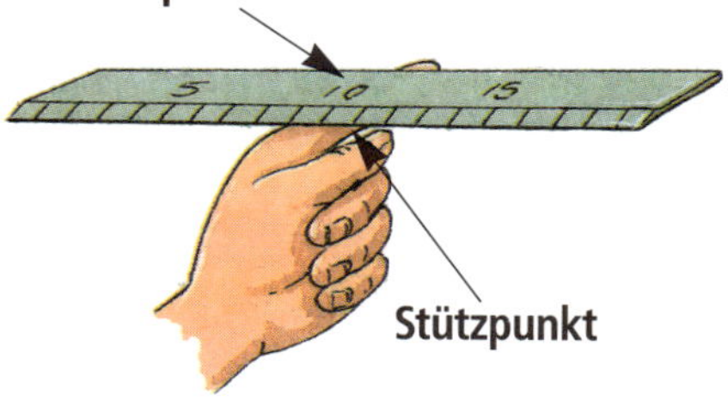

Der Schwerpunkt und der Stützpunkt
Das Lineal ist im Gleichgewicht, weil es genau an seinem Schwerpunkt gehalten wird.

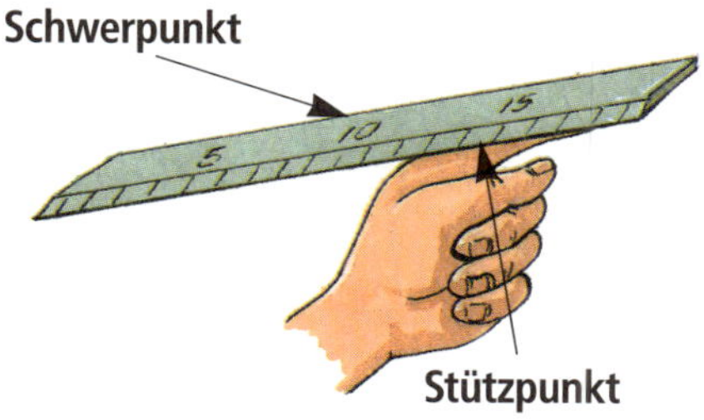

Das Lineal fällt herunter, weil es nicht mehr genau an seinem Schwerpunkt gehalten wird.

Was ist der Schwerpunkt?

Jeder Gegenstand hat einen Schwerpunkt. Das ist die Stelle, an der die Schwerkraft auf den Gegenstand wirkt und ihn zum Erdmittelpunkt zieht. Einen Körper hält man am besten im Gleichgewicht, wenn man ihn im Schwerpunkt abstützt. Wenn aber der Schwerpunkt und der Stützpunkt zueinander verschoben sind, fällt der Gegenstand um.

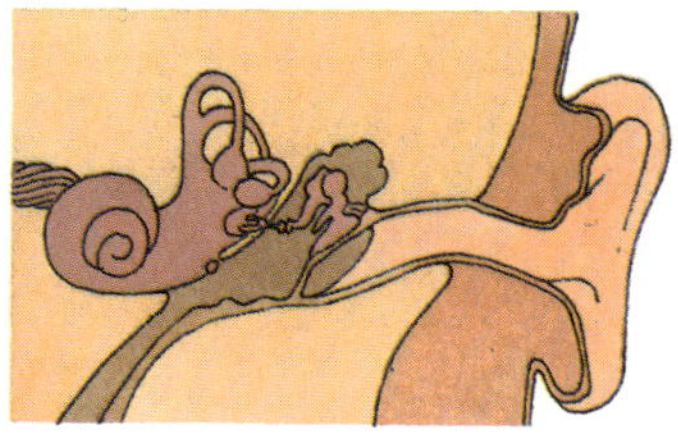

Der Gleichgewichtssinn des Menschen sitzt im Ohr.
Das Ohr empfängt Schallwellen und leitet die Informationen an das Gehirn weiter. Im Ohr sitzt auch unser Gleichgewichtsorgan, mit dem wir das Gleichgewicht finden und erhalten können. In diesem Organ befindet sich eine Flüssigkeit, die sich bewegt, sobald wir unsere Position verändern. Dann bekommt das Gehirn sofort die Information, dass der Körper sein Gleichgewicht wieder neu herstellen muss.

Das Gleichgewicht
Beim Laufen, Radfahren und Bücken muss der Körper das Gleichgewicht immer wieder neu finden und erhalten.

Der Seiltänzer benutzt die Arme wie einen Balancierstab. Er balanciert mit gebeugten Knien. Dadurch ist sein Schwerpunkt näher beim Seil und er kann das Gleichgewicht leichter halten.

Ein Auto von früher
Die kantige Form bietet der Luft einen großen Reibungswiderstand.

Ein modernes Auto
Dank seiner aerodynamischen Form bietet das Auto der Luft wenig Widerstand. Weil somit weniger Reibung entsteht, die die Geschwindigkeit drosselt, ist es schneller.

Reibung

Reibung ist eine Kraft, die sich der Fortbewegung entgegensetzt.

Das Rad: eine geniale Erfindung zur Verminderung der Reibung
Es ist fast unmöglich, diesen Stein zu bewegen. Die Reibung auf dem Untergrund ist enorm, weil die Auflagefläche sehr groß ist.

Wie wirkt die Reibung auf die Fortbewegung?

Weil die Oberfläche einer Rutsche glatt ist, kann man leicht hinunterrutschen. Wäre die Rutsche mit Teppichboden ausgelegt, würde unsere Hose am Teppich hängen bleiben. Die Reibung wäre zu groß um rutschen zu können.

Es ist viel einfacher, den Stein auf einem Wagen zu bewegen, weil die Reibung der Räder auf der Straße viel geringer ist.

Wie kann man Reibung verhindern?

Um Reibung so gering wie möglich zu halten, müssen die beiden Oberflächen, die aneinander bewegt werden sollen, so glatt wie möglich sein. Das kann man durch Auftragen von Fett- oder Schmierstoffen wie zum Beispiel Öl, Fett oder Seife erreichen.

Eisen auf Eisen
Die Reibung von Eisen auf Eisen ist groß. Wenn die Türangel quietscht und sich nur schwer bewegen lässt, muss man sie mit Öl schmieren, damit sich die Reibung verringert.

Der Deckel der Tube ist geriffelt. So erhöht sich die Reibung an der Haut und man kann die Tube leichter öffnen – sogar mit nassen Händen.

Leder auf Leder
Der Torwart trägt beim Fußballspielen Lederhandschuhe. Die Reibung der Handschuhe am Leder des Balls macht es ihm leichter, den Ball zu halten.

Je größer der Fallschirm ist, desto stärker ist der Luftwiderstand und desto langsamer der Fall.

Wann ist Reibung nützlich?

Bei Glatteis ist die Reibung der Reifen auf der Straße sehr gering und das Auto kann ins Schleudern geraten. Deshalb verwendet man im Winter spezielle Reifen, die eine höhere Reibung auf der Straße haben.

Bremst die Luft Gegenstände, die sich bewegen?

Weil man erkannt hat, dass Luft bei der Fortbewegung einen Widerstand darstellt, sind moderne Autos niedriger und aerodynamischer gebaut als früher. So verringert man die Reibung durch die Luft.

Weil die Oberfläche der Rutschbahn sehr glatt ist, kann man problemlos hinunterrutschen.

Die Wasseruhr
Auch Wasseruhren wurden schon von den alten Ägyptern verwendet. Wasser tropft heraus und der fallende Wasserspiegel zeigt an der Markierung der Gefäßwand die abgelaufene Zeit an.

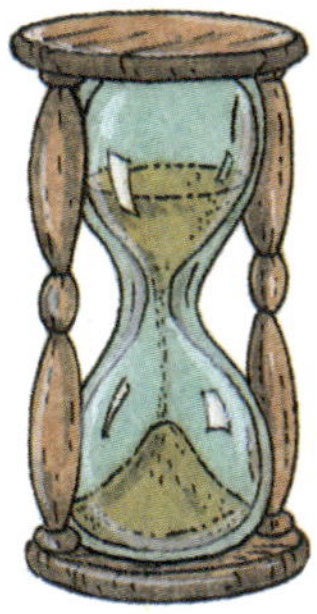

Die Sanduhr
Der Sand rinnt in einer bestimmten Zeit vom oberen in den unteren Teil. Heute werden manchmal noch Sanduhren beim Eierkochen oder zur Zeitmessung bei Gesellschaftsspielen verwendet.

Die Sonnenuhr
Schon 1500 v. Chr. verwendeten die Ägypter Sonnenuhren. Ein von der Sonne geworfener Schatten zeigt die Uhrzeit auf einer markierten Oberfläche an.

Die Erde dreht sich um sich selbst. Deshalb sieht es aus, als würde die Sonne im Laufe des Tages ihre Position verändern.

Am Morgen steht die Sonne im Osten. Auf der Sonnenuhr fällt der Schatten nach links.

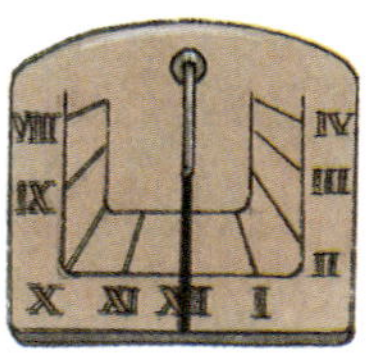

Mittags steht die Sonne im Süden. Der Schatten der Sonnenuhr zeigt geradeaus.

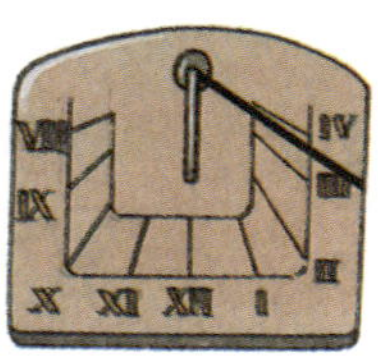

Am Nachmittag steht die Sonne im Westen und der Schatten der Sonnenuhr fällt nach rechts.

Zeit

Die Menschen entwickelten immer genauere Instrumente, um die Zeit zu messen.

Warum ist ein Tag 24 Stunden lang?

Die Erde braucht einen Tag, um sich einmal um sich selbst zu drehen. Dieser Zeitraum wurde von den Menschen in 24 Stunden aufgeteilt. Jede Stunde wiederum in 60 Minuten und jede Minute in 60 Sekunden.

Warum hat ein Jahr 365 Tage?

Die Erde braucht ein Jahr, um einmal die Sonne zu umrunden.
Während dieser Zeit dreht sich die Erde 365-mal um sich selbst. Deshalb hat ein Jahr 365 Tage.

4

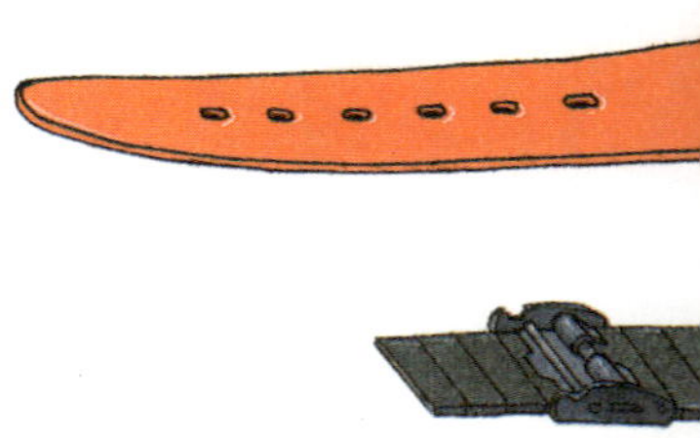

Die Stoppuhr
Sie zeigt nicht die Tageszeit an, sondern misst einen Zeitraum. Man drückt sie zum Beispiel zu Beginn eines Rennens und hält sie am Ende wieder an.

Was ist ein Schaltjahr?

Ein Schaltjahr hat 366 statt der üblichen 365 Tage. Der zusätzliche Tag ist der 29. Februar.
Alle 4 Jahre gibt es ein Schaltjahr. Das Jahr 2000 ist ein solches, ebenso die Jahre 2004 und 2008 und jedes weitere 4. Jahr.

Warum gibt es Schaltjahre?

Die Erde umkreist die Sonne in einem Jahr, genauer in 365 1/4 Tagen. Weil der Vierteltag unpraktisch ist, wird in jedem 4. Jahr mit dem 29. Februar ein Schalttag hinzugefügt.

1

2

7

3

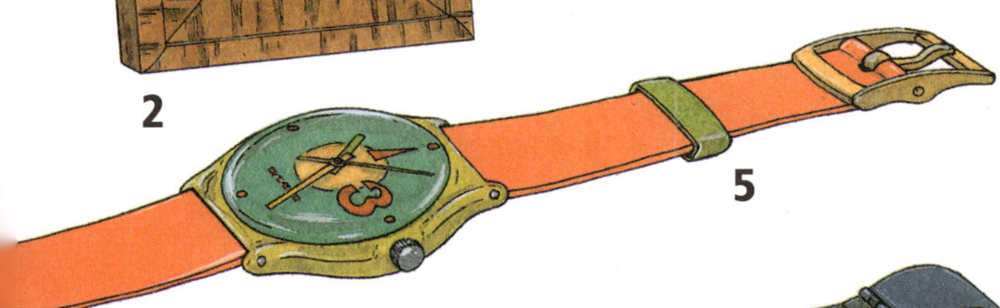

5

6

Instrumente zur Zeitmessung
Standuhr (1), Wanduhr (2), Kuckucksuhr (3) und Wecker (4) sind mechanische Uhren, die man immer wieder aufziehen muss. Die Zeit wird von Zeigern auf einem Zifferblatt angezeigt. Quarzuhren (5, 6) und Quarzwecker (7) brauchen Batterien oder Strom aus der Steckdose. Sie haben entweder Zeiger (5) oder digitale Ziffern (6, 7).

Die alten Maßeinheiten
Bis zur Einführung des metrischen Systems benutzte man Maßeinheiten, die zum Teil vom menschlichen Körper abgeleitet waren.

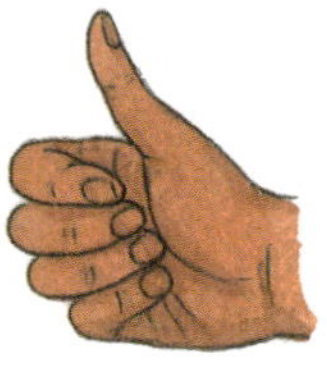

Die kleinste Einheit war ein Zoll: etwas mehr als 2 Zentimeter.

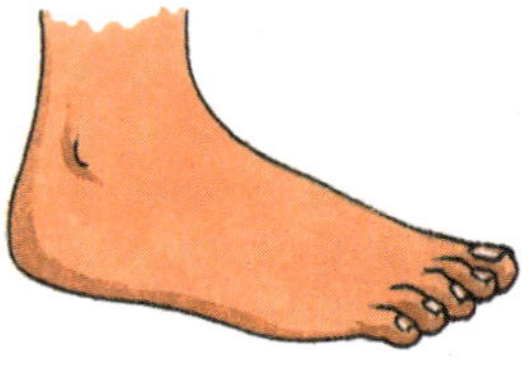

Ein Fuß entsprach etwa 30 Zentimetern.

Ein Schritt war ungefähr 60 Zentimeter lang.

Eine Meile entsprach einer Strecke von etwa 1,6 Kilometern.

Astronomen verwenden die Geschwindigkeit des Lichtes als Maßeinheit (300000 Kilometer in der Sekunde). In einem Jahr legt das Licht ungefähr 9,5 Billionen Kilometer zurück. Dementsprechend beträgt die Entfernung des Polarsternes zur Erde 500 Lichtjahre.

Längenmaße
Seefahrer und Flieger verwenden die Seemeile als Maßeinheit. Eine Seemeile ist 1,852 Kilometer lang.

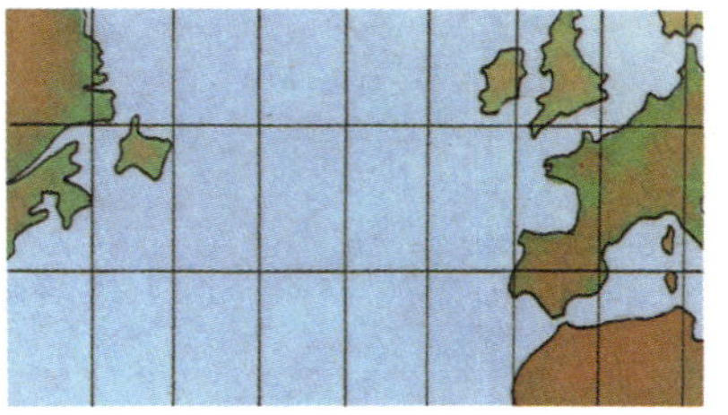

Längenmaße

Mit einem Metermaß misst man Längen.

Was ist ein Meter?

Ein Meter ist eine bestimmte Strecke, die durch physikalische Messungen festgelegt wurde. Unabhängig von dem Instrument, mit dem man misst, ist diese Strecke immer gleich lang.

Wann wurde der Meter als allgemein gültiges Maß festgelegt?

Früher hat man Entfernungen in Zoll, Fuß und Meilen gemessen. Aber diese Einheiten hatten nicht überall die gleiche Größe.

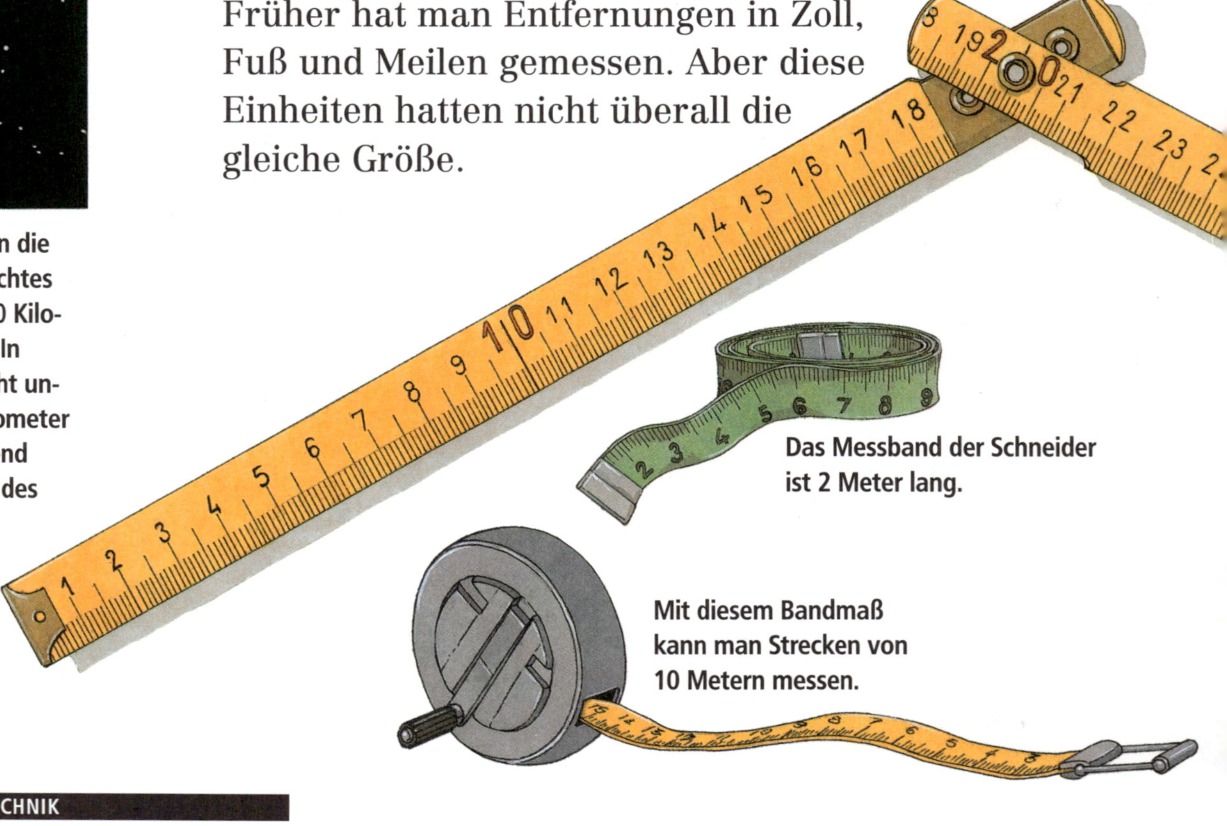

Das Messband der Schneider ist 2 Meter lang.

Mit diesem Bandmaß kann man Strecken von 10 Metern messen.

Der Kilometerzähler
Der Kilometerzähler befindet sich am Armaturenbrett der Autos und zeigt an, wie viele Kilometer das Auto schon gefahren ist.

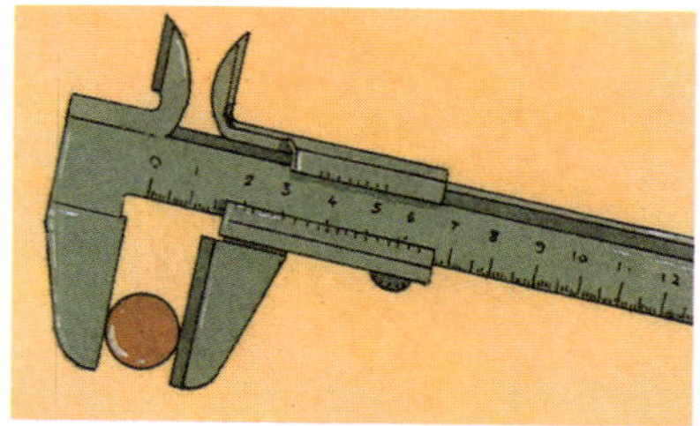

Die Schieblehre: ein Präzisionsinstrument
Mit der Schieblehre misst man ganz kleine Gegenstände. Sie zeigt Zentimeter, Millimeter und sogar Zehntelmillimeter an.

1791 legten Wissenschaftler den Meter als den 10-millionsten Teil eines Erdmeridians fest. Die Grundlage für diese Festlegung veränderte sich in der folgenden Zeit noch mehrmals – zum letzten Mal 1983 – aber die tatsächliche Länge blieb immer gleich.

Was ist das metrische System?

Das metrische System ist das gesamte Maßsystem, das auf dem Meter aufbaut. Es besteht aus Einheiten, die größer sind als ein Meter: Der Dekameter entspricht 10 Metern, der Hektometer entspricht 100 Metern und der Kilometer entspricht 1000 Metern. Und es besteht aus Einheiten, die kleiner sind als ein Meter: Der Dezimeter ist ein zehntel Meter, der Zentimeter ist ein hunderdstel Meter und der Millimeter ist ein tausendstel Meter.

Kilometersteine stehen im Abstand von einem Kilometer am Straßenrand.

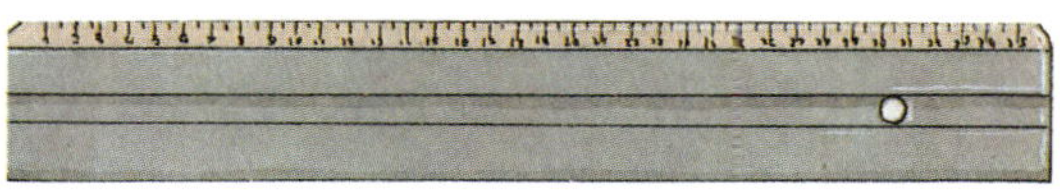

Das Schullineal ist 20 oder 30 Zentimeter lang.

Mit der Messlatte kann man die Körpergröße von Menschen messen.

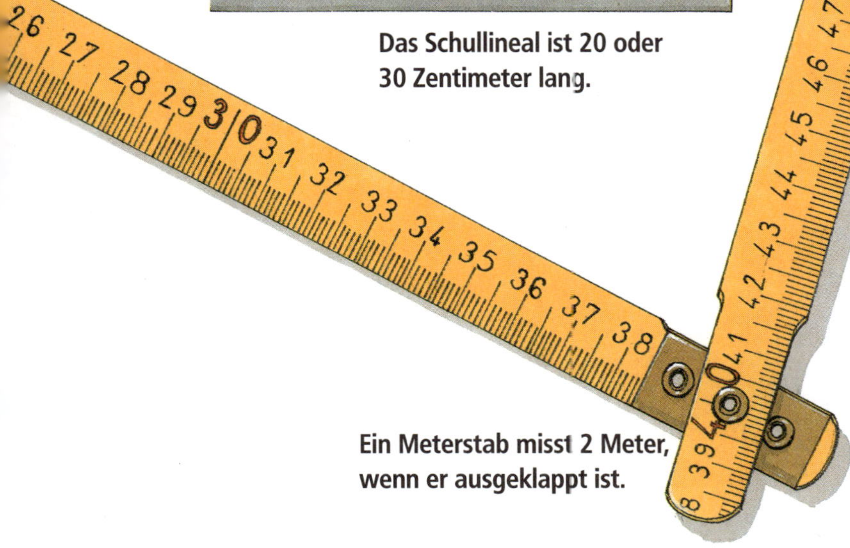

Ein Meterstab misst 2 Meter, wenn er ausgeklappt ist.

Das Internet
Das Internet ist ein Netz, das Millionen von Computern weltweit verbindet. Über das Internet kann man Nachrichten verschicken und sich aus aller Welt Informationen besorgen.

Computer

Computer werden heute immer leistungsstärker und für unser tägliches Leben immer wichtiger.

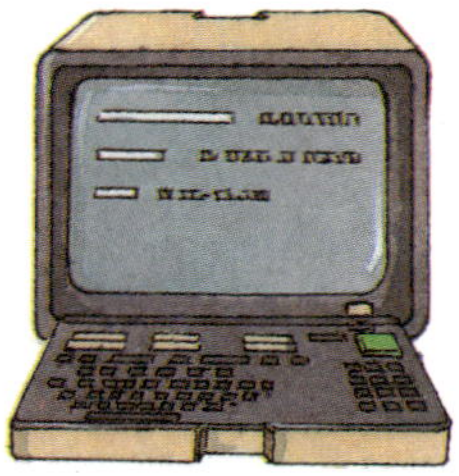

Bildschirmtext-Terminal
Dieser Bildschirm ist kein Computer, sondern hat nur eine Verbindung zu Computern. Über Telefonleitungen kann er sich mit sehr großen Computern und Datenbanken in Verbindung setzen und man kann als Abonnent Informationen abrufen, die dann auf dem Bildschirm erscheinen.

Was ist ein Computer?

Ein Computer ist eine Maschine, mit der man rechnen, Texte bearbeiten, Zeichnungen erstellen und Daten speichern kann. Ein Computer kann aber auch andere Maschinen steuern.

Woraus besteht ein Computer?

Ein Computer besteht aus einem Rechner, der einen Mikroprozessor enthält. Dieser Mikroprozessor hat die Aufgabe zu rechnen und die verschiedenen Funktionen des Computers zu steuern. Im Rechner werden die Daten gespeichert.

Die CD-ROM
Auf einer CD-ROM kann man sehr viel mehr Daten speichern als auf einer Diskette. So können darauf gleichzeitig Bilder, Texte, Video und Ton gespeichert werden.

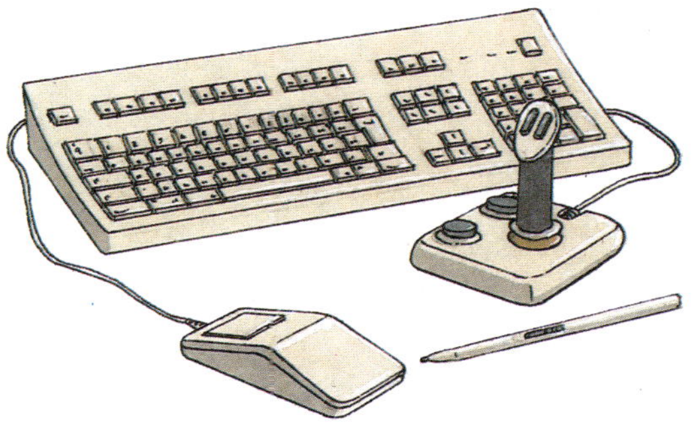

Computer können mit einer Tastatur, einem Joystick, einer Maus oder einem elektronischen Stift bedient werden.

Zum Computer gehören außerdem eine Tastatur, auf der man die Befehle und Informationen eingibt, ein Diskettenlaufwerk beziehungsweise ein CD-ROM-Laufwerk und ein Drucker, der den Text oder die Bilder auf Papier ausdruckt.

Das Gehirn des Computers ist der Mikroprozessor, der heute immer kleiner und schneller wird und immer mehr Daten speichern und verarbeiten kann.

Ohne Luft kein Ton
Weil Schallwellen durch Luft auf das Trommelfell übertragen werden, könnten wir in einem luftleeren Raum nichts hören.

Händeklatschen verursacht eine Luftbewegung sowie ein Geräusch.

Beim Sprechen und Singen entstehen in der Kehle an den Stimmbändern Schwingungen. Diese lassen die Luft vibrieren und werden als Schallwellen auf das Ohr übertragen.

Luft (Stickstoff und Sauerstoff)

Die Kerze brennt.

Stickstoff und Kohlendioxid

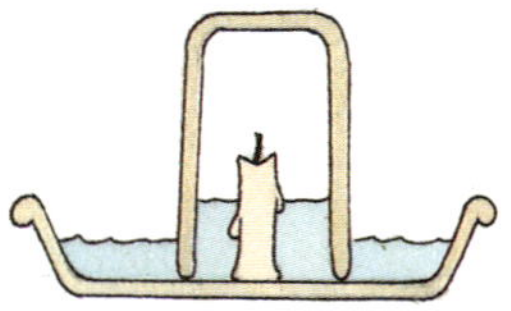

Die Kerze erlischt, weil ihr der Sauerstoff fehlt.

Ohne Luft kein Feuer
Feuer verbraucht Sauerstoff und gibt Kohlendioxid an die Luft ab. Ohne den Sauerstoff der Luft ist keine Verbrennung möglich. Das Streichholz kann nicht brennen und auch der Automotor funktioniert nicht.

Luft

Alles Leben auf der Erde benötigt Luft.

Was ist Luft?

Luft ist eine Mischung aus verschiedenen Gasen. Sie besteht hauptsächlich aus Stickstoff, Sauerstoff und Kohlendioxid. Die Luft umgibt uns überall, ist aber unsichtbar und im Normalfall geruchlos. Zum Atmen nehmen wir sie in unsere Lungen auf. Man kann mit ihr einen Fußball oder einen Autoreifen aufpumpen und zudem bietet sie uns Widerstand, wenn wir uns mit dem Fahrrad, dem Auto, dem Zug oder dem Flugzeug fortbewegen.

Atmung unter Wasser

Wasser enthält einen geringen Teil gelösten Sauerstoffs. Fische nehmen ihn zum Atmen mit Hilfe ihrer Kiemen aus dem Wasser auf. Weil Menschen im Wasser aber nicht atmen können, haben Taucher Luft und Gas in Flaschen dabei. Beim Ausatmen steigen Blasen an die Wasseroberfläche.

Warum ist Luft zum Leben notwendig?

Beim Atmen nehmen wir Sauerstoff auf, den unsere Muskeln für die Bewegung brauchen. Luft enthält auch Stickstoff, den manche Pflanzen wie zum Beispiel Bohnen, Erbsen und Klee benötigen, um sich unterirdische Reserven anzulegen. Das Kohlendioxid ist für alle Pflanzen notwendig, um daraus Energie zu gewinnen und Stängel und Blätter zu bilden.

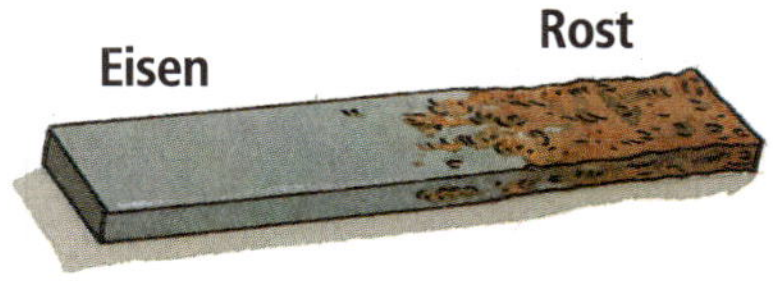

Rost

Ein Eisenstück, das nicht durch Farbe geschützt ist, rostet leicht, wenn es mit dem Sauerstoff der Luft oder mit Wasserdampf in Berührung kommt. Man nennt diesen Vorgang auch Oxidation.

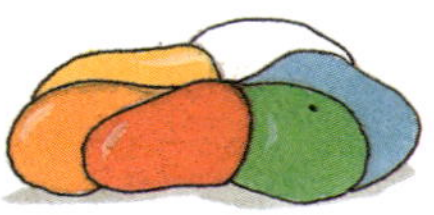

Der Ball enthält keine Luft.

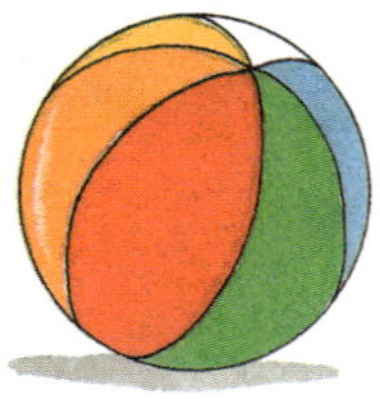

Ist der Ball prall gefüllt, versucht die Luft, sich weiter auszudehnen. Weil dies verhindert wird, steht die Luft im Inneren unter Druck.

Sticht man ein Loch in den Ball, entweicht die Luft unter Zischen so lange, bis der Luftdruck im Ball genauso hoch ist wie der außerhalb des Balles.

Eingeschlossenes Wasser
Ein Rohr wird mit Wasser gefüllt und oben mit einem Korken verschlossen. Das Wasser fließt unten nicht heraus, weil kein atmosphärischer Druck auf die Wasseroberfläche wirkt.

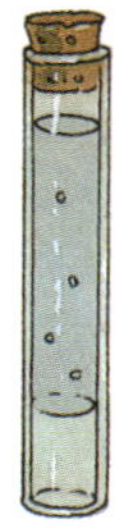

Nimmt man den Korken heraus, wirkt der atmosphärische Druck auf die Wasseroberfläche, drückt das Wasser nach unten und lässt es herausfließen.

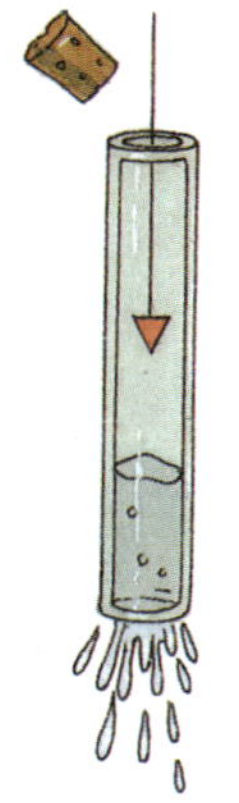

Was ist der Luftdruck?

Luftdruck, auch atmosphärischer Druck genannt, ist eine Kraft, die auf die Erdoberfläche wirkt und auf alles, was sich auf ihr befindet. Dieser Druck entsteht durch die verschiedenen Luftschichten, von denen die Erde umgeben ist.

Warum kann ein Ballon fliegen?

Die Luft im Ballon wird durch einen Gasbrenner erhitzt. Da heiße Luft leichter ist als kalte, erhebt sich der Ballon in die Luft. Sobald die Luft im Ballon abkühlt, wird der Ballon schwerer und sinkt zu Boden.

Der Heißluftballon

1. Vor dem Start wird der Gasbrenner angezündet. Heiße Luft steigt in den Ballon und füllt ihn.

2. Der Ballon ist voll. Wenn die Leinen gelöst werden, steigt er auf.

3. Der Gasbrenner ist aus, die Luft im Ballon kühlt ab und der Ballon verliert an Höhe. Um ihn erneut aufsteigen zu lassen, muss man die Luft im Inneren des Ballons wieder erhitzen.

Transport und Verkehr

Autos
Flugzeuge
Schiffe
Eisenbahnen

Die Geschichte des Autos

1886: Das erste benzinbetriebene Auto von Daimler

1770: Der Dampfwagen von Joseph Cugnot

1891: Panhard-Levassor

1901: Renault

1908: Ford Modell T

Autos

Das Auto ist weltweit eines der meistverbreiteten Verkehrsmittel.

Wann wurden die ersten Automobile erfunden?

1770 entwickelte der Franzose Joseph Cugnot das erste dampfgetriebene Gefährt. In den 80er-Jahren des 19. Jahrhunderts entwickelten Carl Benz und Gottlieb Daimler unabhängig voneinander einen Viertaktmotor. 1885 stellte Benz seinen dreirädrigen Kraftwagen vor.

Die verschiedenen Teile eines Autos

1. Kilometerzähler
2. Tacho
3. Blinkerhebel, Lichtschalter und Hupe
4. Steuer
5. Scheibenwischerhebel
6. Kupplungspedal
7. Bremspedal
8. Gaspedal
9. Schaltknüppel
10. Handbremshebel

1934: Citroën mit Vorderradantrieb

1946: Volkswagen „Käfer“

1958: Cadillac

1977: Rolls Royce Silver Wraith I

Was ist ein Verbrennungsmotor?

Der Verbrennungsmotor wird mit einem Gemisch aus Luft und Benzin oder Diesel betrieben, das explodiert und einen Kolben in einem Zylinder bewegt. Der Kolben steigt auf und ab und dreht dabei die Kurbelwelle. Diese überträgt ihre Drehung auf die Räder.
Damit der Motor gleichmäßig läuft, haben Autos 2, 4, 6 oder 8 Zylinder, die nacheinander arbeiten.

1983: Peugeot 205

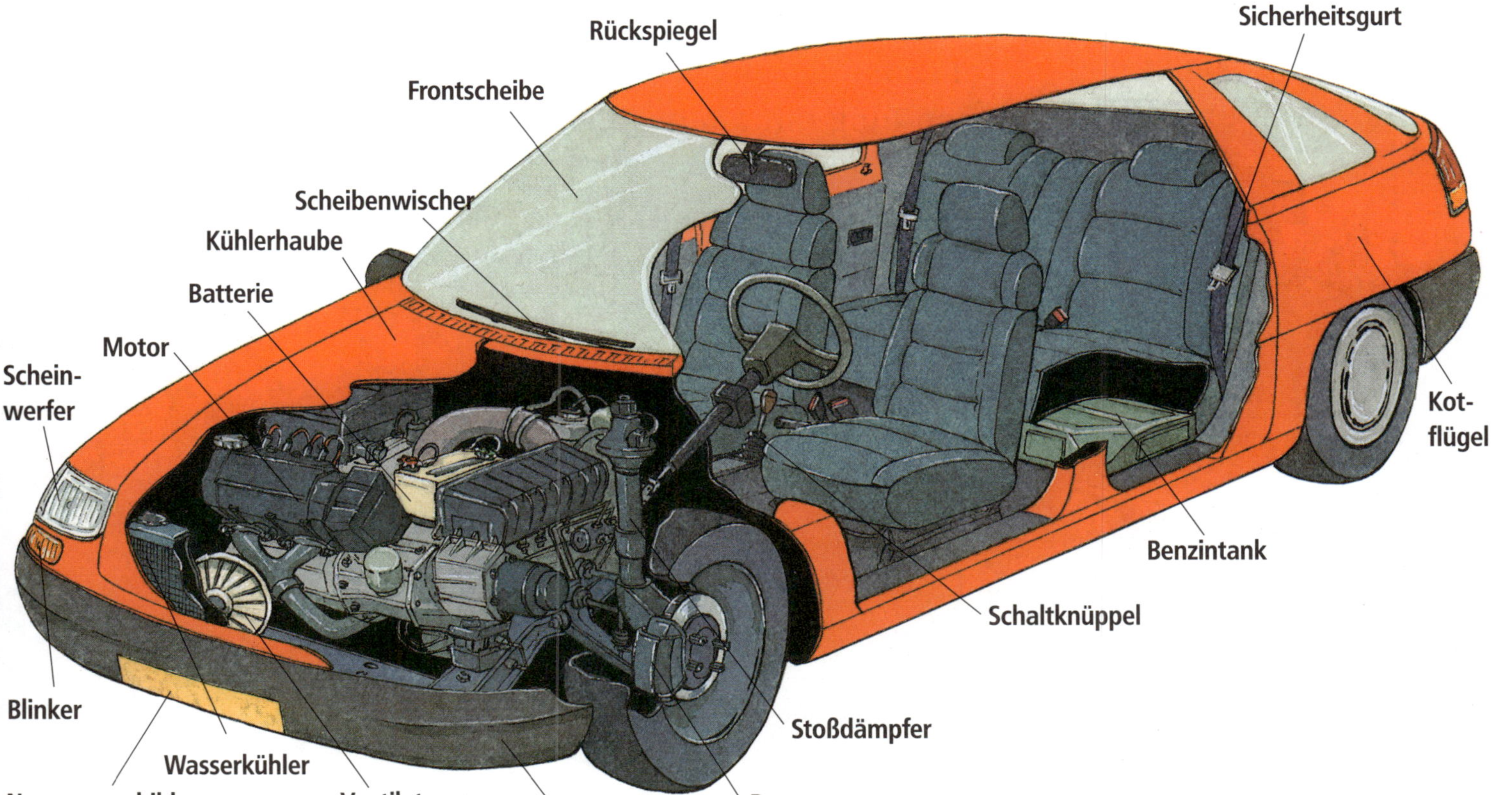

Die Geschichte der Luftfahrt

1909: Louis Blériot überfliegt den Ärmelkanal zwischen Frankreich und England.

1927: Charles Lindbergh überfliegt den Atlantik von Amerika nach Frankreich.

1944: Die Messerschmidt 262, das erste düsenbetriebene Kampfflugzeug

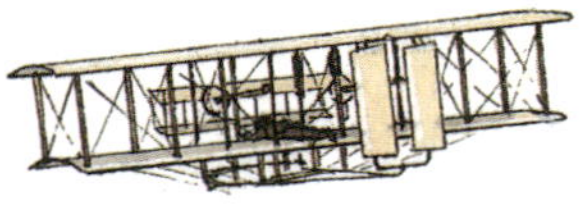

1903: Das Flugzeug der Gebrüder Wright

1890: Das Flugzeug von Clément Ader

1783: Montgolfière

Flugzeuge

Das Flugzeug ist eines der schnellsten Transportmittel.

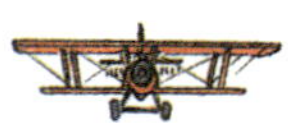

Wann sind die Menschen zum ersten Mal geflogen?

Am 21. November 1783 gelang Pilatre de Rozier und dem Marquis d'Arlandes mit dem Montgolfière-Ballon zum ersten Mal ein Flug über Paris. 1890 flog der Franzose Clément Ader mit seinem Dampfflugzeug etwa 50 Meter weit. 1903 führten die Gebrüder Wright in Amerika als eine der Ersten einen Flug mit Motor und Propeller durch.
Das erste Düsenflugzeug wurde 1938 vom deutschen Konstrukteur Heinkel gebaut.

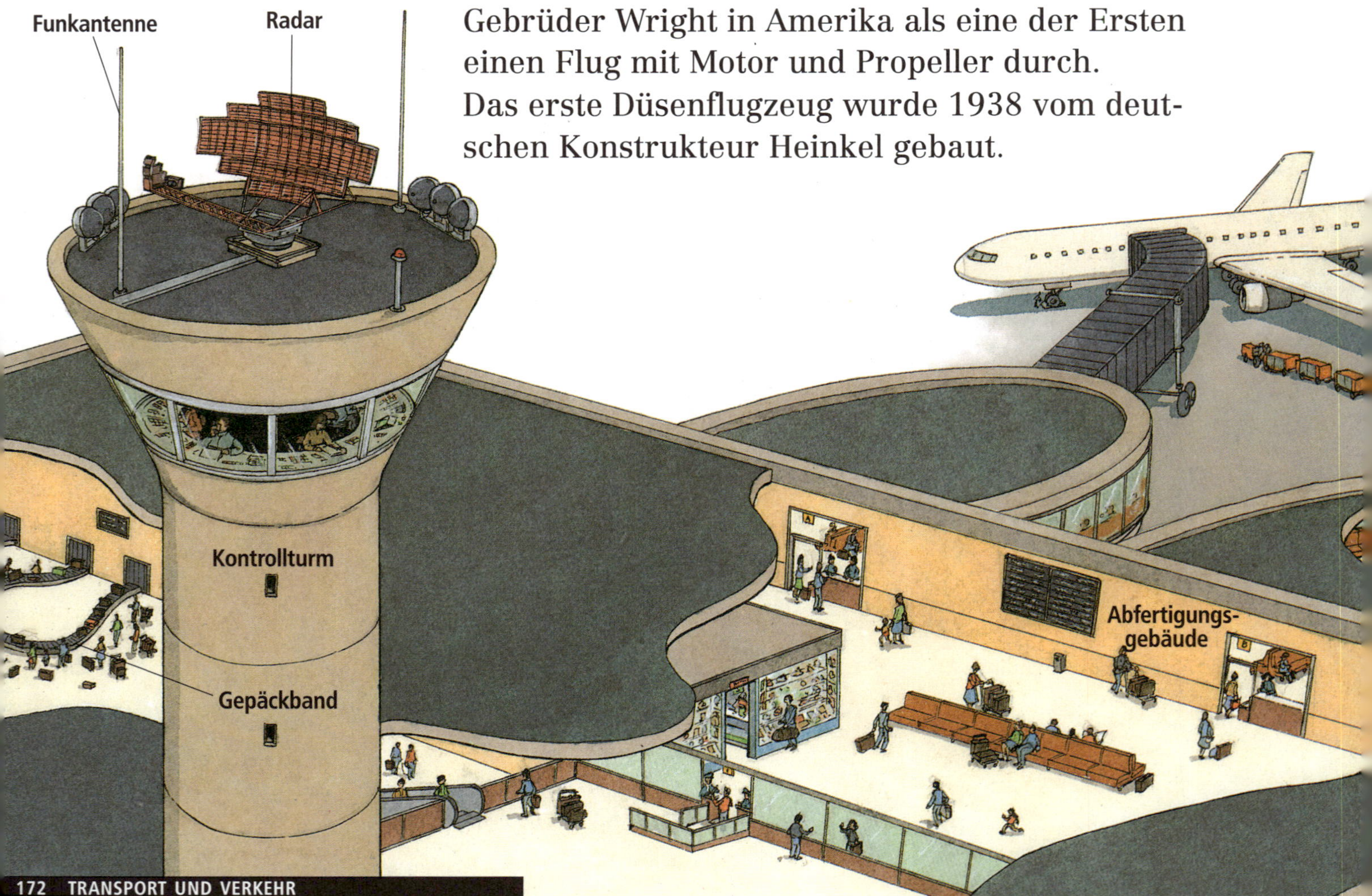

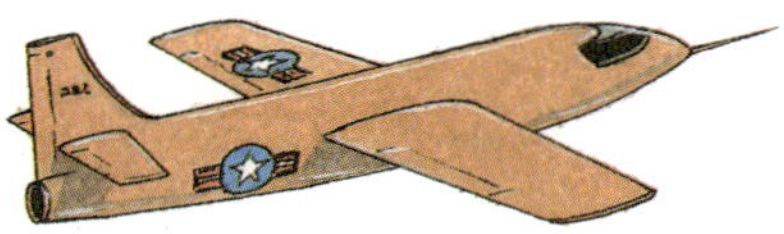

1947: Die Bell X-I fliegt mehr als 1200 Kilometer die Stunde und durchbricht damit die Schallmauer.

1950: Vom ersten Hubschrauber, der Sikorsky S 55, werden 2000 Stück hergestellt.

Die Caravelle ist das erste französische Düsenflugzeug für den Personentransport.

Was ist ein Düsenflugzeug?

Ein Düsenflugzeug ist ein Flugzeug mit Düsentriebwerken. Es hat keinen Propeller, sondern wird durch das Gemisch aus Luft und Kerosin angetrieben, das in den Triebwerken verbrennt. Weil Düsenflugzeuge schneller als der Schall fliegen können, sind sie in der Lage, die Schallmauer zu durchbrechen.

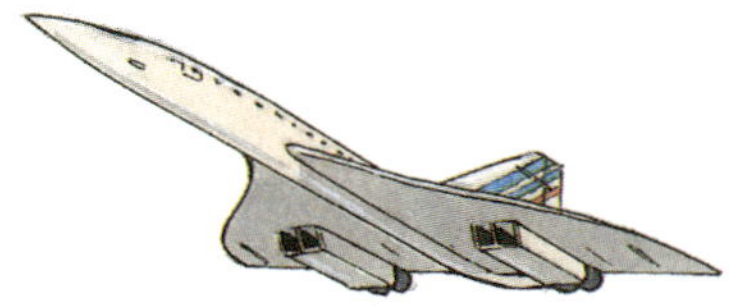

1969: Erster Testflug der Concorde, dem englisch-französischen Überschallflugzeug, das 100 Passagiere aufnehmen und über 2000 Kilometer die Stunde fliegen kann.

1978: Die amerikanische Boeing 767. 1988 bricht sie den Weltrekord für den längsten Nonstop-Flug.

1988: Airbus A 320, das erste Flugzeug, das computerunterstützt geflogen werden kann.

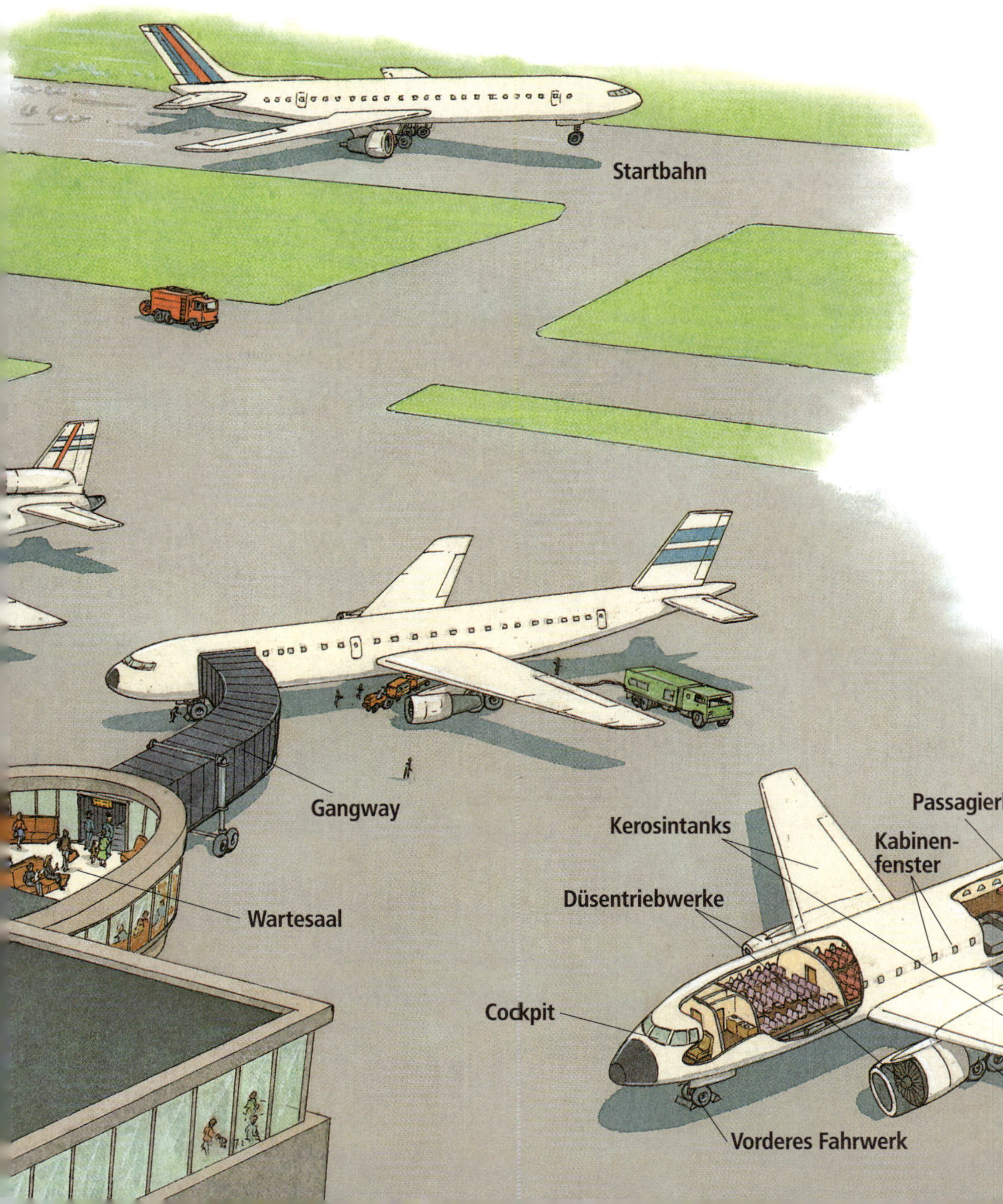

Die Geschichte der Schifffahrt

Altertum: Phönizische Galeere

9. Jahrhundert: Normannisches Drachenschiff

15. Jahrhundert: Karavelle

Schiffe

Schiffe gehören zu den ältesten Transportmitteln der Welt.

Transportschiffe
Supertanker können bis zu 500 000 Tonnen Öl transportieren. Ihr Rumpf ist in mehrere Tanks aufgeteilt. Die Maschine, die Kommandobrücke und die Mannschaftskabinen sind im hinteren Teil des Schiffes untergebracht. Schlepper helfen den großen Schiffen beim Ein- und Auslaufen und beim Anlegen. Containerschiffe transportieren mit unterschiedlichen Waren befüllte Container.

Wie bewegt sich ein Schiff vorwärts?

Vom Altertum bis ins 19. Jahrhundert wurden Schiffe mit Segeln oder Rudern fortbewegt. Nach der Erfindung der Dampfmaschine wurden die Schiffe mit Maschinen ausgerüstet, die zunächst 2 Räder seitlich am Rumpf antrieben und später Schiffsschrauben am Heck. Da die Dampfschiffe schneller als Segelschiffe waren, gab man den Segelantrieb nach und nach auf.

18. Jahrhundert: Dreimast-Kriegsschiff mit Kanonen ausgerüstet

1858: Die Great Eastern, ein englisches Dampfschiff mit Stahlrumpf

1869: Die Cutty Sark, eine der letzten Dreimaster

Was ist ein Hafen?

Häfen werden an Orten gebaut, die vor Wind und Wellen möglichst gut geschützt sind. Eine Mole schließt den Hafen zur offenen See hin ab. Das helle Licht der Leuchtfeuer warnt Schiffe schon in großer Entfernung vor gefährlichen Stellen an der Küste. Die Hafeneinfahrt wird an Steuerbord (rechts) durch ein grünes Licht und an Backbord (links) durch ein rotes Licht markiert. Die Schiffe legen am Kai an, um Waren abzuladen und Passagiere an Land zu lassen.

1932: Die Normandie, ein französisches Passagierschiff

Eisenbahnen

Die ersten Lokomotiven wurden kurz nach der Erfindung der Dampfmaschine gebaut.

1936: Der Pacific Chaplon Nord, eine der schnellsten und stärksten Dampflokomotiven

Die ersten Eisenbahnen

1864: Die ersten amerikanischen Schlafwagen wurden von George Pullman gebaut.

1829: Die Rocket. Diese Dampflokomotive wurde von dem Engländer George Stephenson gebaut.

1804: Die erste Dampflokomotive wurde von dem Engländer Richard Trevithick gebaut.

Dampflokomotiven
Die Lokomotive, die im Tender ihren Kohlevorrat lagerte, wurde von einem Lokomotivführer gesteuert. Der Heizer war für das Feuer zuständig, mit dem der Wasserkessel geheizt wurde. Der Wasserdampf trieb über ein Gestänge die Räder an.

Welche Lokomotiven gibt es?

Die ersten Lokomotiven waren Dampflokomotiven, die einen Tender brauchten, auf dem Kohle transportiert wurde. Mit dieser Kohle wurde der Dampfkessel beheizt. Die Dampflokomotiven wurden von Diesel- und Elektrolokomotiven ersetzt. E-Loks bekommen ihren Strom über so genannte Oberleitungen.

Kommunikation, Kunst und Medien

Die Sprachen der Welt
Zeitungen
Das Radio
Das Fernsehen
Die Musik
Der Zirkus
Die Fotografie
Das Kino
Das Telefon

Was ist ein Alphabet?
Ein Alphabet bezeichnet die Gesamtheit der verschiedenen Buchstaben, die zum Schreiben verwendet werden. Das erste Alphabet wurde vor 3000 Jahren von den Phöniziern entwickelt. Es gibt ein griechisches, ein lateinisches, ein arabisches und ein kyrillisches (russisches) Alphabet.

A B C D E F G H I J

Die Sprachen der Welt

Sprache ist eines unserer wichtigsten Kommunikationsmittel.

Es gibt noch weitere Schriftarten
Die Sumer verwendeten die Keilschrift. Hieroglyphen wurden schon 3000 v. Chr. von den Ägyptern benutzt. Und manche asiatischen Völker wie die Chinesen und Japaner verwenden auch heute noch Schriftzeichen.

Wie schreiben die verschiedenen Völker?

Die 4000 gesprochenen Sprachen der Welt werden in 2 verschiedenen Arten dargestellt. In China und Japan benutzt man Schriftzeichen, wobei jedes Wort ein anderes Zeichen hat. Die meisten anderen Sprachen werden mit Buchstaben geschrieben, aus denen man Silben und Wörter bildet.

人

Dieses chinesische Schriftzeichen bedeutet „Mensch“.

Ägyptische Hieroglyphen

Phönizische Buchstaben

Griechische Buchstaben (800 v. Chr.)

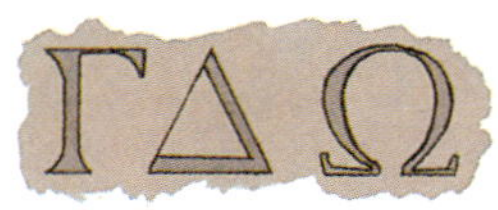

Lateinische Buchstaben (600 v. Chr.)

KLMNOPQRSTU
V
W
X
Y
Z

Wie verstehen sich Menschen mit unterschiedlichen Sprachen?

Da es so viele verschiedene Sprachen auf der Welt gibt, können sich die Menschen untereinander oft nicht verstehen. Deshalb gibt es Berufe, die eine Verständigung zwischen verschiedenen Sprachen ermöglichen: Dolmetscher, Übersetzer, Touristenführer oder Synchronsprecher im Kino und Fernsehen.

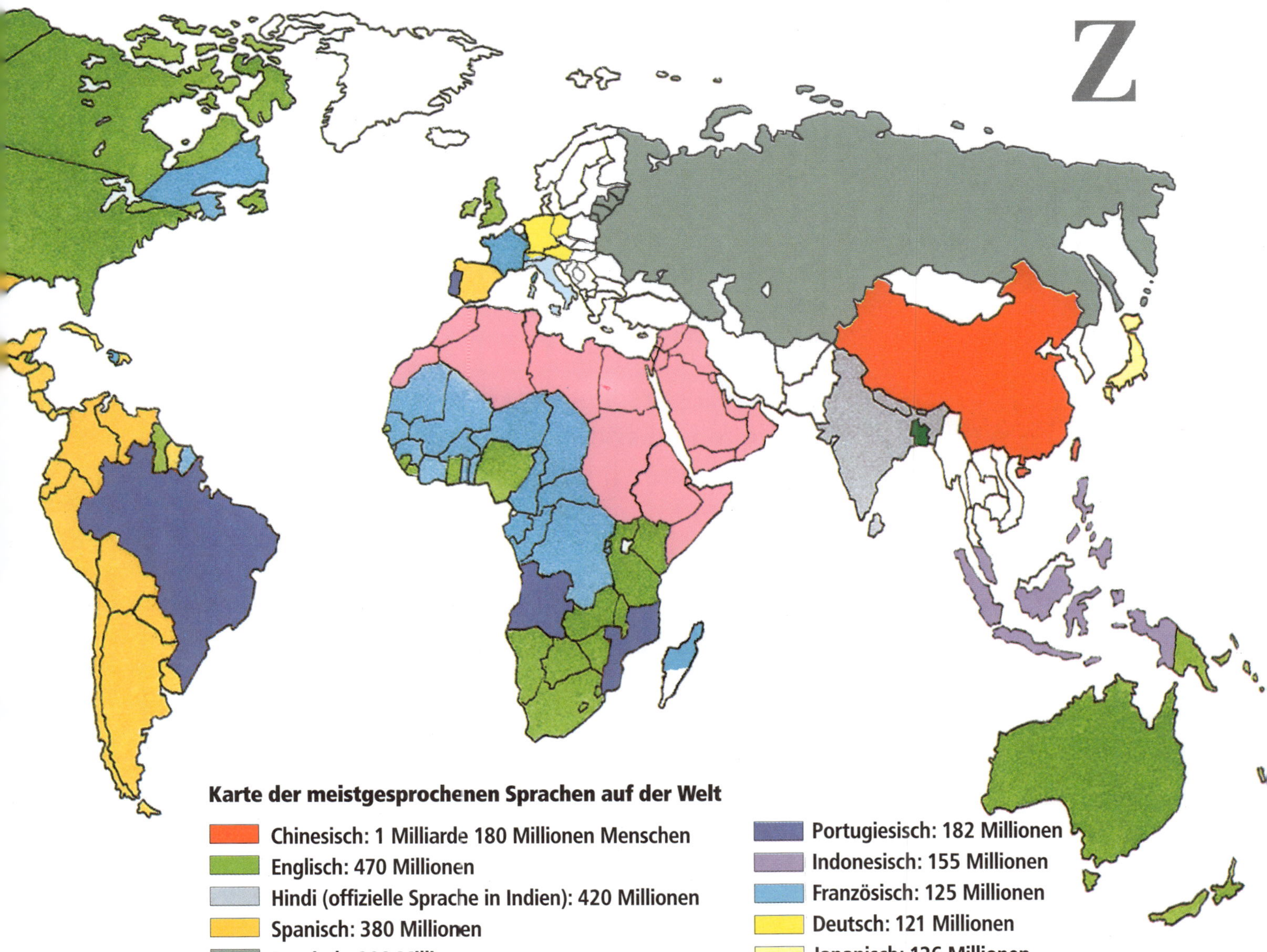

Karte der meistgesprochenen Sprachen auf der Welt

- Chinesisch: 1 Milliarde 180 Millionen Menschen
- Englisch: 470 Millionen
- Hindi (offizielle Sprache in Indien): 420 Millionen
- Spanisch: 380 Millionen
- Russisch: 288 Millionen
- Arabisch: 220 Millionen
- Bengali: 196 Millionen
- Portugiesisch: 182 Millionen
- Indonesisch: 155 Millionen
- Französisch: 125 Millionen
- Deutsch: 121 Millionen
- Japanisch: 126 Millionen
- Italienisch: 62 Millionen

Die ältesten Zeitungen der Welt
Die älteste Zeitung der Welt ist das chinesische Journal „Tching Pao“. Sie erschien im Jahr 400 zum ersten Mal und wurde erst 1934 eingestellt. Es gab sie also über 1500 Jahre lang.

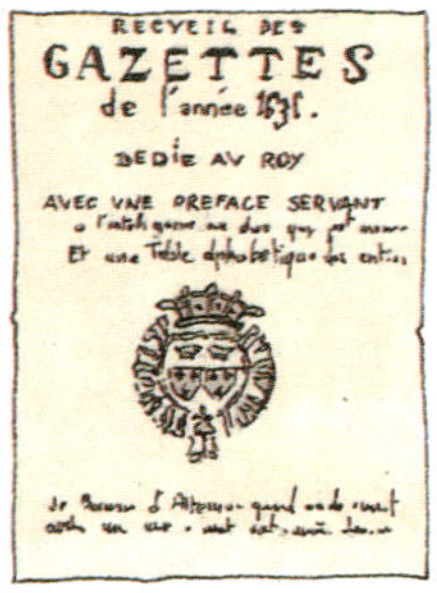

Die erste französische Zeitung erschien 1631: „La Gazette“ von Théophraste Renaudot.

Zeitungen

Vor der Erfindung von Radio und Fernsehen waren Zeitungen die einzige Möglichkeit, etwas über das Geschehen in der Welt zu erfahren.

Was ist eine Zeitung?

Wie Radio und Fernsehen sind Zeitungen auch ein Informationsmittel.
Jeden Tag erscheinen Artikel und Reportagen über aktuelle und wichtige Ereignisse aus Politik, Wirtschaft, Kultur und Sport.

Was ist eine Zeitschrift?
Zeitschriften erscheinen wöchentlich oder monatlich. Sie sind illustriert und die Seiten sind zusammengeheftet. Sie können sich auf ein Thema wie zum Beispiel Mode oder Sport konzentrieren, aber auch allgemein gehalten sein und über verschiedene Themen berichten.

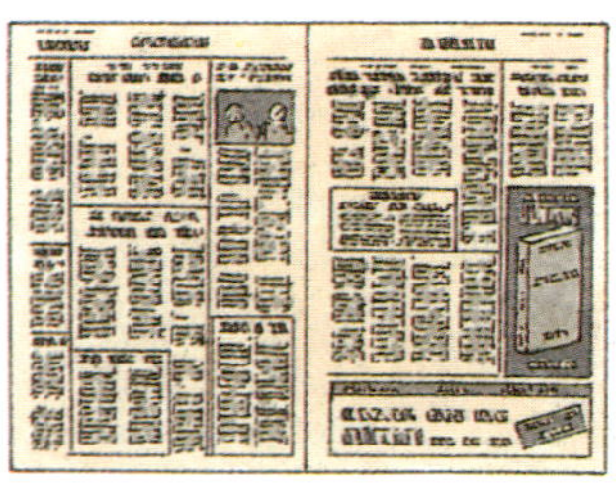

Was ist eine Tageszeitung?
Das ist eine Zeitung, die täglich erscheint. Die Seiten sind nur gefaltet und nicht geheftet. Nationale Tageszeitungen bringen Informationen über das Land und über internationale Geschehnisse. Regionale Tageszeitungen haben ihren Schwerpunkt auf lokalen Nachrichten.

Einige wichtige Zeitschriften und Zeitungen
Deutschland: Der Spiegel
Schweiz: Neue Zürcher Zeitung
Großbritannien: The Times
Frankreich: Le Monde
Österreich: Die Presse
Spanien: El Pais
USA: New York Times
Italien: La Repubblica
Niederlande: De Telegraaf

Welches sind die meistgelesenen Zeitungen?
Die meistgelesene Zeitschrift der Welt ist „Das Beste aus Reader's Digest". Sie hat eine Auflage von 28 Millionen und wird in 17 verschiedene Sprachen übersetzt. Die 3 auflagenstärksten Tageszeitungen der Welt erscheinen in Japan. Die größte von ihnen, „Yomiuri Shimbun", wird täglich mit 14,5 Millionen Exemplaren gedruckt.

Wie entsteht eine Zeitung?

An der Zeitung arbeitet ein Team von Journalisten, Redaktionsassistenten, Fotografen und Grafikern. Geleitet wird das Team von einem Chefredakteur. Die Journalisten sammeln Informationen und schreiben die Artikel. Fotografen besorgen das notwendige Bildmaterial und Grafiker ordnen den Text und die Fotos auf der Seite an.

Welche Radiosender gibt es?
Es gibt regionale Radiosender, die nur in einer Stadt senden, andere Radiosender kann man im ganzen Land hören. Und schließlich gibt es noch Sender, die man international empfangen kann wie die Deutsche Welle, das englische BBC, Radio France Internationale und das Radio des Papstes: Radio Vatikan.

Das Radio

Das Radio informiert und unterhält uns im Auto, zu Hause, im Beruf oder in der Freizeit.

Wann wurde das Radio erfunden?
Am 2. Juni 1896 meldete Guglielmo Marconi die drahtlose Telegrafie zum Patent an. Wenige Jahre später war es dann möglich, auch Töne drahtlos zu übertragen.

Was ist ein Radiosender?

In einem Radiosender erarbeitet ein Team von Journalisten, Moderatoren und Technikern das Radioprogramm. Die Journalisten stellen die Informationen zusammen, die Moderatoren präsentieren die Musik und andere Sendungen und die Techniker sorgen dafür, dass der Ton und die Musik richtig gesendet werden.

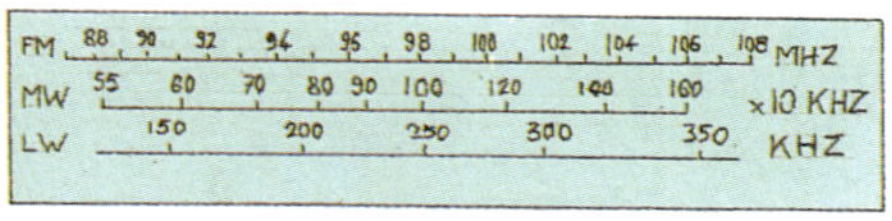

Welche Radiosender werden am meisten gehört?
In Deutschland hört man die Sender der ARD, in Frankreich RTL, in Italien RAI, und in Großbritannien die BBC.

Das Transistorradio
In den 50er-Jahren wurde der Transistor erfunden. Von da an konnten immer kleinere und billigere Radios gebaut werden, die zum Teil mit Batterien betrieben waren und deshalb überall mit hingenommen werden konnten. Tonkassetten ermöglichten es erstmals, Sendungen aufzuzeichnen.

Wie funktioniert das Radio?

Töne, Stimmen, Musik und Geräusche werden im Sender über ein Mikrofon aufgenommen, in elektrische Signale und Radiowellen umgewandelt, die dann gesendet werden. Radiowellen breiten sich mit einer Geschwindigkeit von 300 000 Kilometern in der Sekunde aus. Die Antenne des Radios empfängt diese Wellen und die Elektronik wandelt sie in Töne um.

Das Tonstudio
In der Regie sitzt ein Techniker, der die Mikrofone öffnet und schließt, das Abspielen von Tonbändern vorbereitet, CDs abspielt und Anrufe von Zuhörern entgegennimmt.
Er führt das Programm so aus, wie der Moderator es geplant hat. Über das Regiemikrofon und über Kopfhörer können Moderator und Techniker sich miteinander verständigen, ohne dass die Zuhörer etwas davon hören. Wenn die rote Lampe im Studio leuchtet, heißt das: „Achtung, wir sind auf Sendung!" Der Moderator präsentiert sein Programm und macht zum Beispiel ein Interview mit seinen Studiogästen. Mit dem Techniker verständigt er sich über Zeichen.

Kleine Geschichte des Fernsehens
1928 wurde in einem amerikanischen Labor zum ersten Mal eine Fernsehübertragung vorgeführt. Zunächst waren die Fernsehgeräte groß, schwer und sehr teuer und das Bild war schwarzweiß. Anfang der 60er-Jahre gab es die ersten Farbfernsehgeräte. 1969 sahen 500 Millionen Zuschauer die ersten Schritte von Neil Armstrong auf dem Mond.

Das Fernsehen

Über das Fernsehen erreichen uns täglich Bilder aus aller Welt.

Wie entstehen die Bilder im Fernsehen?

Die Bilder werden mit Videokameras aufgezeichnet. Über ein Objektiv wird das Licht in der Kamera aufgenommen und in elektrische Signale umgewandelt, die als Wellen ausgestrahlt werden. Die Fernsehantenne empfängt die Wellen und das Fernsehgerät lässt diese als Bilder auf dem Bildschirm erscheinen.

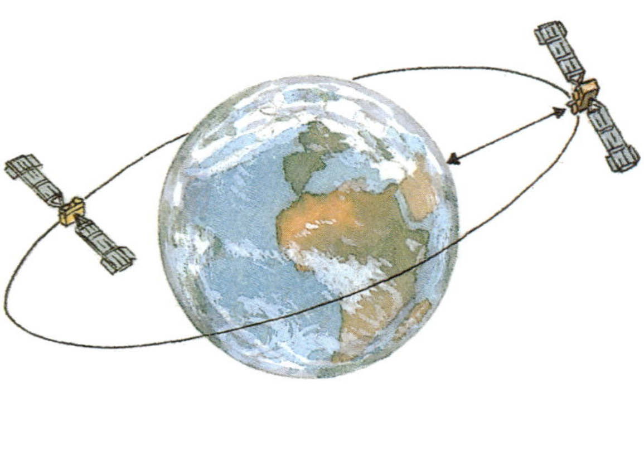

Was ist Satellitenfernsehen?
Mit der Erschließung des Alls wurden vermehrt Satelliten 36 000 Kilometer hoch in die Erdumlaufbahn geschickt. Von dort werden die Fernsehsignale von der Erde zu den Satelliten gefunkt, die sie auf die Erde zurücksenden, wo sie von speziellen Parabolantennen aufgefangen werden. Der Vorteil der Satelliten ist, dass man über sie auch weit entfernt liegende Punkte der Erde mit den Fernsehsignalen erreichen kann.

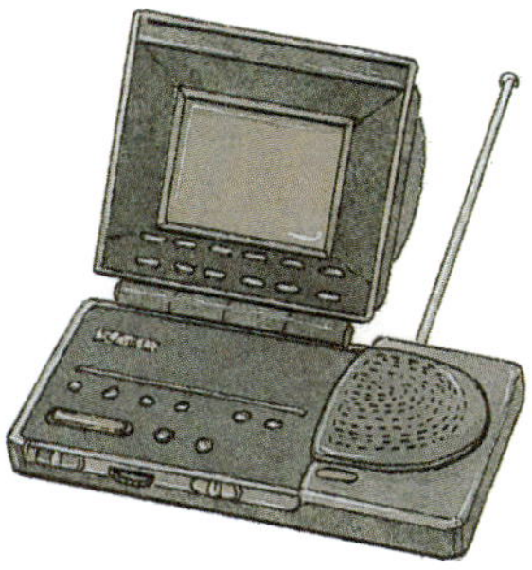

Wie entsteht eine Fernsehsendung?

Im Studio stehen an verschiedenen Stellen Kameras, die ihre Bilder in den Regieraum senden. Dort wird entschieden, welches Bild ausgestrahlt wird. An einer Fernsehsendung sind viele Menschen beteiligt: der Toningenieur, der Qualität und Lautstärke des Tons kontrolliert, die Beleuchter, die für das Licht sorgen, der Regisseur, die Regieassistenten und viele andere.

Welches sind die öffentlichen und privaten Fernsehsender?
In den meisten Ländern gibt es öffentliche Sendeanstalten, die dem Staat gehören: in Deutschland die ARD und das ZDF, in Österreich den ORF, in Italien RAI. Daneben gibt es inzwischen viele Privatsender wie zum Beispiel in Deutschland SAT 1, RTL, PRO 7 und Super RTL.

Antonio Vivaldi
(1678–1741)
Italienischer Komponist
Er hat die „Vier Jahreszeiten“ komponiert.

Johann Sebastian Bach
(1685–1750)
Deutscher Komponist, der vor allem Kirchenmusik komponiert hat: Messen, Kantaten und Fugen

Wolfgang Amadeus Mozart 1756–1791)
Österreichischer Komponist
Er schrieb Opern, Symphonien und Konzerte.

Die Musik

In der Musik werden verschiedene Töne auf eine bestimmte Art aneinander gereiht.

Wie ist die Musik entstanden?

Manche Formen der Musik kommen schon in der Natur vor: das Pfeifen des Windes, der Gesang der Vögel oder das Wellenrauschen. Man geht davon aus, dass die Menschen der Urzeit versucht haben, verschiedene Geräusche nachzuahmen. Vor etwa 6000 Jahren wurden die ersten Instrumente gespielt, zum Beispiel in Ägypten Flöte und Harfe. Um 725 n. Chr. gab es in China erste Orchester mit Flöten, Gitarren, Gongs und Trommeln.

Musikinstrumente des Altertums

Griechische Gitarre

Etruskische Flöte

Mittelalterliche Musikinstrumente

Laute

Musikinstrumente unserer Zeit

Gitarre

Saiteninstrumente:
Gitarre, Geige, Harfe, Banjo

Klavier

Tasteninstrumente:
Klavier, Flügel, Orgel, Cembalo

Pauken

Schlaginstrumente:
Pauke, Triangel, Xylophon, Trommel

Trompete

Blasinstrumente:
Blechblasinstrumente (Trompete, Tuba, Posaune, Horn), Holzblasinstrumente (Flöte, Klarinette, Oboe)

Ludwig van Beethoven
(1770–1827)
Deutscher Komponist
Er schrieb neun Symphonien, Konzerte und viele andere Werke.

Hector Berlioz
(1803–1869)
Französischer Komponist
Er komponierte Symphonien, Opern und ein Requiem.

Frédéric Chopin
(1810–1849)
Polnischer Komponist, der vor allem Werke für das Klavier verfasste.

Was versteht man unter klassischer Musik?

So nennt man die Musik, die von den großen europäischen Komponisten wie Bach, Mozart, Beethoven, Chopin und Wagner komponiert wurde. Im 18. Jahrhundert wurden sehr viele neue Instrumente wie die Geige, das Klavier und Blechblasinstrumente eingeführt.

Richard Wagner
(1813–1883)
Deutscher Komponist
Verfasser von 10 Opern, die auf germanischen Sagen basieren.

Die Oper
Die Oper ist ein Theaterstück mit Musik, bei dem die Texte gesungen werden.

Der Dirigent
Er leitet ein Orchester, indem er mit dem Taktstock das Tempo vorgibt. Er gibt den Rhythmus an und sorgt dafür, dass die Musiker zum richtigen Zeitpunkt einsetzen.

Das Symphonieorchester
Zum Orchester gehören etwa 90 bis 120 Musiker

Die Partitur
Die Partitur ist die in allen Einzelheiten ausgearbeitete Aufzeichnung aller Stimmen eines Musikwerkes.

Zirkusdirektor

Clown

Zauberer

Der Zirkus

Der Zirkus ist ein großes Schauspiel mit Clowns, wilden Tieren, Seiltänzern und vielen anderen Attraktionen.

Die ersten Zirkusveranstaltungen
Zunächst fanden die Aufführungen in großen Hallen statt. Als es im 19. Jahrhundert die ersten Zelte gab, konnten die Zirkusleute von Stadt zu Stadt reisen und ihre Kunststücke an verschiedenen Orten zeigen.

Wann gab es den ersten Zirkus?

1768 stellte in Großbritannien der Kunstreiter Philip Astley der Öffentlichkeit den ersten Zirkus vor. Innerhalb weniger Jahre breitete sich diese neue Art der Unterhaltung mit großem Erfolg in den USA und in Europa aus. Damals gab es ausschließlich Darbietungen auf Pferden und von Seiltänzern. Clowns und wilde Tiere kamen erst in der Mitte des 19. Jahrhunderts hinzu.

Akrobat

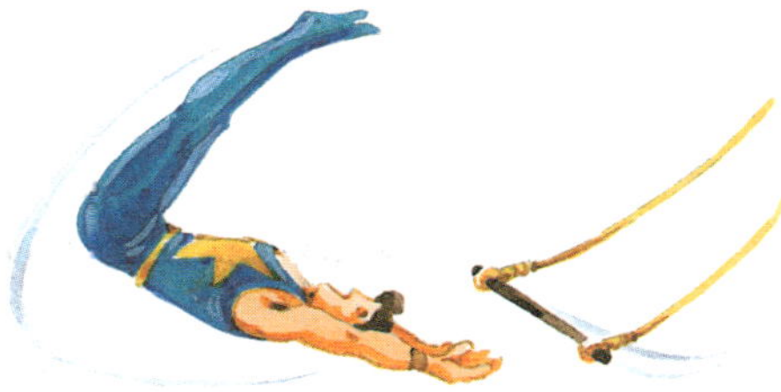

Trapezkünstler

Seiltänzerin

Warum gibt es kaum noch Zirkusse?

In vielen Städten gibt es keine großen Plätze mehr, die für einen Zirkus ausreichen würden. Es gibt nur noch wenige große Zirkusunternehmen in der Welt: Zirkus Krone in Deutschland, Zirkus Gruss in Frankreich, Zirkus Barnum in den USA, den Russischen Staatszirkus aus Moskau. Daneben gibt es noch einige kleinere Familienbetriebe.

Dieses Foto wurde mit einem Weitwinkelobjektiv von 28 Millimetern Brennweite aufgenommen.

Dieses Foto wurde mit einem klassischen Objektiv mit 50 Millimeter Brennweite aufgenommen.

Das Objektiv
Ein Objektiv besteht aus mehreren Linsen, die ein Bild von dem Gegenstand, den man fotografieren will, auf dem Film erzeugen. Es gibt Objektive mit unterschiedlichen Stärken.

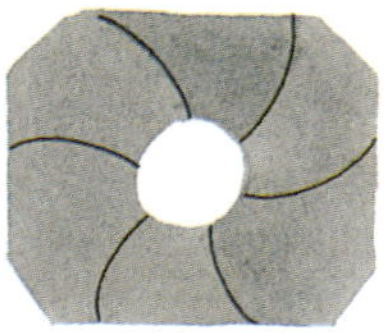

Die Blende
Die Blende funktioniert wie eine Pupille. Wenn es dunkel wird, öffnet man die Blende, um mehr Licht einzulassen. Bei Helligkeit wird die Blende so weit wie möglich geschlossen.

Was ist ein Film?
Das ist ein dünner Plastikstreifen, der aufgerollt wird und eine lichtempfindliche Schicht für Farb- oder Schwarzweißaufnahmen enthält.

Die Fotografie

In der Fotografie werden Bilder mit Hilfe von Linsen festgehalten. Die Fotografie wurde 1816 von dem Franzosen Nicéphore Niepce erfunden.

Wie funktioniert ein Fotoapparat?

Ein Fotoapparat besteht aus einem Kameragehäuse mit einer Öffnung, dem Objektiv. Die Größe der Öffnung kann mit einer Blende verändert werden. Öffnet man den Verschluss, gelangt Licht ins Innere der Kamera und belichtet den Film. Das Bild, das wir durch den Sucher sehen, wird auf dem Film abgebildet.

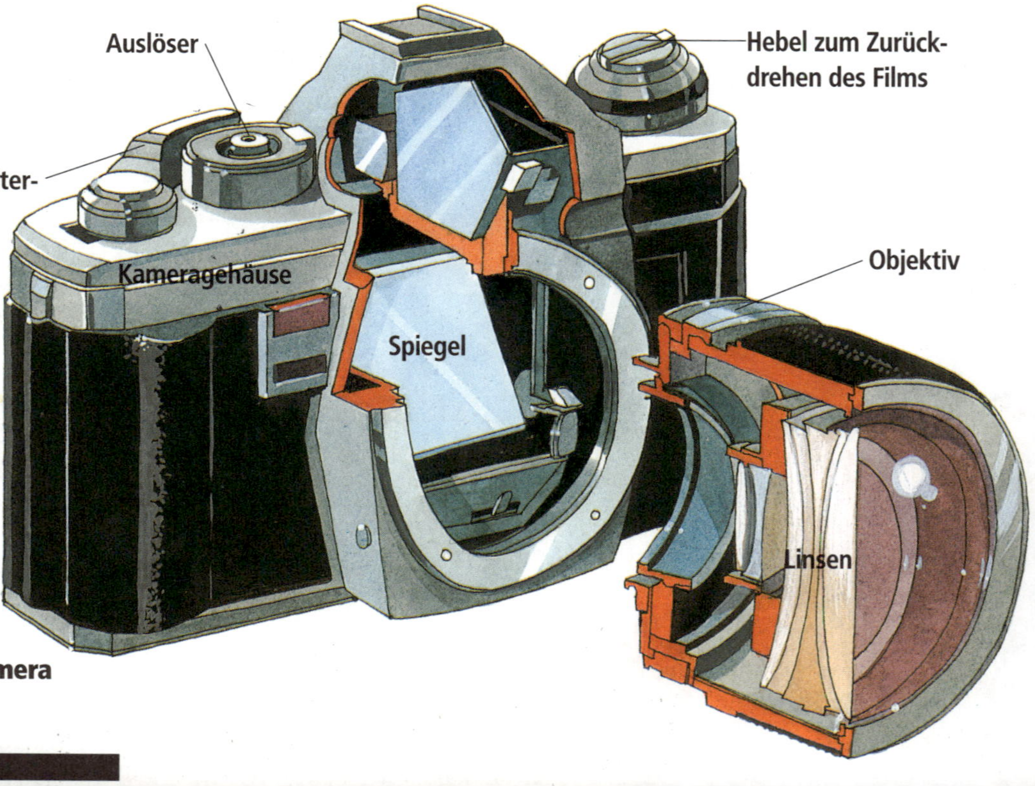

Spiegelreflexkamera

Dieses Foto wurde mit einem Objektiv mit 200 Millimeter Brennweite aufgenommen.

Dieses Foto wurde mit einem Objektiv mit einer Brennweite von 300 Millimeter aufgenommen.

Um ein Foto zu erhalten, muss das Bild vom Film auf lichtempfindliches Papier projiziert werden.

Warum sind manche Fotos unscharf?

Wird die Kamera bewegt, solange das Objektiv geöffnet ist, kann das Bild unscharf werden. Es ist aber auch möglich, dass die Entfernung am Objektiv nicht richtig eingestellt wurde oder dass das fotografierte Objekt sich bewegt hat.

Wie entwickelt man ein Foto?
Zunächst wird der Film in der Dunkelkammer entwickelt, in die kein Lichtstrahl gelangen darf. Danach wird der Film in eine Dose mit Entwicklerflüssigkeit gelegt und es entsteht das Bild im Negativ: Helle Teile sind dunkel und dunkle werden hell dargestellt. Die Übertragung auf Papier geschieht bei Rotlicht, wobei das Negativ auf einen Vergrößerungsapparat gelegt wird, der Licht auf lichtempfindliches Papier projiziert. Anschließend wird das Papier in Entwicklerflüssigkeit gegeben, und langsam erscheint das Bild. Zum Schluss kommt das Bild in ein Fixierbad und wird getrocknet.

Berühmte Filme:

The Kid
(1921) von Charlie Chaplin
Der Panzerkreuzer Potemkin
(1925) von Sergej Eisenstein
Die Kinder des Olymp
(1945) von Marcel Carné
2001 – Odyssee im Weltraum
(1968) von Stanley Kubrick
Titanic
(1998) von James Cameron

Berühmte Regisseure:
Fritz Lang
(1890–1976), Deutscher
John Ford
(1895–1973), Amerikaner
Luis Buñuel
(1900–1983), Mexikaner spanischer Abstammung
Akira Kurosawa
(1910 geboren), Japaner
Ingmar Bergman
(1918 geboren), Schwede
Federico Fellini
(1920–1993), Italiener
François Truffaut
(1932–1984), Franzose
Steven Spielberg
(1947 geboren), Amerikaner

Das Kino der Brüder Lumière
1895 entwickelten die Brüder Auguste und Louis Lumière die erste Filmkamera, mit der sie mehrere kleine Filme drehten.

Das Kino

Das Kino wurde 1895 erfunden. Anfangs gab es nur Stummfilme, erst 1929 wurde der Tonfilm eingeführt.

Was ist ein Drehbuch?

Das Drehbuch enthält den Inhalt der Geschichte, die verfilmt werden soll, die Dialoge der Schauspieler, die Beschreibung des Films und die Regieanweisungen. Diese Anweisungen betreffen die Dekoration, die Beleuchtung, die Kamerabewegung und Angaben für die Schauspieler.

Wie funktioniert eine Filmkamera?
Eine Filmkamera besteht aus einem Objektiv und dem Gehäuse. Der Film wird mit großer Geschwindigkeit am Objektiv vorbei transportiert, dadurch entsteht das bekannte Surren beim Filmen. In einer Sekunde werden 24 Fotos gemacht, die vom Betrachter als bewegte Szene wahrgenommen werden.

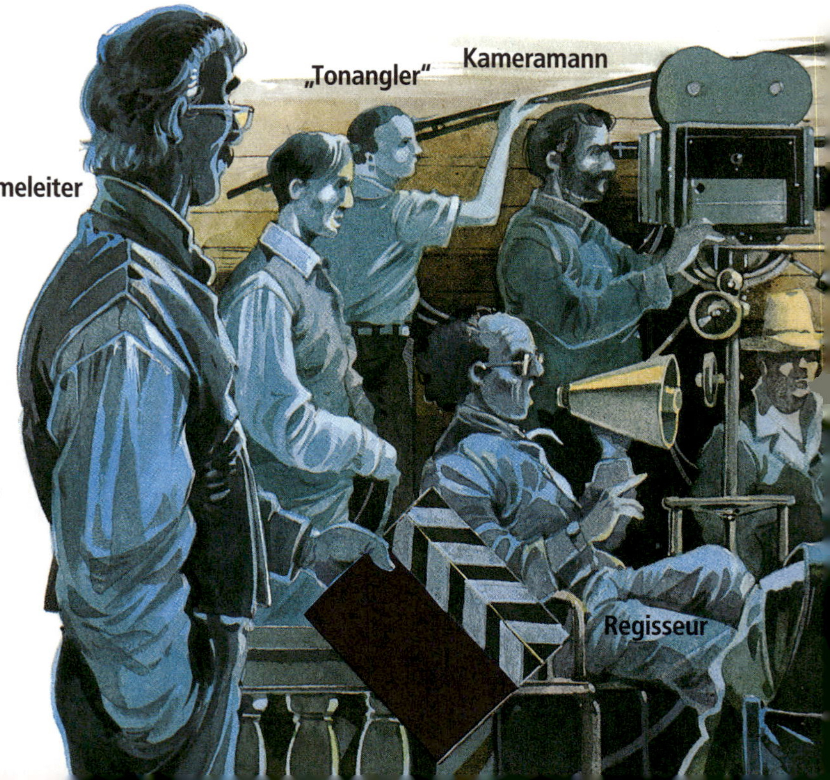

Berühmte Filmfiguren

Dick und Doof

Tarzan

King Kong

Superman

Tramp

Lustige und warmherzige Figur, von Charlie Chaplin erfunden (amerikanischer Autor, Regisseur und Schauspieler, 1899–1977)

Was ist ein Regisseur?

Er ist an der Produktion eines Films beteiligt, indem er mit dem Produzenten das Drehbuch und die Schauspieler auswählt. Auch ist er bei den Dreharbeiten für die Schauspieler und Techniker verantwortlich. Er weist die Schauspieler an, wie sie sich bewegen, wie sie sprechen und wie sie ihre Rolle spielen sollen.

Eine Szene wird gedreht
Der Regisseur arbeitet mit den Schauspielern. Eine Skript-Assistentin achtet darauf, dass alle Vorgaben des Drehbuches eingehalten werden. Mit der „Klappe" wird der Anfang einer jeden Szene angezeigt.

Das Telefon wird weiterentwickelt
Heutzutage kann von zu Hause über Festanschlüsse, aus Telefonzellen, vom parkenden Auto aus und mit dem Handy telefoniert werden.

Das Telefon

Das Telefon wurde 1876 vom Amerikaner Graham Bell erfunden.

Das Telefon von Graham Bell
Das erste Telefon hatte nur ein einziges Rohr zum Hören (Lautsprecher) und Sprechen (Mikrofon).

Wie funktioniert ein Telefon?

Ein Telefon besteht aus 2 Teilen: einem Mikrofon und einem Lautsprecher. Wenn sich 2 Personen am Telefon unterhalten, wandelt das Mikrofon die Stimmen in elektrische Signale um und der Lautsprecher macht die elektrischen Signale als Töne hörbar.
Die beiden Telefone sind über ein Kabel miteinander verbunden. Für internationale Verbindungen verwendet man heute Satelliten an Stelle von Kabeln.

Das Telefon
1. Hörer
2. Lautsprecher
3. Mikrofon
4. Tastatur
5. Stecker

Zum Weiterlesen

Worterklärungen

Adel: Sammelbegriff für die durch Adel und Besitz vornehmen und mit Sonderrechten ausgestatteten Stände mit großer politischer Macht
Amphibien: Kriechtiere, die sowohl im Wasser als auch an Land leben können
Antarktis: Riesige Land- und Eismassen am Südpol
Antenne: Der Teil des Radiosenders oder -empfängers, der Funkwellen ausstrahlt oder empfängt
Antike: Bezeichnung für das Altertum
Äquator: Gedachte Linie, die die Erdkugel in eine Nord- und eine Südhalbkugel einteilt
Arktis: Die Land- und Meergebiete um den Nordpol
Arterien: Schlagadern, in denen das sauerstoffreiche Blut vom Herzen wegfließt
Astronaut: Besatzungsmitglied in einem Raumfahrzeug
Atmosphäre: Gasförmige Hülle, die die Erde umgibt

Batterie: Zwei elektrochemische Zellen, die elektrische Energie speichern und zur Verfügung stellen
Beschleunigung: Veränderung der Geschwindigkeit
Brechung: Ein Lichtstrahl wird in seiner Richtung abgelenkt beim Übergang von einem Medium in ein anderes (z. B. von Luft in Glas).

CD-ROM: Read-Only-Memory; CD, die Bilder, Texte, Filme oder Musik in großen Datenmengen speichert. Die Daten können nicht gelöscht oder überschrieben werden.
Computer: Ein Rechner, der alles, was man über die Tastatur eingibt, in elektrische Signale verwandelt und speichert. Diese werden wieder in Buchstaben oder Wörter zurückverwandelt.

Druck: Kraft, die auf eine Fläche wirkt; je kleiner die Fläche ist, umso stärker ist der Druck.

Dunkelkammer: Ein verdunkelter Raum, in dem lichtempfindliches Material bearbeitet werden kann.

Elektrizität: Elektrischer Strom; Elektrizität ist eine Form der Energie, die in verschiedene Energieformen umgewandelt werden kann: in Licht, in Wärme oder in Bewegung.
Element: Stoff, der sich mit chemischen Mitteln nicht weiter zerlegen lässt
Energie: Bezeichnung für die Fähigkeit, unter Einwirkung von Kraft Dinge in Bewegung zu setzen. So entsteht beim Automotor bei der Verbrennung des Kraftstoffs Wärmeenergie, die das Auto in Bewegung setzt.
Erosion: Abtragung der Erdoberfläche durch Wind, Wasser oder Eis
Erz: Metallhaltiges Gestein

Fossil: Versteinerter Überrest von Tieren und Pflanzen aus früheren Erdzeitaltern

Galaxie: Ansammlung von bis zu 200 Milliarden Sternen, Staub und leuchtenden Gaswolken
Galaxis: Bezeichnung für die Galaxie, in der wir uns befinden; sie wird auch „Milchstraße" genannt.
Gas: Unsichtbare Substanz, die immer einen ganzen verfügbaren Raum ausfüllt.
Generator: Maschine, die Bewegungsenergie in elektrische Energie umwandelt, z. B. der Dynamo am Fahrrad. In Kraftwerken wird die Bewegungsenergie von riesigen Generatoren in Elektrizität umgewandelt.
Geschwindigkeit: Die Strecke, die in einer bestimmten Zeit zurückgelegt werden kann. Sie wird in Kilometer pro Stunde (km/h) angegeben.
Gezeiten: Ebbe und Flut
Gleichgewicht: Ausgeglichener Zustand eines Körpers
Gleichstrom: Elektrischer Strom, der nur in einer Richtung fließt

Insekten: Tiere, die zu den Gliederfüßern gehören. Ihr Körper ist in drei Abschnitte unterteilt: Kopf, Brust und Hinterleib.

Klima: Das Wetter eines Gebietes über lange Zeiträume hinweg
Kondensation: Wenn Wasser bei Wärme verdunstet, steigt es als Wasserdampf auf. Wenn die Luft abkühlt, kondensiert der Dampf zu kleinen Wassertröpfchen.
Kontinent: Große zusammenhängende Landmasse, die einen Erdteil bildet.
Kraft: Kraft kann Gegenstände in Bewegung setzen, ihre Richtung ändern oder die Bewegung stoppen. Man unterscheidet verschiedene Kräfte, z. B. Schwerkraft oder Fliehkraft.
Kreuzzüge: Christliche Gläubige zogen in 7 Kreuzzügen als Kreuzritter in das Heilige Land, um es von den Heiden zu befreien.
Kurbelwelle: Welle, die die Auf- und Abbewegung der Kolben in eine Drehbewegung umsetzt.

Leiter: Gegenstand oder Material, das Elektrizität transportiert. Metalle sind die besten Wärmeleiter. Schlechte Wärmeleiter sind Glas, Papier, Eis, Schnee und Luft.
Linse: Gekrümmtes Glas, das die Lichtstrahlen bündelt
Live-Übertragung: Direkte Ausstrahlung einer Fernsehsendung ohne vorherige Aufzeichnung
Luftfeuchtigkeit: Die Menge an Wasserdampf in der Luft

Magma: Geschmolzenes Gestein in Erdkruste und Erdmantel; bildet beim Abkühlen das Vulkangestein.
Mikrochip: Nur wenige Millimeter große Kristallplättchen in Geräten (z. B. in Computern); sie enthalten tausende von Verbindungen und Schaltkreisen, die elektronische Abläufe regeln.

Mineralien: Grundbausteine aller Gesteinsarten; die wirtschaftlich wichtigen Erzminerale enthalten hohe Erzanteile, die abgebaut werden können.
Mittelalter: Die Zeit zwischen Antike und Neuzeit von der Mitte des 5. Jahrhunderts bis in die Mitte des 15. Jahrhunderts.
Multimedia: Die Verknüpfung verschiedener Medien, z. B. Computer und Fernsehen

Objektiv: siehe Linse; durch das Standardobjektiv erscheint das Motiv ähnlich wie es dem Betrachter erscheint.
Ozean: Weltmeer. Die 3 Ozeane sind der Größe nach: Pazifik, Atlantik, Indischer Ozean.

Pharao: Oberster Herrscher im Alten Ägypten
Plankton: Winzige Einzeller, Pflanzen und Tiere, die im freien Wasser von Seen und Meeren leben
Pyramiden: Große Bauwerke über den Pharaonengräbern in Ägypten. Etwa 100 000 Menschen erbauten in ca. 20 Jahren die Cheopspyramide.

Raumsonde: Unbemanntes Raumfahrzeug zur Erforschung des Sonnensystems
Raumstation: Raumfahrzeug, das um die Erde kreist und so groß ist, dass Menschen darin wohnen und arbeiten können
Reptilien: Wechselwarme Kriechtiere, zu denen Schlangen, Schildkröten, Eidechsen und Krokodile gehören
Roter Riese: Stern vor dem Ende seines Lebens, der sich aufgebläht hat und abgekühlt ist

Satellit: Unbemannter Flugkörper, der die Erde umkreist und zur Übertragung von Nachrichten und Informationen über große Entfernungen dient
Sauerstoff: Gas, ohne das Lebewesen nicht existieren könnten
Säugetiere: Tiere, die lebende Junge zur Welt bringen und sie durch Säugen ernähren
Schwerkraft: Die Anziehungskraft der Erde
Schwerpunkt: Punkt, an dem sich ein Objekt im Gleichgewicht befindet
Sicherung: Elektrisches Teil, das einen Stromkreis bei Überlastung abschaltet und den Fluss des elektrischen Stroms unterbricht
Sonnenfinsternis: Verdunklung der Sonne, wenn sich der Mond zwischen Erde und Sonne schiebt
Strahlantrieb: Antrieb nach dem Rückstoßprinzip: Der Rückstoß von aus Düsen austretenden Gasen oder Flüssigkeiten bewegt Autos, Schiffe oder Flugzeuge vorwärts.
Stromkreis: Zusammenhängende Bahn elektrischer Leiter, die einen Stromfluss ermöglicht
Symbiose: In der Natur leben verschiedene Pflanzen- und Tierarten eng zusammen. Ist diese Partnerschaft für beide nützlich, spricht man von einer Symbiose.

Tarnung: Färbung, Muster oder Körperform, mit deren Hilfe sich Tiere oder Pflanzen in der Umgebung verstecken
Transistor: Winziges elektronisches Bauteil, das elektrischen Strom verstärken und ihn an- oder abschalten kann
Turbine: Maschine, die durch eine strömende Flüssigkeit in Drehungen versetzt wird, um einen Generator anzutreiben

Ureinwohner: Ursprüngliche Bewohner eines Gebietes
Urknall: Der Anfang von Raum und Zeit war eine gewaltige Explosion.

Venen: Adern, in denen das sauerstoffarme Blut zum Herzen zurückfließt

Wechselstrom: Elektrischer Strom, der in regelmäßigen, sehr kurzen Abständen seine Richtung wechselt
Weißer Zwerg: Die kleinen dichten Überreste eines ausgebrannten Sterns
Weitwinkelobjektiv: Erfasst von einem Motiv 50 % mehr als ein normales Objektiv

Zentrifugalkraft: Kraft, die vom Mittelpunkt sich drehender Körper nach außen wirkt

Register

Übersetzung aus dem Französischen: Cornelius Rettig
Titel der Originalausgabe:
Je Découvre Le Monde – Ma Première Encyclopédie